크리스틴 스테클리는 많은 이혼 가정 자녀들이 매우 용감하게 견뎌 낸 상처들을 민감하게 다룬다. 단지 이혼이라는 주제를 다룬 많은 책들과 달리, 이 책은 상한 마음을 싸매어 주시는 하나님을 소개함으로써 치유를 향한 진정한 소망을 제공한다.

_ 척 콜슨(Chuck Colson), 교도소 선교회 설립자

어려움을 부드럽게 헤쳐 나가며 성장하는 이혼 가정 자녀들을 위한 위로는 믿음의 삶 속에서 발견할 수 있다. 저자는 과거에 가족의 꿈이 깨어졌음에도 불구하고 그리스도를 믿는 믿음 속에서 온전함을 추구해 온 실화를 이야기함으로 독자들에게 용기를 주고 있다.

_ 엘리자베스 마쿼트(Elizabeth Marquardt), 「당신의 아이가 울고 있다」 저자

이 책은 오래전 부모님이 이혼하여 어른이 된 자녀들을 비롯하여 모든 이혼 가정의 자녀들이 반드시 읽어야 할 책이다. 저자는 책 전체에 걸쳐 하나님의 말씀을 적실하게 적용한다. 그녀의 개인적인 사연과 통찰은 모든 독자들을 사로잡아 그들을 향한 하나님의 뜻을 깊이 이해할 수 있게 해준다. 그녀의 글은 소망과 위로를 주고, 과거와 현재의 상처에서 치유되려는 독자들의 여정이 결코 외로운 길이 아님을 보여 준다.

_ 린다 랜슨 제이콥스(Linda Ranson Jacobs), DC4K(DivorceCare for Kids) 총무

수많은 가족들의 이혼으로 오염된 문화에서 크리스틴은 하나님의 말씀이 주시는 소망과 치유로 이 책을 수놓는다. 몇 살이건 관계없이, 당신이 부모님의 이혼으로 뼈아픈 고통을 겪었다면, 저자의 말이 계시가 될 수도 있고, 당신이 경험한 무수한 감정과 생각들을 예리한 칼로 베어 버릴 수도 있다. 그리고 부모들이여, 부디 이 책을 읽고 인생에서 가장 힘든 시기를 겪은 자녀들을 돕는 것이 얼마나 절대적으로 중요한지 이해하기를 바란다.

_ 론 루스(Ron Luce), 틴 마니아 미니스트리 대표

당신의 부모님이 이혼을 했다면 이 책은 바로 당신을 위한 책이다. 저자는 자신과 다른 사람의 경험을 바탕으로 생생하게 쓴 이 글에서, 성경 말씀과 문학 작품, 영화, 그리고 실화라는 실로 정교하게 소망이라는 수를 놓았다.

_ 리스 앤더슨(Leith Anderson), 복음주의협회(NAE) 의장, 미네소타 우드데일교회 목사

이젠 아프지 않아

IVP(InterVarsity Press)는
캠퍼스와 세상 속의 하나님 나라 운동을 지향하는
IVF(InterVarsity Christian Fellowship)의 출판부로서
생각하는 그리스도인을 위한 문서 운동을 실천합니다.

Originally published by InterVarsity Press
as *Child of Divorce, Child of God: A Journey of Hope and Healing*
Copyright © 2008 by Kristine Steakley
Translated and printed by permission of InterVarsity Press,
P.O. Box 1400, Downers Grove, IL 60515, U. S. A.

Korean Edition © 2013 by Korea InterVarsity Press
156-10 Donggyo-Ro, Mapo-Gu, Seoul 121-838 Korea

이젠 아프지 않아

크리스틴 스테클리 | 김경아 옮김

차례

서문 __ 9

1장 우리가 겪은 어려움 __ 23

2장 신실하신 우리 아버지 __ 49

3장 세상의 무게 __ 77

4장 당신에게 필요한 건 오직 사랑뿐 __ 103

5장 말로는 설명할 수 없는 사건 __ 131

6장 모든 것을 새롭게 하시고 __ 157

7장 통계 수치를 넘어서다 __ 185

8장 마침내 자유를 얻다 __ 211

9장 '우리 아버지'에게서 벗어나기 __ 235

부록1 부모를 위한 제안 __ 261

부록2 성경은 이혼에 대해 무엇을 말하는가 __ 281

감사의 글 __ 283

역자 후기 __ 285

주 __ 289

서문

세 살배기 크리시는 엄마와 창가에 서 있다. 크리시와 엄마가 손을 흔드는 동안 밖에 있던 크리시의 아빠는 차를 몰고 떠난다. 이 장면은 지극히 평범한 기억의 단면처럼 보인다. 실제로도 그랬을 것이다. 다만 이 장면이 크리시가 부모님 두 분 모두와 함께 있었던 유일한 기억이라는 점을 빼면 말이다.

   30여 년이 지난 지금도 나는 이 기억 속에 있는 어린 시절의 나를 떠올리면 눈물이 흐른다. 아빠에게 손을 흔든 아이는 바로 나였다. 이 특별한 기억이 그저 평상시처럼 직장에 가는 아빠에 대한 기억인지 아니면 아빠와의 마지막 작별 인사인지 구별할 수는 없다. 그러나 이것이 아빠에 대한 내 유년 시절의 유일한 기억이자 우리 부모님이 함께 계셨던 단 하나뿐인 기억이라는 사실은 뇌리에서 떠나지 않는다. 내 기억의 대부분은 엄마와 내가 엄마의 고향에 있는 아파트 1층에서 살았던 때부터 시작된다.

엄마와 아빠는 어린 나이에 결혼했다. 그 당시 아빠는 막 대학을 졸업한 상태였고, 엄마는 결혼 때문에 2년 만에 학교를 그만두셨다. 그 후 1년이 채 못 되어 내가 태어났고, 겨우 3년 후에 그들의 결혼 생활은 종지부를 찍었다. 나는 그때 너무 어렸기 때문에 그 시기를 잘 기억하지 못한다. 그러나 최근 삼촌이 녹음테이프 하나를 보내 주셔서 들어 보았는데, 우리 부모님이 이혼하신 그해부터 녹음된 테이프 속 대부분의 내용은 나와 할아버지, 할머니의 목소리로 녹음되어 있었다. 그 테이프의 초반부에는 엄마와 아빠의 목소리, 그리고 새 집과 부모님이 사 주셨을 강아지에 대해 조잘대는 내 목소리가 녹음되어 있다. 끝부분에는 내가 다른 주(州)의 새 아파트에 사는 아빠를 방문하는 내용이 담겨 있다.

내가 다섯 살 때 엄마는 지금의 아빠와 재혼을 하셨고, 최근에 두 분은 30주년 결혼기념일을 맞았다. 두 분 사이에서 남동생 둘이 태어나 지금은 모두 근사한 청년으로 성장했다.

나의 이야기는 넓게 본다면 행복한 이야기다. 그러나 당신이 이 책을 읽어 내려가다 보면, 이 행복한 이야기에 어려움이 전혀 없었다는 의미가 아니라는 것을 알게 될 것이다. 아빠와 나의 관계는 특히나 더 어려웠다. 아빠는 내가 열일곱 살 무렵부터 8년 동안이나 나와의 모든 연락을 끊었다. 우리가 싸운 것도 아니었고, 아빠가 어떤 설명을 해준 것도 아니었다. 아빠는 어느 순간 내 인생에서 사라져 버렸다. 아빠가 티베트나 머나먼 태평양의 한 섬으로 떠나 버려서 8년 동안 어느 누구도 아빠의 소식을 듣지 못한 것이 아니었다. 조부모님이나 다른 친척들은 정기적으로 아빠와 통화를 하고, 찾아가고, 그의 소식을 듣고 있었다. 마치 나 혼자만 내팽개쳐진 것 같았다.

최근에 나는 친구와 이혼 가정에서 성장하는 것에 대해 이야기를 나눈 적이 있다. 그녀의 시부모님은 이혼하셨는데, (내 생각에는 괴상하게도) 여전히 서로의 삶에 이렇게 저렇게 얽혀 있었다. 가족이란, 구성원 각각의 소망과 성격, 가치관, 지적 능력, 그리고 다른 여러 가지 요인들이 복잡하게, 마치 손으로 짠 담요처럼 독특하게 얽혀 있는 존재다. 그래서 각 가족의 모습은 어떤 일정한 형식이나 틀에 끼워 맞출 수도 없고, 남들의 예상이나 경험을 뛰어넘기도 한다. 나는 이 친구의 가족처럼 이러쿵저러쿵 얽히고설켜서 살 수도 없고, 외딴 섬에 고립되어 혼자 살아가는 것 역시 상상할 수 없다. 양쪽 상황 모두, 헤쳐 나가기도 어렵고 익숙해지기도 몹시 힘들 것 같다. 친구와 오랜 시간 깊은 대화를 나누다가, 나는 그 친구 부부를 위해 몇 권의 책을 추천해 주었다.

그러고 나서 나는 마치 선악과를 따먹기 전의 하와처럼 순진하게 말했다. "나는 우리 엄마 아빠가 한 방에 같이 계셨던 기억이 없어." 그때 그녀는 마치 목이 둘 달린 사람이라도 본 것처럼 소스라치게 놀랐다! 내가 이상한 이야기를 한 것이 아니라 그저 진실을 말했을 뿐이었는데 말이다.

그녀는 "와, 니네 부모님은 정말 사이가 안 좋은 상태로 이혼을 하셨나 보다"라고 말했다. 나는 "아니, 나는 그렇게 생각하지 않아. 이혼한 후에 두 분은 한 공간에 있어야 할 필요를 전혀 못 느낀 거겠지"라고 대답했다. 그냥 그렇게 간단한 사실이었다. 엄마와 나는 더 이상 아빠와 한 도시에서 살지 않았다. 내가 아빠를 방문할 때는, 자영업을 하셔서 일정이 좀더 자유로웠던 할아버지 할머니가 엄마 집으로 나를 데리러 오셨고, 며칠 후에 나를 다시 데려다 주셨다. 내가 초등학교 1학년을 마치자 엄마와 새아빠와 나는 다른 주로 이사를 갔는데, 그 후 나는 혼자 비행기를 타고 양쪽 집을 오갔다.

솔직히 말하자면, 나는 여전히 충돌을 일으키는 두 세계 속에서 어떻게 살아야 하는지 잘 모르겠다. 내 친구 캐런은 캐서롤(casseroles)이라는 음식을 싫어했다. 그것은 콩과 닭고기, 감자와 소스를 약간씩 마구잡이로 섞어 놓은 음식이다(우리나라의 전골과 비슷한 음식이라고 볼 수 있다-역주). 나는 캐서롤은 늘 좋아했지만, 엄마와 아빠가 한 방에 있다는 것은 생각만 해도 이상했다. 마치 비빔밥과 아이스크림을 동시에 먹는 것처럼 말이다. 그 음식들 각각은 확실히 입맛 당기는 아주 좋은 음식이지만, 그렇다고 꼭 어울리는 것은 아니었다.

물론 언젠가 엄마와 아빠는 함께 계신 적이 있다. 엄마 아빠 두 분 아니면 나까지 포함하여 셋이 함께 찍은 가족 사진이 몇 장 있기는 하니까. 그러나 전채나 디저트를 먹을 때 별도의 접시와 수저가 필요한 것처럼 나는 우리 가족을 그렇게 따로따로 생각하는 데 익숙해졌다. 친구와 그런 대화를 나눌 때까지는 이렇게 완전히 분리되어 사는 것이 이상하게 보일 수도 있겠구나 하는 생각을 해 본 적이 없었다.

부모의 이혼은 우리가 세상의 실체를 바라보는 방식을 영원히 변화시킨다. 우리는 우리 자신, 관계, 가족, 심지어 하나님에 대한 시각마저 우리 부모님의 사례에 비추어 형성한다. 이혼 가정의 한 아이는 이렇게 말했다. "말하자면 뼈대가 사라지고 지금까지 삶을 이해해 왔던 체계가 무너지는 것이라고나 할까요. 한꺼번에 수많은 감정이 몰려오는 것 같아요. 이혼은 삶을 영원히 바꾸어 놓습니다. 어린아이뿐 아니라 어떤 사람이라도 그건 다루기 어려운 문제예요."[1]

이혼으로 산산조각이 난 가정에서 자녀들은 깊은 상처를 입는다. 이 아이들이 성인이 되어도 그 상처는 쉽사리 사라지지 않고 그들을 괴롭힌다는 사실은 놀랄 만한 일도 아니다.

얼마 전에 한 대중 심리학 잡지에 이런 내용이 실렸다. 어린이들이 이혼의 상처에서 회복되는 것은 팔이 부러지거나 머리를 부딪친 후에 낫는 것과 비슷한 회복력을 보인다는 것이다. 1989년에 출판된 어떤 책은 밝은 어조로 부모들을 확신시켰다. "다행스럽게도 약 1년 정도면 아이들은 원(原)가족을 잃은 상실감과 부모에게 거절당한 느낌, 버려진 느낌에서 회복된다. 비록 약간의 분노와 슬픔이 지속되기는 해도 말이다."[2]

주디스 월러스타인(Judith Wallerstein)의 책 「우리가 꿈꾸는 행복한 이혼은 없다」(*The Unexpected Legacy of Divorce*, 명진출판 역간)가 대중에게 알려졌을 때, 오프라 윈프리를 비롯한 많은 미국인들은 함께 탄식했다. 그들은 믿을 수 없다며 고개를 흔들었고, 이혼 가정의 자녀와 그들이 감추고 살아가는 심각한 상처에 대해 진심 어린 동정을 표시했다. 그 책에서 말했듯이, 우리는 부모님의 이혼 후에 마치 탄력 있는 고무줄처럼 본래의 모습으로 돌아오지 않았다. 이혼은 단지 부모님의 일이라고 여겼는데 어찌 된 일인지 우리의 영혼에 큰 상처를 남겼다. 때때로 곪거나 썩어 문드러지고, 낫는다고 해도 깊은 흉터를 남긴 상처였다.

"당신이 올바른 방법을 따르기만 한다면 이혼이 아이들을 해치지는 않을 것이다"라고 가볍게 이야기하는 낙관론자들이 오늘날에도 존재한다. 놀라울 것 없이 이런 이론의 주창자들은 이혼한 부모들이다. 나는 아직까지 이런 이론을 받아들이는 이혼 가정의 아이를 듣지도 보지도 못했다. 이혼 가정에서 자란 우리가 더 잘 안다. 아무도 다치지 않는 이혼을 하는 '올바른 방법'은 없다. 그럴듯한 생각일지는 모르지만, 현실은 그런 식으로 단순하게 돌아가지 않는다. 모든 행동에는 결과가 따르는데, 이혼도 마찬가지다. 이혼으로 결혼 서약을 파기하고 가정이 붕괴되면 그 결과로 자녀들의 마음은 산산조각이 난다.

나는 이혼 가정의 자녀에 대해 동정심을 불러일으키려고 이 책을 쓰지 않았다. 이 공간은 그간의 우리의 삶이 얼마나 비극적이었는지 불평하는 장(場)도 아니며, 우리 가족의 더러운 치부를 쏟아 내어 모든 사람에게 떠벌리려는 장은 더더욱 아니다. 부모님의 이혼으로 우리가 얼마나 힘들었는지 눈물을 짜 내려는 이야기도 아니다. 오히려 이 책은 희망과 치유에 관한 이야기다. 결손(缺損) 가정 출신이란 것은 어렵긴 해도 극복할 수 없는 것은 아니다. 그러나 만약 우리가 이 상처에 대해 세상적인 해결책만 갖고 있다면 그야말로 큰일이다. 세상적인 해결책이 먹혀들지 않는다는 것을 금세 깨닫게 될 테니 말이다! 치유는 고사하고, 고통을 무디게 하는 술이나 섹스, 약물, 완벽주의, 지식, 상담 등 그 어떤 것도 충분한 해결책이 되어 주지 않는다.

그러나 해답은 있다. 하나님은 우리의 깨어진 마음을 치유하기 위한 군건한 토대가 되어 주신다.

나는 부모가 이혼했거나 이혼 수속 중인 아이들의 주일학교에서 가르치면서 이 토대를 쌓아 가는 일에 열정을 쏟았다. 그 당시에는(감사하게도 지금은 그렇지 않지만) 이혼 자녀를 위한 기독교 교재가 없었다. 그래서 우리는 괜찮은 일반 교재에 기독교 사상을 접목시켜서 만든 교재를 사용했다.

나는 우리의 수업이 그 아이들의 삶에 영향을 끼쳤으리라 확신한다. 그러나 수업을 마쳤을 때는 우리가 그 아이들을 실망시킨 것만 같았다. 우리가 그들에게 어느 정도의 해결 방안을 제공하고 도움을 준 것은 맞지만, 그것으로는 충분하지 않았다. 세상적인 해결책에다 좋은 성경 구절 몇 개를 덧붙인 정도였기 때문이다. 대수술이 필요한 그들에게 반창고 하나만 던져 준 셈이었다. 우리가 대수술을 할 만큼 잘 훈련되지 않았다는 의미가 아니라 결국 하나님, 그분만이 명의(名醫)라는 것이다. 우리는 이 아이들이 경험한 상처와 혼란과 분노에 대한 해답을 가지고 있었다. 우리는 하나님이 광대하고 사랑이 많으시며, 강하고 위엄 있으신 분임을 안다. 바로 그 하나님이 내가 가르친 주일학교 학생들과 여러분, 우리 모두의 상처에 대한 유일한 해답이시다. 그분이 모든 질문에 대한 해답이시고, 모든 문제의 해결책이시며, 모든 탐구의 종결이시다.

그 이후로 나는 나처럼 부모님이 이혼한 사람들, 청소년부터 삼사십 대에 이르는 사람들과 이야기를 나누는 특권을 누렸다. 어떤 사람들은 나처럼 아주 어린 시절 부모님이 이혼하셨기 때문에 부모님이 따로 사는 모습만 기억한다. 다른 경우에는 초등학교나 고등학교, 심지어는 대학을 졸업하고 독립하여 따로 사는 동안 가족이 흩어지게 된 경우도 있었다. 그들 모두 무슨 일이 일어난 것인지 의아해하고 당황했으며, 결혼이나 서약 같은 개념에 혼란을 느꼈다. 어떤 사람은 아빠가 떠났고, 어떤 이는 엄마가 떠났다. 평생 교회를 다닌 가정에서 자란 이들도 있었고, 덜 신앙적인 가정에서 자란 이들도 있었으며, 또 신앙 공동체에 전혀 소속되어 보지 않은 사람들도 있었다.

이혼 가정에서 성장한 아이들은 공통적으로 하나님이 자기 마음을 만지시고, 이혼 가정의 아이로 인생을 살아가는 데 필요한 힘과 지혜를 주실 것이라는 믿음과 확신을 갖고 있다. 우리는 이혼 가정의 자녀일 뿐만 아니라 하나님의 자녀다. 나는 우리의 어그러진 마음을 단번에 치료할 어떤 영적인 '마법의 알약'을 발견했다고 말하려는 것이 아니다. 우리가 하나님 안에서 믿음을 통해 의미심장한 치유와 위로를 경험했을지라도 여전히 우리 안에는 치유되어야 하고 위로가 필요한 공간이 남아 있다.

이혼은 우리가 쉽게 극복할 수 있는 문제가 아니다. 그것은 우리 가족의 인생을 바꾸어 버린 파괴이고, 우리는 남은 인생 동안 그 깨어짐의 여파를 지속적으로 겪어야 할지도 모른다. 그러나 우리가 그런 여정을 계속해야 할지라도 하나님은 자비롭게 우리와 함께 걸어가시고 그분의 성품과 사랑을 드러내신다. 따라서 우리가 어떤 삶의 여정에 있든지, 우리에게 필요한 도움과 희망을 그분에게서 찾을 수 있도록 도와주신다.

성경의 음악가 아삽이 시편 77편을 썼을 때 그의 마음은 깨어지고 환멸에 가득 차 있었다. 이 시에서 그는 자기가 어떻게 느끼는지, 하나님이 그를 어떻게 이끌어 내셨는지 묵상하고 있다.

내가 내 음성으로 하나님께 부르짖으리니
내 음성으로 하나님께 부르짖으면 내게 귀를 기울이시리로다.
나의 환난 날에 내가 주를 찾았으며
밤에는 내 손을 들고 거두지 아니하였나니
내 영혼이 위로 받기를 거절하였도다.
내가 하나님을 기억하고 불안하여 근심하니 내 심령이 상하도다(셀라)
주께서 내가 눈을 붙이지 못하게 하시니
내가 괴로워 말할 수 없나이다

내가 옛날 곧 지나간 세월을 생각하였사오며
밤에 부른 노래를 내가 기억하여
내 심령으로, 내가 내 마음으로 간구하기를
주께서 영원히 버리실까,
다시는 은혜를 베풀지 아니하실까,
그의 인자하심은 영원히 끝났는가,
그의 약속하심도 영구히 폐하였는가,
하나님이 그가 베푸실 은혜를 잊으셨는가,
노하심으로 그가 베푸실 긍휼을 그치셨는가 하였나이다(셀라).

(시편 77:1-9)

여기에는 매우 솔직한 감정이 그대로 드러나 있다. 아삽은 외로웠고 버림받은 것 같았다. 그는 삶이 쉽고 행복해 보이던 밤에 노래를 불렀던 것을 회상한다. 그러나 그 세월은 지나간 지 오래다. 이제 그는 하나님이 다시 그를 사랑하실지, 하나님이 믿을 만한 분이신지, 그분이 정말 자비로우신지, 마침내 그분의 분노가 긍휼을 넘어선 것은 아닌지 의심하게 되었다.

내가 시편을 좋아하는 이유 중의 하나는 그 시들이 매우 솔직하고 진실하기 때문이다. 뒤에 숨기는 것이 아무것도 없다. 시편 기자들은 모든 것을 드러내 보였다. 많은 사람들은 이런 말을 내뱉는 것에 죄책감을 느낄 것이다. 하나님의 사랑을 의심한다? 그것은 신성모

독이다! 그러나 바로 성경에 그런 표현들이 등장한다. 그들은 "인간의 미천한 상태"(시인 e.e. cummings가 표현했듯이)를 정직하게 묘사하고, 자신의 절망과 실망을 하나님께 완전히 털어놓는다.[3]

만약 이것으로 이야기가 끝이라면, 우리의 의심이 정당하다는 느낌은 들겠지만 의심에서 소망으로 옮겨 가는 법은 배우지 못할 것이다. 다행스럽게도 아삽은 계속해서 이야기한다.

> 또 내가 말하기를 이는 나의 잘못이라.
> 지존자의 오른손의 해
> 곧 여호와의 일들을 기억하며
> 주께서 옛적에 행하신 기이한 일을 기억하리이다.
> 또 주의 모든 일을 작은 소리로 읊조리며
> 주의 행사를 낮은 소리로 되뇌이리이다.
> 하나님이여 주의 도는 극히 거룩하시오니
> 하나님과 같이 위대하신 신이 누구오니이까.
> 주는 기이한 일을 행하신 하나님이시라.
> 민족들 중에 주의 능력을 알리시고.(시편 77:10-14)

아삽에게는 자신의 감정 말고도 의지할 수 있는 것이 더 있었다. 그는 오래전에 하나님이 행하신 역사와 기적을 알고 있었다. 아삽이 섬긴 하나님은 이스라엘 백성을 이집트의 노예 상태에서 구원해 내신 바로 그 하나님이었다. 그분은 홍해를 갈라 마른 땅을 내셨고(출 14:5-31), 만나와 메추라기로 일용할 양식을 주셨으며(출 16장), 반석에서 물을 내셨다(출 17:1-7). 그분은 불타는 떨기나무로 나타나셨고(출 3:1-14), 40년간의 이스라엘 백성의 광야 생활 동안 그들의 발에 신은 신이 닳지 않게 하셨으며(신 29:5), 여리고 성을 무너뜨리신(수 6장) 하나님이었다. 그분은 그의 백성을 사랑으로 지키시고 보호하시는 하나님, 그렇게 하실 능력이 있는 하나님이었다.

아삽은 그의 감정을 좋게 보이려고 꾸미지 않았다. 그는 하나님과 그분의 성품에 대해 심각한 의문을 가졌으나 마침내 하나님의 성품 **때문에** 그분을 신뢰하기로 결정했다. 비록 주변 환경이 위협적이라 할지라도 아삽은 하나님이 진정 어떤 분이신지 알았고, 그 지식으로 인해 하나님을 신뢰할 수 있었다.

19세기의 신학자요 시인이자 소설가인 조지 맥도널드(George MacDonald)는 이렇게 썼다. "모든 것은 사람이 어떤 하나님을 믿느냐에 달려 있다."[4] 많은 사람들이 하나님을 믿는다고 말한다. 그러나 하나님이 누구인지, 그분이 어떤 분인지 알기 전까지 우리의 믿음은 실체가 없는 것이다. 정말 중요한 것은 단순히 하나님이 존재한다는 사실이 아니라 그분이 어떤 하나님이냐 하는 것이다. 우리에게 하나님이 필요할 때 그분은 거기에 계실까? 우리를 진정으로 사랑하실까? 그분은 우리 삶에 개입하시는가 아니면 냉정한 관찰자로서 우리를 바라만 보시는가? 하나님의 성품에 관한 이런 질문들은 우리가 그분을 의지할 수 있는지 아니면 우리가 그저 우리 힘으로 살아야 하는지를 결정짓기 때문에 매우 중요한 문제다. 우리가 하나님의 성품을 알 때, 그분이 어떤 하나님이신지 알 때, 우리의 믿음은 바로 실체가 된다.

하나님은 이 귀하고 신뢰할 수 있는 성품을 알려 주심으로써 나를 위로하셨다. 하나님에 관한 성경 말씀을 통해 나는 하나님이 어떤 분이신지 알게 되었다. 그래서 그분의 사랑을 확신하게 되었고 인생의 어려움에 맞설 능력을 얻게 되었다. 우리 부모님의 이혼으로 야기된 어려움까지 포함해서 말이다. 이혼 가정의 자녀이자 하나님의 자녀인 우리의 삶을 함께 탐색하는 동안 여러분 역시 내가 경험한 마음의 평화와 충만함을 발견하길 소망한다.

1장

우리가 겪은 어려움

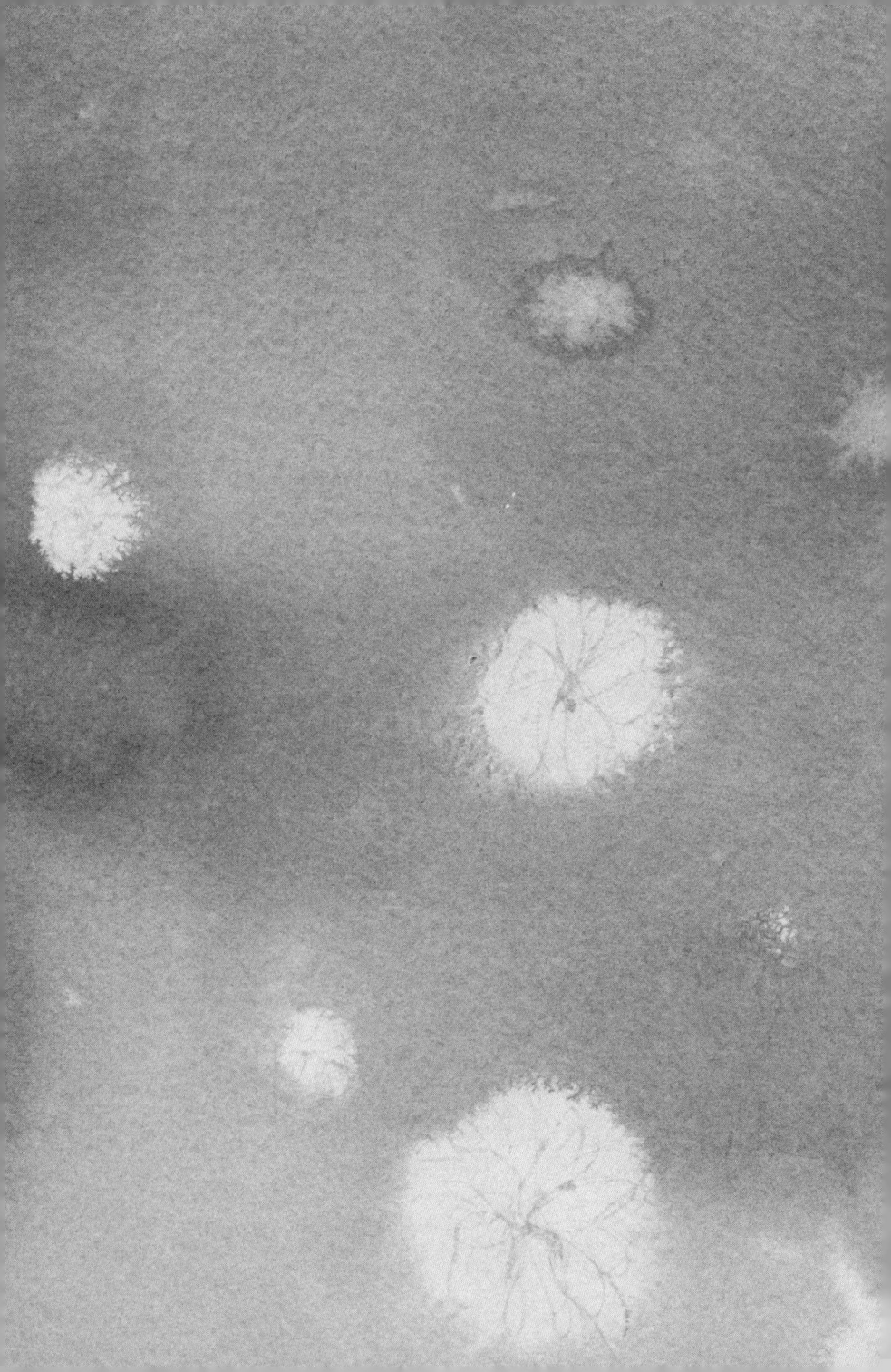

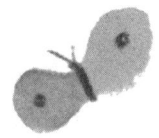

매년 여름이면 나는 여행 짐을 쌌다. 일리노이 중부에 계시는 친할아버지 댁에서 몇 주간의 방학을 보내기 위해서다. 물론 짐을 쌀 때면 할아버지와 엄마는 나의 여행 계획에 대한 세부사항을 논의하곤 하셨다. 일곱 살 때부터 나는 혼자 비행기를 타고 할아버지와 폰시-아장아장 걷던 때부터 나는 할머니를 폰시라고 불렀다-집으로 갔다. 나는 이미 그때부터 각 항공사들의 비행기 모형을 수집하기 시작했고, 승무원들과 친구가 되기도 했으며, 조종사들에게는 텔레비전이 있는 그들만의 공간이 따로 있다는 사실까지 알아 냈다.

여름방학 여행은 항상 즐거웠다. 할아버지와 폰시는 내가 친가와 연결될 수 있는 끈이었다. 나는 폰시와 할아버지의 유일한 손녀였고, 그분들에게나 나에게나 이 끈은 매우 중요했다.

폰시와 할아버지는 할아버지가 시골에 손수 지으신 멋진 집에서 사셨다. 할아버지는 부동산 중개업자셨는데 집을 구입하여 수리하신 후 그곳에서 몇 년간 거주하시다가 이윤을 조금 붙여 다시 파는 일을 하셨다. 나는 할아버지가 지으신 그 시골집을 무척이나 좋아했다. 2만 제곱평방미터가 넘는 대지 위에 세워진 그 집은 옥수수나 콩과 같이 해마다 각기 다른 작물을 심는 밭 한가운데 있었다. 커다란 창문으로는 남풍이 솔솔 불어 들어왔다. 몇 마일 떨어진 곳에서 다가오는 폭풍우도 볼 수 있었고 옥수숫대에 후드득 떨어지는 빗소리도 들을 수 있었다. 토네이도가 들이닥칠 거라는 예보가 있을 때면 할아버지와 나는 차고 문 앞 지하실로 내려가는 계단에서 토네이도를 구경하곤 했다. 깔때기 모양의 구름이 마치 거꾸로 끓어 넘치는 것 같은 모양의 토네이도가 초록색과 검정색이 뒤섞인 음산한 하늘을 만들며 사라지는 것도 보았다. 밤에는 마당의 연못에서 개구리가 크게 울어대는 소리를 듣곤 했다. 잘 포장된 긴 차고의 입구는 롤러스케이트를 타기에 완벽했고, 거실에서는 의자와 담요로 나만의 성벽을 만들 수도 있었다.

어떤 날은 폰시와 할아버지의 친구나 친척들을 만나 작은 시골 식당에서 아침 식사를 같이 했다. 나는 그 식당의 빵과 소시지 맛에 흠뻑 빠져 버렸다. 금요일 오전에는 날씨가 좋으면 근처 벼룩시장을 찾아다니기도 했다.

나는 흥정과 협상에 뛰어난 폰시에게서 좋은 예술품을 싸게 사는 법을 배웠다. 폰시의 소형차를 타고 온 마을을 돌아다니면서 우리는 남들이 쓰레기로 버리는 것들 중에 접시나 롤러스케이트 같은 보물들을 찾아냈다. 간단하게 햄버거로 점심을 때우고 은행에 들러 그간 모아 둔 동전들을 내 통장으로 옮겨 놓기도 했다. 25센트짜리 거래를 찾아다니는 큰 폰시와 작은 폰시. 우리는 목표가 확실한 멋진 팀이었다.

내가 아홉 살 때쯤이었던 것 같다. 폰시와 나는 조간신문에 나온 할인판매 광고를 보고 동네를 돌아다니고 있었다. 그러다 우연히도 부모님의 이혼에 관한 이야기를 나누게 되었다. 폰시는 부드러운 눈길로 내가 괜찮은지 살피셨다. 나는 정말로 괜찮다고 말씀드렸다. 아무도 염려할 필요가 없었다고 생각했다. 나는 아주 잘 지냈으니까. 폰시는 안도의 한숨을 쉬며 말씀하셨다. "네 부모의 이혼과 관련된 사람 중에서 네가 이 일을 제일 잘 받아들이는구나." 물론 폰시는 언제나 내가 최고라고 띄워 주셨지만, 그때 폰시의 마음은 정말 진심인 것 같았다. 하지만 나는 내가 그 상황을 실제로 잘 **받아들여서라기보다는** 할머니 보시기에 내가 그랬을 뿐이라고 느꼈다.

폰시는 내가 네 살 때 비명을 지르며 잠에서 깨거나, 악몽 때문에 울부짖는 모습을 보지 못하셨다. 일곱 살 때 아빠가 보고 싶어 이불 속에서 엉엉 울었던 것 역시 보신 적이 없다. 당시 예수님을 갓 믿게 된 나는 아빠가 구원받지 못한 상태로 나와 영영 이별하는 것은 아닐까 몹시 두려웠다. 폰시는 아빠의 부재와 무관심으로 인해 구멍 뚫린 내 마음을 보지 못하셨다. 폰시는 나를 그저 명랑하고 예의 바르게 행동하며 잘 적응하는 아이로만 보셨다. 그리고 나 역시 그런 모습만 할머니가 보시기를 바랐다. 그 누구에게도 문제아가 되고 싶지 않았기 때문이다. 하라는 대로 하면서 지내는 편이 훨씬 낫다고 생각했다. 나는 가능한 한 눈에 띄지 않으려 했고 실제로 그렇게 되었다.

할머니와 다른 사람들을 그럴듯하게 속이는 것이 자랑스러운 만큼 나는 깊이 좌절하고 실망했다. 사람이라면 마음 깊은 곳을 이해받기 원하게 마련이다. 다른 사람들이 자신의 마음을 알아차리길 바란다. 우리가 어떤 가면을 쓰고 있든지, 그 뒤에 숨겨진 **우리의 본질**을 눈치 챘으면 하는 바람이다. 그러나 내가 얼마나 가면을 잘 쓰고 있었던지, 할머니조차 가면 뒤에 숨겨진 나를 보실 수 없었다.

이렇게 자라 어른이 된 사람들의 이야기가 바로 "좋은 이혼" 이론의 자료가 된다. 나와 같은 이혼 가정 자녀들은 외적으로는 모든 것을 다 갖춘 것처럼 보인다. 마약을 하지도 않고 대학도 졸업하고 상당히 훌륭한 사람인 듯 보인다. 나는 맨 처음 주디스 월러스타인의 「우리가 꿈꾸는 행복한 이혼은 없다」를 읽었을 때 하나님께 감사드렸다. 나를 여섯 살의 나이에 하나님께로 이끄셨고, 그 책에 나오는 여러 여성들의 이야기와는 다르게 나를 구원하셨다는 사실에 얼마나 감사했는지 모른다. **그들의 삶은 엉망이었다.** 건방지게도 나는 내가 그들처럼 되지 않은 사실에 감사했다. 예수님이 아니었다면 나도 그들처럼 되었을 것이라고 생각하지만….

그러나 이런 식의 결론이 지속되진 않았다. 몇 년 후, 이혼 가정에서 잘 지내는 것처럼 보이는 아이들의 삶에 초점을 맞춘 책인 엘리자베스 마쿼트(Elizabeth Marquardt)의 「당신의 아이가 울고 있다」(*Between*

Two Worlds, Y브릭로드 역간)라는 책을 읽고서 나는 나 자신을 보게 되었다. 잘 지내기는 하지만 담대한 소망을 품지 못하고 사람을 깊이 신뢰하지 않는 나, 외롭고 상처 받아도 다른 누군가가 나를 지켜 주기를 바란다거나 문제를 일으키는 것을 원하지 않는 나, 능력 있고 강하며 상당히 성공적이고 독립적인 여성인 나 자신을 본 것이다. "어때요, 이만하면 대단하지 않나요?" 그러나 "오, 하나님 맙소사!"였다.

나와 같은 이혼 가정 자녀인 제프는 부모님이 이혼했을 때, 모든 사람들이 그가 부모님의 이혼에 대해, 그리고 자신의 감정에 대해 그저 침묵하기를 바란다고 느꼈다. 그래서 그는 그렇게 했고, 결혼한 지 10년이 되어서야 마침내 자신의 감정을 아내와 나누는 법을 배우게 되었다. 자신의 껍질을 깨고 나온 지 얼마 되지 않아 제프는 최근에 이혼한 직장 동료 발로니와 대화를 나누게 되었다.

"아이들은 어떻게 지내나요?"라고 발로니에게 묻자 그녀는 "아이들이요? 아주 잘 지낸답니다"라고 자신 있게 말했다. "아이들과 한 명씩 따로따로 이야기를 나누어 봤어요. 엄마 아빠의 이혼에 대해서 아이들이 어떻게 느끼는지 말예요. 그랬더니 아이들 모두 씩씩하게 잘 받아들이고 있더라고요."

그러자 제프가 말했다. "발로니, 아이들이 당신에게 거짓말을 하는 거예요. 그냥 당신이 듣고 싶어 하는 말만 할 뿐이에요."

제프의 투박한 대답에 발로니는 놀라고 화가 났다. 그러나 후에 그녀는 제프를 찾아와 고맙다는 인사를 전했다. 제프와 대화를 한 후,

그녀는 아이들을 다시 불러 이야기를 나누었고, 결국 제프가 옳았다는 것을 확인한 것이다. 아이들은 엄마에게 상처를 주고 싶지 않아서 자신들의 솔직한 심정을 숨겨 왔다. 이것을 안 발로니는 즉시 가족 상담 프로그램을 신청했다.

이혼 가정의 자녀는 종종 모든 것이 잘 돌아가고 있는 척하라는 압박을 느낀다. 때로는 그 압박이 분명하게 드러나기도 하지만, 대개는 어른들이 속으로만 갖고 있는 기대에 불과한 경우가 많다. 그런데도 여전히 자녀들은 그런 압박을 감지하고 그 무게를 느낀다.

어른들은 아이들이 강인하며, 이혼이 낳은 긴장감을 잘 조절하리라고 믿고 싶어 한다. 통속적인 심리학은 오랫동안 이런 인식을 강화해 왔다. 어떤 심리학자들은 여전히 그렇게 생각한다. 마치 의사들이, 어린 자녀는 의학적인 시술 과정에서 고통을 느낄 수 없다고 부모에게 말하는 것과 같은 이유에서다. 아이를 힘들게 해 놓고는 설명을 해줄 수도, 고통을 덜어 줄 수도 없는 현실이 너무 괴롭기 때문에 아이들이 고통을 느낄 수 없는 것처럼 생각해 버리는 것이다.

어떤 부모는 무력감이나 고뇌에 빠질지도 모른다. 특히 결혼 관계가 폭력적이었거나 한쪽이 일방적으로 배신을 당했을 경우, 그들은 이혼이 아이들에게 고통스럽다는 것은 알지만 그것이 최선이라고 생각한다. 그런데 3분의 1 정도의 이혼만이, 폭력이 개입되고 갈등이 심한 결혼 관계의 결말이다.[1] 그러나 1970년대 이후 합의이혼이 일반화되자 한쪽 배우자가 상대 배우자를 **붙잡아 둘 수** 없게 되었다. 그런 식으로 남겨진 엄마나 아빠는 최악의 상황에서도 최선을 다한다. 안개같이 뿌연 본인의 정서적 고통을 더듬더듬 헤쳐 나가면서 말이다. 그런 부모의 자녀로서 우리는 부모님을 보호하고 싶고 그들이 잘 해내고 있다는 믿음을 주고 싶어 한다. 엘리자베스 마쿼트는 (일반 가정의 자녀가 3분의 1 정도인 데 비해) 이혼 가정 자녀는 절반 이상이 엄마를 보호하려는 욕구를 느낀다는 것을 알아냈다. 주디스 월러스타인도 비슷한 사례를 목격했다. 주디스는, 아주 어린 아이들조차도 "배가 암초에 부딪히지 않도록 어떤 일이든 할 것입니다. 왜냐하면 그 아이들이 (부모인) 당신들을 사랑하고 돌보아 주려 하며, 이 상황이 적어도 부모에게 위기 상황임을 알기 때문입니다"라고 부모들에게 설명했다.[2]

사람들이 믿는 바대로, 우리는 잘 지내는 것처럼 위장하며 살았다. 「이혼 – 원인과 결과」(*Divorce: Causes and Consequences*)의 공동 저자인 앨리슨 클라크 스튜어트(Alison Clarke-Stewart)는 이렇게 썼다. "보고서를 통해, 그리고 수업을 듣는 학생들과의 대화를 통해 발견하는 가장 놀라운 점은, 부모들은 자기 자녀가 얼마나 고통 받고 있는지 깨닫지 못한다는 것이다."[3]

이미 성인이 된 우리는 오래전 우리 가족에게 일어난 사건으로부터 분리되어 나왔어야 한다. 아니면, 충분히 나이를 먹었으니 그저 예전에 일어났던 사건쯤으로 여겨야만 할지도 모른다. 한 여성이 "디어 애비"(Dear Abby, 1956년부터 필자가 '애비게일'이라는 필명으로 시작한 세계적으로 유명한 상담 칼럼 – 역주)에 편지를 보냈다. 자신의 결혼식이 있기 두 주

전에 부모님이 이혼하겠다는 편지를 받았다는 것이다. "저는 스물여 덟이니까 그런 소식을 들어도 잘 받아들일 수 있어야 한다고 생각했어요. 하지만 그러지 못했어요. 불과 몇 개월 전까지만 해도 좋았다고 생각한 부모님의 결혼 관계가 끝나는 것을 보고 저는 완전히 망연자실했습니다."[4]

이혼은 가슴 아픈 일이다. 어린아이로서 우리는 우리 자신의 감정과 부모님을 비롯한 다른 어른들의 기대 사이에 끼어 있다. 사람들이 우리를 무심히 지나치거나 오해하는 것 같기도 하고, 부모님의 이혼으로 인해 우리가 지고 갈 슬픔에 대해서는 아무도 알지 못한다는 생각이 들기도 한다. 어떤 의미에서는 맞는 말이다. 그 누구도 우리 영혼이 입은 상처를 완전히 이해하거나 알 수 없다. 그러나 하나님은 아신다. 그분은 우리를 지으셨고, 그렇기 때문에 우리가 상처 입은 것 역시 매우 잘 아신다.

시편 56:8에서는 이렇게 말한다. "나의 유리함을 주께서 계수하셨사오니 나의 눈물을 주의 병에 담으소서. 이것이 주의 책에 기록되지 아니하였나이까." 어떤 주석가는 이 시편 기자가 로마 시대에 성행한, 눈물을 모아 두는 작은 눈물 단지(lachrymatories)를 언급한 것이라고 말한다. 이 눈물 단지는 주로 장례식에 참석한 사람들의 눈물을 모으는 용도로 사용되었다. 그 단지에 찬 눈물의 용량에 따라 고인이 얼마나 사랑받는 귀한 존재였는지 확인했고, 나중에 그것을 시체와 함께 보관했다. 때로는 고통 중에 있거나 죽음에 임박한 사랑하는 이들의 눈물을 담아 고인의 마지막 고통을 기억하는 용도로 사용하기도 했다.

그러나 19세기 침례교 설교자인 찰스 스펄전(Charles Spurgeon)을 비롯한 다른 주석가들은 위의 이론에 반박한다. 그들은 로마 이전 시대의 유대인 문화에서는 눈물 단지가 사용되었다는 증거가 없다고 주장한다. 대신 이 비유는 포도주를 정제하는 것을 의미한다고 말한다. 실제로 새번역에서는 "내가 흘린 눈물을 주님의 가죽부대에 담아 두십시오"라고 되어 있다. 여기서는 포도나무를 심은 농부가 자신의 사랑스런 나무를 불철주야 돌보는 이미지를 보여 준다. 그는 추수할 때가 되면 가지에서 포도를 거둬들여 포도즙 짜는 통에 넣어 둔다. 그러면 모든 포도송이에서 즙이 다 빠져나와 주스가 되고 이것을 가죽으로 만든 부대에 보관했다가 나중에 마시게 된다.

어느 쪽의 해석이든 함축하는 바는 같다. 우리가 얼마나 사랑받는 특별한 존재인지를 보여 주는 눈물 단지이건, 우리 삶의 열매를 꼼꼼하게 수확한 후 잘 짜서 미래를 위해 보관해 놓는 가죽부대이건 간에 하나님은 그 모든 과정에 함께하신다. 그분은 우리의 고통을 특별하고 부드럽게 돌보시고, 그것을 가볍게 여기거나 쓸데없이 낭비하지 않도록 주의를 기울이신다.

그분은 우리의 모든 슬픔을 헤아리신다. 시편 기자가 말하듯, 일부분이 아니라 모든 슬픔을 말이다. 이 얼마나 소중하고 귀한 배려인가! 슬픔을 그저 대충 걷어 낸다는 것도 아니다. 17세기 영국의 목사

매튜 헨리(Matthew Henry)가 시편 주석에서 썼듯이 하나님은 "부드러운 관심"을 보이신다.[5]

나는 슬프거나 혼란스러울 때만 일기를 쓰는 경향이 있다. 모든 일이 잘 돌아가거나 비교적 괜찮을 때는 아주 예쁜 일기장에조차 내 마음을 쏟아 놓지 않고 더 중요한 일들로 분주하게 보낸다. 삶은 살아내야 하는 것이지 기록하기 위한 것은 아니라고 말하면서…. 그렇지만 내가 슬플 때는 지체 없이 일기장에 나의 생생한 감정들을 모두 털어놓는다. 자유롭게 나 자신을 드러낸다. 그렇다고 일기에 내 모든 슬픔을 모아 둘 수는 없다. 짐으로 느껴지는 것 정도만 적을 뿐이다. 그것도 시간이 있거나 뭔가 글을 쓸 에너지가 있고 필기도구가 근처에 있을 때 가능한 일이다. 내 일기는 기껏해야 괴로움을 되는 대로 모아 둔 것에 불과하다. 그러나 하나님은 그 괴로움을 하나하나 주의 깊게 눈여겨보신다. 언젠가 천국에서 하나님이 내게 이렇게 말씀하실지도 모르겠다. "네가 …때문에 울었던 것을 기억하니?" 그러면 나는 이렇게 대답할 것이다. "아니오, 기억 못하는데요. 제가 정말 그것 때문에 울었어요?" 시편 기자의 말처럼, 나중에 하나님은 기록해 두신 것을 펼쳐 보이시면서, "여길 좀 봐라. 내가 여기에 다 적어 놓았단다"라고 말씀하실 것이다.

윌로우크릭 교회의 빌 하이벨스 목사는 그의 저서 「하나님은 이런 분이십니다」(The God You're Looking For, 두란노 역간)에서 이렇게 말했다.

모든 사람은 이러저러하게 상처를 입는다.…[하나님은] 그곳에 계셨고, 무슨 일이 일어났는지 백만 분의 일 초도 놓치지 않으셨다.…당신은 **하나님이 알고 계신다**는 진리가 제공하는 안전한 생명선을 꽉 붙들어야 한다. 하나님은 당신 **가까이서** 당신의 모든 길을 익히 아신다. 거리를 두고 당신을 바라보시지 않는다. 어떤 감정도, 상처와 흉터도, 어떤 고통도 그분의 관심 밖으로 빠져나갈 수 없다. 그분은 아실 뿐만 아니라 돌보신다. 시편은 선포한다. "내가 밤새 전전긍긍하는 것을 당신이 보셨습니다." 다음 문장으로 들어가 보자. "당신은 제 눈물을 모아 당신의 병에 담아 놓으셨습니다! 당신의 책에 그 모든 것을 다 기록해 두셨지요."

…어떠한가? 하나님이 우리를 천국에서 영접하실 때, 그분은 웃는 얼굴로 우리의 눈물 단지를 흔들어 보이실지도 모른다. "한 방울도 놓치지 않았지"라고 하시면서 말이다. "단 한 방울도 말이야." 다시 한 번 말하지만 그분은 우리의 눈물을 모아 두실 뿐만 아니라 그분의 책에 기록해 두신다.…하나님은 당신의 눈물과 상처와 괴로움에 결코 무관심하지 않으시다. 당신은 그만큼 하나님께 중요한 사람이다.[6]

아무도 우리가 어떤 일을 겪었는지 모르고 우리의 슬픔에 관심이 없는 것처럼 보일 때에라도, 하나님은 아신다. 우리가 하나님께 중요하기 때문에 우리의 눈물도 그분께는 귀하다!

슬퍼해도 괜찮은가?

성경 이야기 중에 아이를 갖지 못하는 여인 한나의 이야기가 있다. 이미 자식을 많이 둔 남편의 다른 아내 브닌나는 한나를 업신여겼다. (내 생각에) 여성스러운 외모와 다정다감한 성격의 한나는 남편이 가장 사랑하는 아내였기에 브닌나는 한나를 더 괴롭혔을 것이다. 가여운 한나는 마음이 아프고 비참했다. 당시의 문화에서 여성다움은 엄마가 된다는 것을 의미했기에 한나는 하나님께 버림받은 것으로 보였고 그녀 자신도 그렇게 느꼈다.

한나는 심각할 정도로 낙심했다. 너무 비참해서 먹을 수도 없었다고 성경은 말한다. 한나를 깊이 사랑하는 남편 엘가나는 "내가 그대에게 열 아들보다 낫지 아니하냐?"(삼상 1:8)라고 말하면서 그녀의 기분을 좋게 해주려고 애썼다. 그러나 사랑 많은 남편도 위로가 되지 못했다. 한나는 위로받을 길 없이 깊은 슬픔에 잠겼다. 엘가나가 성전에 예배하러 올라갈 때 한나도 동행했다. 한나는 하나님 앞에서 자기의 마음을 쏟아 놓았다. "마음의 괴로움"(삼상 1:10)을 울부짖었다. 어찌나 슬픔을 적나라하게 드러냈는지 제사장 엘리는 한나가 술에 취했다고 생각할 정도였다.

이혼 가정의 자녀는 직간접적인 압박에 맞닥뜨리게 된다. 엄마가 새로운 인생을 찾아 아빠를 떠나면, 아이의 슬픔은 엄마가 새로 찾은 열정에 주눅이 들어 버린다. 혹은 할머니, 할아버지가 술고래인 당신의 아빠를 비난하면서 그가 떠난 것을 모든 사람이 진심으로 기뻐해야 한다고 말하기도 한다. 학교 선생님은 당신이 상담을 받아야 한다며 걱정한다. 그리고 사람들은 성인이 된 당신에게 이제 성인이 되었는데 왜 아직도 그 문제를 극복하지 못했는지 의아해한다. 때로는 당신 스스로도 왜 그렇게 하지 못하는지 이상할 정도다.

어떤 사람들은 우리에게 충격 방지용 머리띠를 단단히 두르고 정글짐에 오르라고도 하고, 우리가 발판을 딛고 빠른 질주를 하길 기대하기도 한다. 그러나 이혼 가정의 자녀가 겪는 상처에는 눈에 보이는 반창고가 붙어 있지 않다. 사람들은 우리가 상처를 받았다는 것을 쉽게 잊어버린다. 심지어는 상처 입은 우리 자신마저 그렇다! 그냥 그 상처들을 양탄자 밑으로 쓸어 넣어 버리거나 씩씩하게 보이려고 자기 안에 숨겨 놓는 편이 더 쉽다.

교회마저도 이런 메시지를 자주 던진다. 예수 그리스도를 당신 삶에 모시고 있는데 계속 아파하고 고통 속에 머물러 있거나, 이제 그만 무뎌져도 될 감각이 여전히 아리다면, 그건 믿음이 충만하지 않아서라고 말한다. 어쨌거나 예수님은 우리 삶을 더욱 풍성하게 해주러 오신 것 아닌가! 많은 교회가 이런 메시지를 전하고 있다. 그러나 마음이 무너진 사람들에게 이것은 아주 부적절한 답변이다.

맞다. 예수님은 우리에게 풍성한 삶을 주고자 오셨다. 그러나 그렇다고 우리의 문제가 모두 사라져 버리는 것은 아니다. 사실 예수님은 제자들이 어려움을 겪게 되리라고 말씀하셨다. "세상에서는 너희가 환난을 당하나 담대하라. 내가 세상을 이기었노라"(요 16:33). 우리는 여전히 죄와 그 결과인 질병, 죽음, 전쟁, 가난, 상한 마음 그리고 이혼으로 가득한 세상에서 살고 있다. 성경이 천국에 대해 "하나님께서 그들의 눈에서 모든 눈물을 씻어 주실 것임이라"라고 말한 이유가 있다(계 7:17). 우리가 그곳에 도달할 때까지는 언제건 슬픔과 고통과 절망을 겪을 것이다.

마음 붙일 곳 없이 성전에서 울던 한나는 그녀의 감정 때문에 비난받지 않았다. 술에 취한 것이 아니라 슬픔에 빠져 있다는 것을 알게 된 제사장은 "가라, 이스라엘의 하나님이 네가 기도하여 구한 것을 허락하시기를 원하노라"라고 긍휼히 여기며 말했다(삼상 1:17). 그는 한나에게 용기를 내라거나 훌륭한 이스라엘 사람처럼 행동하라거나 모든 것이 괜찮은 척하라고 말하지 않았다. 대신 그녀를 축복하고 그녀의 고통에 동참하고 그녀와 함께 하나님의 위로를 구했다.

예수님은 어떤 주장을 펼치거나 상투적인 문구, 듣기 좋은 소리만을 골라서 하시는 분이 아니다. 표어 같은 확신에 찬 말을 건네기 좋아하는 사람은 진정한 고통을 겪어 보지 않았거나 자신의 고통에 직면하여 하나님이 고치시도록 내어드린 적이 없는 사람일 것이라고 나는 생각한다. 예수님은 우리의 슬픔을 두려워하시지 않는다. 이사야는 예수님을 "간고를 많이 겪었으며 질고를 아는 자라"고 표현했다(사 53:3).

"예수께서 눈물을 흘리시더라"(요 11:35)라는 유명한 구절은 예수님이 친구 나사로의 죽음을 슬퍼하시는 본문에 나온다. 예수님은 나사로가 아프다는 소식을 듣자마자 당신이 나사로를 죽음에서 일으키실 것을 아셨다. 이에 대해 제자들에게 두 번이나 암시를 주셨다. 그러나 제자들은 그들 앞에 언제나 피와 살을 가진 사람으로 서 계신 예수님 안에 기적이 존재한다는 사실을 항상 뒤늦게야 알아차렸다. 그래서 예수님은 명백히 말씀하셨다. "나사로가 죽었느니라"(요 11:14). 그리고 그분은 죽은 자 가운데서 나사로를 일으키시겠다고 분명히 말씀하셨다. 그러나 베다니에 도착하셨을 때, 예수님은 진짜 눈물을 흘리며 우셨다.

그 눈물은 아마도 나사로의 여동생들과 친구들의 슬픔을 불쌍히 여겨 흘리신 눈물이었을 것이다. 그들은 나사로가 다시 살아날 것을 아직 모르고 있었다. 요한은, 예수님이 마리아와 마르다가 오빠 때문에 우는 것을 보시고, 또 친척과 이웃이 그들을 따라 우는 것을 보시자 심령에 비통히 여기셨다고 말한다. 또한 이 눈물은 죽음 자체의 포악함과 불공정함, 이 세상을 향한 사탄의 권세와 인류의 타락으로 인한 죄의 결과에 대한 분노의 눈물이었을지도 모른다. 요한은 예수님이 나사로의 무덤에 가까이 다가가자 "속으로 비통히 여기시며"라고 다시 한 번 쓰고 있다(요 11:38). 눈물의 이유가 무엇이었든지 간에 예수님이 우셨다는 사실은 명백하고도 확실하다.

겟세마네 동산에서 예수님은 제자들에게 "내 마음이 매우 고민하여 죽게 되었으니"라고 말씀하셨다(마 26:38). 그 밤에 예수님은 땀이 핏방울처럼 떨어지기까지 하나님께 간구하며 우셨다. 그분, 생명이라 불리던 분, 생명의 떡이며 생수요 영원하신 분, 언제나 살아 계신 분이 죽게 되었다. 예수님과는 모든 것이 정반대인 죽음이 예수님을 삼키려 하고 있다. 그의 슬픔은 현실이었고, 그래서 우리는 피하고 싶어 한다. 우리는 예수님이 항복하거나 우시는 모습을 좋아하지 않는다. 괜스레 불편하고 개운하지가 않다. 유명한 화가가 이 장면을 그린 것을 보라. 예수님 뒤로는 황금빛 광채가 드리워져 있고, 그분은 바위 옆에 무릎을 꿇고 앉아 침착하게 손을 모으시고서, 애원하는 눈빛으로 하늘을 쳐다보신다. 그러나 성경은 땅에 주저앉아 완전히 내팽개쳐진, 깨지고 버림받은 구세주의 모습을 보여 준다(마 26:39; 막 14:35). 하나님은 주님의 모습을 생생하게 보여 주심으로 엉망진창이며 깨지고 볼품없는 우리 자신의 슬픔의 실체를 깨닫게 하신다.

성경이 구세주의 슬픔을 보여 주는 데는 다른 이유도 있다. 예수님은 "범사에 형제들과 같이 되심이 마땅하도다. 이는 하나님의 일에 자비하고 신실한 대제사장이 되어 백성의 죄를 속량하려 하심"이다(히 2:17). 예수님은 깊은 고통을 느끼셨는데, 단지 십자가에 달려 죽는 육체적 고통만이 아니었다. 그는 정서적 고통도 깊이 느끼셨다. 그의 마음은 번민으로 가득했다. 그는 낙담하셨다. 그래서 우셨다.

예수님도 애써 울음을 참지 않으신다면 우리도 그럴 수 있다. 슬퍼하는 것을 부끄러워하거나 죄책감을 가질 필요가 없다. 하나님은 우리의 감정을 존중하신다. 그분은 우리에게 자제하라고 말씀하시지 않는다. 그분은 우리가 상처 입은 것을 아시고 감정의 깊은 골짜기를 지나는 동안 우리에게 당신에 대해 가르치고 싶어 하신다. 또 우리 마음이 비탄으로 가득 차 있을 때에도 하나님은 여전히 신실하심을 보여 주길 원하신다.

하나님은 우리의 슬픔을 두려워하시지 않는다. 슬픔을 양탄자 밑으로 쓸어 버리기를 바라시지 않는다. 그분은 우리가 슬픔을 피해 달아나지 않고 직접 맞서길 원하신다. 시편 기자는 이렇게 말한다. "내가 사망의 음침한 골짜기로 다닐지라도 해를 두려워하지 않을 것은 주께서 나와 함께하심이라"(시 23:4). 우리는 골짜기를 좋아하지 않는다. 다른 길을 찾으려 한다. 우리를 둘러싼 문화는 고통을 피해 가라고 한다. TV에서 우울증이나 강박증 치료 약 광고가 얼마나 긴지 보라. 물론, 의학적인 개입이 필요한 정신질환이나 정서장애도 있다. 외부적인 이유가 없는데도 화학작용이나 호르몬의 변화로 낙심하거나 스트레스를 받을 수도 있다. 이런 종류의 불균형에는 의학적인 개입이 필요하다. 그러나 극도로 슬픈 일이 우리에게 일어난다면, 고통을 느끼는 것은 필연적이다. 닐 칼터(Neil Kalter) 박사는 이 점을 분명히 했다. 그는 이혼 가정의 자녀가 "불필요하게' 슬퍼하거나 고민하는 것이 아니라 **정상적으로** 슬퍼하고 힘들어하는 것이다"라고 썼다.[7] 하나님은 우리의 고통을 없애 주겠다고 약속하시지는 않았지만 – 적어도 즉시는 아니다 – 고통 속에서 우리와 함께 걷겠다고 약속하셨다.

시편 34:18은 말한다. "여호와는 마음이 상한 자를 가까이 하시고 충심으로 통회하는 자를 구원하시는도다." 시편 147:3에서는 이렇게 말한다. "상심한 자들을 고치시며 그들의 상처를 싸매시는도다." 우리 마음이 깨어지고 상했을 때, 하나님은 우리의 상처를 싸매시고 치료하시면서 우리를 위해 일하고 계심을 확신시켜 주신다. 마치 엄마가 상처에 뽀뽀를 해주거나 간호사가 부드럽게 상처를 소독하듯이, 하나님은 우리의 상처가 아물려면 무엇이 필요한지 아신다. 하나님 스스로 치료제가 되어 주신다.

나는 전에 기독교 단체에서 일한 적이 있는데, 종종 출판사나 작가들로부터 책의 서평이나 추천사를 부탁받곤 했다. 내 인생에서 특히나 더 침울하던 어느 날이었다. 내 상황에 소망은 없는 것 같았고 하나님도 멀리 계신 듯했다. 그때 새 책 한 권이 내 책상 위에 놓여 있었다. 그 책은 기독교 신앙에 낯선 사람들을 위한 책으로서 하나님의 성품을 연구한 책이었다. 특별히 깊이가 있다거나 큰 깨달음을 주는 책은 아니었다. 그러나 낙심해 있던 내게, 그 책은 하나님의 현존과 성품을 단순하고 부드럽게 상기시켜 주었다. 내게 그 순간 꼭 필요한 책이었다. 그 책을 읽으면서 나는 하나님이 진정으로 어떤 분이신지 기억을 되살렸고, 나의 과거와 현재의 상황을 보기 시작했다. 그러면서 너덜너덜해진 마음의 끝자락부터 치유되기 시작하는 것 같았다. 하나님의 성품이야말로 나를 단단히 싸매 준 붕대였다.

기도할 수 없을 때

우리의 짐이 너무 무거워서 기도할 수 없을 때, 성령님은 실제로 우리를 위해 기도하신다. 로마서 8:26에서 바울은 이렇게 말한다. "성령도 우리의 연약함을 도우시나니 우리는 마땅히 기도할 바를 알지 못하나 오직 성령이 말할 수 없는 탄식으로 우리를 위하여 친히 간구하시느니라."

나는 좋은 글귀들을 잘 모아 둔다. 책을 읽다가 큰 감동을 받은 구절은 일기장에 적어 놓는다. 내가 가장 좋아하는 글귀 중 하나는 조라 닐 허스튼(Zora Neale Hurston)의 책, 「그들의 눈은 신을 보고 있었다」(Their Eyes Were Watching God, 문학과지성사 역간)에 등장한다. "우리의 마음에는 웅덩이가 있다. 우리의 생각, 그리고 우리가 보고 들은 것에 관한 생각의 언어가 떠다니는 곳이다. 거기에는 언어에 영향 받지 않은 생각이 존재하는 깊은 곳도 있고, 더 깊고 잔잔하며 생각에 구애되지 않는, 틀에 가둘 수 없는 감정의 심연(深淵)도 있다."[8] 그런데 우리의 고통이 "틀에 가둘 수 없는 감정의 심연"을 잠식해 버릴 때 우리는 도저히 기도할 수 없다고 느낄 수 있다. 그러나 바로 이때, "말할 수 없는 탄식"으로 간구하시는 성령님의 중보를 통해 가장 아름다운 기도가 천국에 상달된다.

때로는 당신을 위해 기도하는 친구가 도움이 된다. 혼자서 기도할 수 없을 때 영적인 무감각 상태의 짐을 져 줄 다른 사람 말이다. 내가 암흑 같은 시기를 보낼 때 내 친구 뎁은 나를 위해 매일 기도해 주었다. 당시 나는 불같은 사랑에 빠졌던 남자친구와 헤어진 상태였다. 그와 헤어진 후 나는 아빠가 나와의 연락을 끊었을 때와 똑같이 버림 받은 느낌이 들었다. 나는 황폐해졌다. 어떻게 하나님은 이런 고통을 두 번이나 겪게 하시는가? 나에게 상처를 주시려거든 적어도 다른 종류의 고통을 선택하실 수는 없었을까? 나는 땅 속으로 꺼져 들어가는 것 같았다. 먹을 수도 없었고 사람 구실을 할 수도 없었다. 그나마 아주 가느다란 실에 묶여 있는 정신을 겨우 붙잡고 있을 뿐이었다. 예전에도 슬펐던 적이 있었지만 이때는 달랐다. 내가 알고 있던 뼈아픈 감정들을 동시에 모두 끄집어내는 것만 같았다. 이 일로 발버둥치는 동안 나는 하나님을 만날 수 없었다. 그분이 어딘가에 계신다는 것은 알았지만 그곳은 내가 도달할 수 없는 머나먼 곳이었다.

깊은 우울증에 빠진 나는, 영적인 여행을 하는 우리 가운데 많은 사람이 겪은 (혹은 겪을) 그런 지점에 와 있었다. 기도했지만 아무것도 느끼지 못했고 아무 소리도 들리지 않았다. 감각을 잃은 사람보다, 귀머거리보다 더욱 심각한 상태였다. 내 안에서 나는 죽은 것 같았다. 나에게 기도가 필요하다는 것은 알고 있었지만 내 영혼은 기도할 말도, 어떤 생각이나 느낌도 없는 무(無)의 상태에 압도되고 말았다. 그래서 뎁은 나를 위해 주님의 보좌 앞으로 내 인생을 올려 드렸다. 그녀는 매일 나를 위해 기도했고, 내게 그 사실을 자주 일깨워 주었다.

뎁은 꼬박 1년 동안 그렇게 했다.

　뎁은 그 어두운 시기에 기도로 나와 동행해 주었다. 지금 와서 돌아보니 존 번연의 「천로역정」(Pilgrim's Progress)의 한 장면이 떠오른다. 나는 순례자(Pilgrim)였다. 무자비한 세상(Ruthless World)으로부터 얻어맞아 반쯤 죽은 상태였으나, 아름다운 중재자(Intercession)가 자비를 베풀어 자기 등에 나를 업고 안전한 곳으로 옮겨다 주었다.

　만약 당신이 이와 비슷한 영혼의 사막에 있거든 믿을 만한 친구에게 기도를 요청하라. 뎁이 날 위해 그렇게 했던 것처럼. 어느 날 당신이 또 다른 지친 영혼에게 보답을 할 수 있을지도 모른다. 사실 뎁도 이미 영적인 공허와 절망의 골짜기를 지나왔다. 그녀와 가까이 지내던 몇몇 친구들이 그녀를 위해 매일 기도했다. 영혼의 어두움이 물러갈 때까지 말이다. 그 친구들의 중보기도 덕분에 뎁은 그 골짜기에서 빠져나올 수 있었다. 이제 뎁은 도움이 필요한 사람들에게 믿음직스럽고 헌신적인 중보 기도자로 신망을 얻고 있다.

슬픔 속에서의 축복

마태복음 5:4에서 예수님은 말씀하신다. "애통하는 자는 복이 있나니 그들이 위로를 받을 것임이요."

　나는 어렸을 때 이 구절을 배웠다. 팔복(八福) 중의 한 구절이었는데, 그림성경책에는 노랗고 까만 줄무늬 벌이 삽화로 들어가 있었다 (팔복의 영어 단어는 Beatitudes인데, 이것을 "Be Attitudes"로 바꾸어 부른다. 팔복을 태도나 사고방식쯤으로 여기는 태도를 비꼰 것이다—역주). 많은 그리스도인들이 바로 이런 식으로 팔복을 이해한다. 벌떼처럼 사람들의 고통 속을 요란하게 돌아다니며 이 팔복에 기대어 그들의 기분을 좀 낫게 해주고 싶어 한다. 우리는 야고보가 꾸짖은 그리스도인들과 마찬가지다. "만일 형제나 자매가 헐벗고 일용할 양식이 없는데 너희 중에 누구든지 그에게 이르되 평안히 가라, 덥게 하라, 배부르게 하라 하며 그 몸에 쓸 것을 주지 아니하면 무슨 유익이 있으리요"(약 2:15-16).

마태복음 5:4은 슬픔에 대해 "용기를 내렴. 새로운 날이 올 거야"라고 어루만지는 정도의 대답이 아니다. 슬픔을 그런 식으로 다루면 우리는 핵심을 놓치게 된다. 이 구절은 어그러진 마음에 평화를 가져다주시며 우리 안에 거하시는 위로자 성령님을 보여 주는 암시다. 바울은 성령님을 통하여 하나님으로부터 받는 위로와 이미 받은 위로로 우리가 무엇을 해야 하는지에 대해 더 깊은 차원에서 설명한다. "찬송하리로다. 그는 우리 주 예수 그리스도의 하나님이시요 자비의 아버지시요 모든 위로의 하나님이시며 우리의 모든 환난 중에서 우리를 위로하사 우리로 하여금 하나님께 받는 위로로써 모든 환난 중에 있는 자들을 능히 위로하게 하시는 이시로다"(고후 1:3-4).

우리는 가족이 뿔뿔이 흩어지고 엄마와 아빠가 따로 사는 이혼 가정의 자녀가 되기를 선택하지 않았다. 앞으로도 절대 그런 삶을 선택하지 않을 것이다. 그러나 이런 상황에 있는 우리에게도 선택권이 있다. 하나님이 우리를 위로하시도록 내어드릴 것인가? 그리고 상처 받는 다른 사람들에게 우리가 받은 위로를 전할 것인가?

우리 가운데 현재 20대와 30대가 된 사람들은 우리 사회에서 이혼이 보편화된 후 어른이 된 첫 번째 세대다. 이제야 우리는 우리의 목소리를 찾고, 아픔을 표현하고, 서로 회복을 도울 수 있게 되었다. 하나님은 우리의 마음을 치유하시면서 우리의 슬픈 이야기를 다른 사람의 치유를 돕는 도구로 사용하실 수 있다. 하나님이 우리의 모든 눈물을 보관하신다는 것을 기억하라. 하나님은 어떤 것도 허비하지 않으신다.

하나님은 우리를 지으셨고 우리에 관한 모든 것을 아시기 때문에 우리의 슬픔도 깊이 아신다. 그분도 큰 슬픔을 겪으셨으며, 성경을 통해 그분의 깊은 슬픔을 우리에게 보여 주셨다. 그분은 우리의 상한 마음을 고치시며 그 과정에 함께하시겠다고 약속하셨다. 우리가 말할 수 없을 정도로 슬픔에 지쳐 있을 때 예수님은 우리를 위해 기도하신다. 그리고 성령 하나님을 통해 우리의 영혼에 위로를 주신다.

R. C. 스프라울(Sproul)은 "만약 믿는 사람들이 하나님의 본질과 인격과 성품에 대해 완전히 이해한다면, 사람들의 삶에 혁명이 일어날 것이다"라고 말했다.[9] 하나님이 우리를 돌보신다는 것을 안다면 우리는 침묵 속에서 고통을 겪을 필요가 없다. 우리를 돌보시고 우리의 슬픔을 나눠 지시는 하나님의 부드럽고 자비로운 손길을 알기 시작

할 때, 우리 가정이 깨어진 것에 대한 슬픔을 인정하고 하나님의 은혜를 경험할 수 있게 된다.

2장

신실하신
우리
아버지

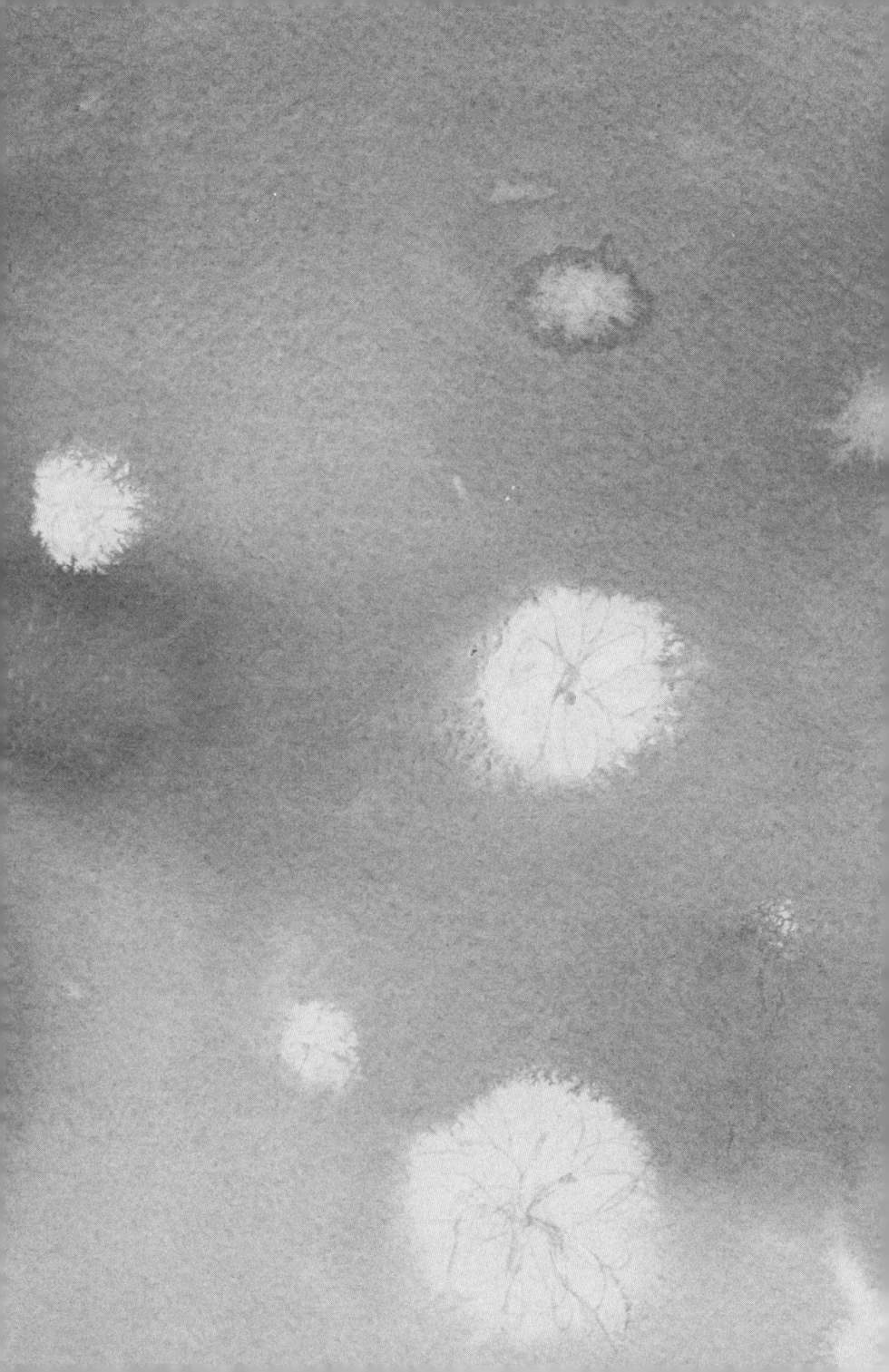

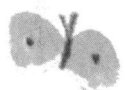

내가 초등학교를 졸업할 때쯤, 나는 거의 여행의 전문가가 되었다. 두 번째 집이나 마찬가지인 공항에서 전화하는 것도 혼자서 잘 해 냈다. 어찌나 자신 있게 공항을 누볐던지 어른들도 나에게 길을 물어 볼 정도였다. 그러나 내가 열세 살이던 여름, 로스엔젤레스로 가는 첫 번째 여행에서 내 용감함은 시험대에 올랐다.

   나는 뉴왁(Newark)에서 로스엔젤레스로 가는 비행기에 올랐다. 아직도 승무원이 나를 데리고 다니기는 했지만, 여행은 이제 식은 죽 먹기였다. 로스엔젤레스 공항에서 아빠를 찾을 수 없었던 사건이 일어나기 전까지는 말이다. 비행기는 출구가 몇 개밖에 없는 작은 외부 터미널에 도착했다. 당연히 아빠를 쉽게 발견하겠거니 생각했는데 아빠는 나와 있지 않았다. 처음에 나는 그냥 웃어 넘겼다. 아빠는 항상 늦었으니까. 나는 게이트 직원 옆에 붙어 있었다. 그 직원은 턱수염을 기른 건장한 흑인 남자였다. 그도 자식을 둔 아버지여서 내가 안전하게 다른 사람의 보호를 받을 때까지 줄곧 내 곁에서 자리를 지켰다.

한 시간 동안 나는 거기에 혼자 앉아 있었다. 게이트 직원은 걱정하기 시작했고 내 기대감은 무너지기 시작했다. 그 직원이 아빠의 집으로 전화를 했지만 아빠는 받지 않았고, 직장에 전화를 했더니 아빠의 동료는 아빠가 내가 온다는 것을 항상 이야기했기 때문에 잊어버렸을 리가 없다고 말했다.

나중에 알고 보니, 그다음 해에 로스엔젤레스에서 열릴 하계올림픽을 위해 공항 증축 공사가 진행 중이었는데, 그것 때문에 교통체증이 생겼고 15분이면 오갈 수 있는 거리가 두 시간이나 걸렸던 것이다. 아빠는 공항으로 오는 도로에서 꼼짝 못하고 갇혀 있었다.

문제는 이것이었다. 생일축하카드나 전화, 아빠의 방문, 그 어떤 것을 기다리건 간에, 나는 아빠가 그런 것들을 할지 안 할지 전혀 예측할 수 없었다. 어느 해엔가 아빠는 엄청난 선물을 보냈다. 내가 일곱 살인가 여덟 살 무렵이었는데, 거의 나만큼이나 커다란 거북이 인형을 보내왔다. 그런데 그다음 해에는 축하카드조차 보내지 않았다. 그래서 나는 그냥 매 순간을 즐기기로 했다. 그날 한 순간의 기쁨을 받아들이며 사는 법을 배웠다. 반면 미래에 대해서는 "한번 두고 보자" 하는 차가운 태도로 대했다.

내가 10대였을 때 나는 두 번 더 로스엔젤레스에 사는 아빠를 방문했다. 우리는 함께 디즈니랜드와 샌프란시스코, 라스베이거스와 샌디에고에 갔다. 해변에서 시간을 보내기도 하고 유명한 영화배우 집을 구경하기도 했다. 하드락카페(음악 애호가들에게 독특한 분위기의 음악과

먹을거리를 선사하는 테마 레스토랑-역주)에서 식사를 하고, 베니스에서 롤러스케이트 쇼를 보기도 했다. 할리우드 스타의 거리를 함께 걷기도 했다. 해가 지면 할리우드 언덕에 올라 로스엔젤레스의 야경을 구경했다. 유명한 할리우드와 바인 교차로(할리우드 스타와 팬들이 모여드는 관광지-역주)는 한밤중 하늘에 떠 있는 북두칠성처럼 반짝거리며 우리 발아래에 놓여 있었다. 밤에는 방에 있는 소파에서 잠을 잤는데, 거기서는 LA 다저스 팀 구장에서 열리는 불꽃놀이 축제를 볼 수 있었다.

아빠를 마지막으로 방문한 것은 열일곱 살 무렵이었다. 내 기억으로는, 우리는 함께 좋은 시간을 보낸 것 같다. 하지만 내가 그곳에 머무는 동안 아빠는 대부분 작업에 몰두했다. 아빠의 꿈이었던 영화 관련 사업이 한창인 때였다. 그래도 주말여행은 몇 번 할 수 있었다. 폰시와 할아버지, 이모할머니인 마트와도 시간을 보냈다. 예정된 시간이 되자 아빠와 아빠의 두 번째 아내는 나를 공항에 데려다 주었다. 잘 가라는 인사와 함께 사랑한다는 말도 해주고 나를 안아 주며 뽀뽀도 해주었다. 나는 비행기에 올랐고, 그 후로 8년 동안 아빠와 이야기를 나누지도, 소식을 듣지도 못했다.

오랜 시간이 흐르고 나서야 비로소 아빠가 의도적으로 나와의 연락을 피했다는 사실을 알아차렸다. 아빠에게 편지를 썼지만 답장이 없었다. 아빠는 항상 이랬다저랬다 했기 때문에 나는 그저 아빠가 늑장을 부리는 것이라고 생각했다. 그러나 크리스마스나 내 생일이 다가와도 아빠에게서는 한마디 소식이 없었다. 그제야 나는 아빠가 단순히 이 모든 것을 잊어버린 것이 아니라는 것을 깨달았다. 의도적으로 나를 버린 것이었다. 내 편지는 분노로 가득 찼고 그다음에는 절박해졌다. 차츰 나는 모든 노력을 그만두었고 아빠와 나 사이가 멀어졌다는 새로운 현실을 받아들이기 시작했다.

내가 아빠를 다시 만난 것은 거의 10년이 지난 후였다. 내가 스물다섯 살 때 시카고에서 열린 삼촌의 두 번째 결혼식에서였다. 아빠 쪽의 가족은 너무 적었기 때문에 아빠는 나를 피할 수 없었다. 조심스럽기는 했지만 나는 아빠를 피하고 싶지 않았다. 우리는 예의를 차려 가며 이야기를 나누었다. 몇 달 후, 내가 사는 워싱턴 교외로 아빠가 영화 대본을 검토하러 왔을 때 아빠는 내게 저녁 식사를 함께하자고 했다. 우리는 관계를 새롭게 세워 가고자 천천히 한 걸음을 뗐다. 그러나 나는 여전히 아빠를 신뢰하지 않는다. 물론 아빠를 만나거나 아빠 소식을 듣는 것은 항상 즐겁다. 그렇지만 나는 그 이상을 기대하지 않는다. 그 이상의 일이 벌어진다면 그것이야말로 특별 보너스처럼 반가운 일이다. 하지만 내가 기대하지 않는 한, 아빠가 나타나지 않는다 해도 나는 실망하지 않을 것이다. 아빠를 사랑하기는 하지만, 내가 실망하지 않기 위해서 나는 아빠를 믿지 않는다.

이혼 가정의 자녀는 신뢰에 대해 애증 관계를 형성한다. 일례로, X세대(1991년 캐나다의 더글러스 쿠플랜드의 소설에서 유래된 용어로 1965년 이후에 태어난 세대를 일컫는다-역주)는 냉소주의, 회의(懷疑), 적대감으로 유명하다. 그룹 너바나(Nirvana, 미국의 유명한 록 밴드-역주)의 리더이자 작곡가인 커트 코베인(Kurt Cobain)에 대해서 "뉴스위크"지는 1990년대 중반에 이렇게 썼다. "이혼 가정의 아이들이 손에 기타를 잡을 때는 그런지(Grunge: 1980년대 말과 1990년대 초에 유행한 록 음악 형식이자 그에 수반된 패션 스타일로서 음울하고 어두운 기타 밴드를 묘사하는 말—역주)가 발생한다."[1] 우리 세대의 음악은 평화와 사랑, 행복 대신에 소외와 버려짐, 불만족에 관해서 노래했다. 한편, X세대와 Y세대(베이비붐 세대의 자녀 세대, Y2000의 주역이 될 세대—역주)는 온라인상에서 생활하면서 공개적으로 낯선 사람들에게 자기를 드러내 상처를 입는다. 대부분의 나이 든 사람들은 이런 삶의 방식을 못마땅해한다.

젠 아바스(Jen Abbas)는 「Ex세대」(Generation Ex)라는 책에서 이렇게 설명한다. "어딘가에 소속되고 싶은 우리의 욕구는 타고난 것이요 부인할 수 없는 우리의 한 부분이다. 그러나 가족이 우리에게 지속적인 연결고리를 제공하지 못하면, 친밀함에 대한 뼈대는 완전히 틀어질 수 있다. 무시받고 좌절하고 배신당하고 버려지거나 거절당하는 것이 두려워서 어른이 되어서도 누군가를 신뢰하거나 상처를 입는 모험을 기꺼이 감행하지 못한다. 앞으로 나서거나 뒤로 물러서야 하는 두 가지 상반된 충동 사이에서 혼란을 느낄 때, 우리는 '이리 와! 저리 가!' 하는 식으로 일관성 없는 신호를 보낸다."[2]

다른 말로 한다면, 진정한 친밀감과 정서적 안정감에 대한 욕구가 절실하지만, 그와 동시에 이 두 가지를 결코 가질 수 없을까 봐 너무 두려워서, 어떤 때는 너무 많이 움츠러들고 어떨 때는 심하게 우리 자신을 드러낸다는 것이다. 누군가를 신뢰하여 우리 마음의 깊은 갈망을 내보일 수 있는 때는 언제인지, 진정으로 믿을 만한 사람과 때와 장소를 위해 우리의 생각과 감정을 절제하며 사려 깊게 행동해야 할 때는 언제인지, 그 둘 사이의 건강한 균형을 잡는 것이 어려운 것이다.

우리가 신뢰에 대해 이렇게까지 힘들어하는 이유 중 일부는 부모님과의 깨어진 신뢰 관계 때문이다. 신뢰, 정직, 신실함 같은 개념에 대해 우리의 모델이 되어 가르쳐 주었어야 할 사람들이 우리를 가장 많이 실망시키고, 지속적으로 거짓말을 하고, 우리가 가장 필요로 할 때 그 자리에 없었다. 그들의 행동이 대부분 의도적이진 않았지만, 우리는 가장 가까이에서 그들이 실패하는 것을 보았다. 그 결과 우리 중 많은 사람들이 과연 누구를 신뢰할 수 있을지 의심하게 되었다.

그런 의심은 우리와 하나님과의 관계로 확장될 수 있다. 우리가 세상의 아버지로부터 하나님에 대해 굉장히 많이 배운다는 것은 신앙의 신비 중 하나다. 하나님은 성경에서 우리의 아버지로 묘사된다. 그런 식의 묘사는 우리가 하나님과 친밀하고 의존적인 관계를 맺고 있다는 것과 동일한 의미이기도 하지만, 하나님을 이렇게 비유하는 것이 이혼 가정의 자녀에게는 여간 어려운 문제가 아니다.

우리 중 대다수는 아버지가 떠나고,[3] 약속을 깨뜨리고, 최악의 상태를 겪는 것을 옆에서 지켜보았다. 우리는 아버지를 의지하지 않고 혼자 살아가는 법, 믿음직스럽지 못한 아버지의 도움 없이 혼자 힘으로 삶을 꾸려 가는 법을 배워 왔다. 우리가 인식하지 못한다 하더라도 하나님과의 관계에 대해서도 이와 비슷한 종류의 의심을 본능적으로 할 수 있다. 상황이 어려워지면 하나님도 우리를 실망시키실 것이라고 생각하거나 하나님이 대체 존재하시기는 하는 것인지 의심한다.

그렇게 되지 않으려고 무척 노력했지만, 이런 정당하지 못한 의심이 나와 하나님 사이에도 소리 없이 끼어드는 것을 알았다. "하나님이 이루실 것이다"라는 하나님의 주권에 대한 경건한 고백이, 내가 하나님께 비밀스럽게 기대했던 것이 이루어지지 않은 데 대한 실망을 변명하는 꼴이 되어 버리는 것이다. 하나님을 향한 이런 낮은 기대감은 하나님의 사랑과 신실함을 믿는 것이 두렵기 때문이다. 마치 사탄이 하와에게 했던 거짓말과 같다. "하나님이 진짜 그렇게 말씀하셨느냐…?"(창 3:1). 이런 식의 간교함은 발견해 내기는 무척이나 어려운데 영혼에는 치명적이고 위험한 독이 된다. 하나님이 통치하신다는 말은 듣기에는 참 좋다. 실제로 하나님은 통치하신다. 그러나 만약 하나님의 주권이라는 말로 내 좌절과 실망을 덮어 버린다면, 나는 하나님의 성품 밖으로 넘어서서 하나님을 그분이 아닌 다른 무엇으로 만들어 버리는 것이다.

하나님께는 내 변명 따위는 필요 없다. 하나님은 실망시키시는 분이 아니라 오히려 "우리가 구하거나 생각하는 모든 것에 더 넘치도록 능히 하실" 분이다(엡 3:20). 하나님은 후하게 넘치는 분이다. 우리가 기도할 때 그저 천국 창고에 앉아 주문받은 것을 처리하시는 그런 분이 아니다. 하나님은 우리에게 필요한 모든 것을 주시고자 역동적으로 일하신다. 심지어는 우리가 필요하다고 깨닫지 못한 것들도, 또 차마 요구하기에는 너무 큰 것처럼 보이는 것들도 주고자 하신다. 하나님은 항상 신실하실 뿐만 아니라 내가 상상도 못할 만큼 풍성하시다. 하나님은 넘치도록 그분의 성실함을 보여 주신다. 상황이 좋아 보이지 않을 때조차도 하나님은 놀라운 방식으로 일하신다. 그 비결은 상황이 어떻게 보이는가를 넘어서서 실제로 상황이 어떤가를 보는 데 있다.

하나님은 어디에 계셨는가

모세는 이 땅에 살았던 그 누구보다 하나님과 친밀한 관계를 맺었던 사람이다. 하나님은 그를 지명해서 이스라엘 백성을 이집트의 노예 생활로부터 이끌어 내게 하셨다. 하나님은 모세 앞에 불타오르는 가시덤불로 나타나셨고, 모세로 하여금 지팡이로 홍해를 가르게 하셨다. 만나를 비 오듯 내리셨고, 사막에서는 바위에서 물이 나오게 하셨다. 이런 가운데 모세가 시내 산에 올라 하나님으로부터 십계명을 받는 사건이 등장한다. 출애굽기와 찰톤 헤스턴이 주연한 영화 "십계"(*The Ten Commandments*)를 보면, 모세가 하나님과 거룩하고도 경건한 시간을 보내고 산에서 내려오자, 백성들의 진중에서 요란한 파티가 한창인 것을 발견한다(출 32장). 백성들은 금으로 송아지를 만들고 먹고 마시며 미쳐 날뛰었다. 모세는 크게 노하여 손에 들고 있던 판들을 산 아래로 던져 깨뜨렸다.

모세는 문자 그대로 초월적인 정점의 체험을 막 마치고 돌아왔다. 하나님은 모세에게 백성들이 어떻게 살고 예배해야 하는지 구체적인 가르침을 주셨다. 모세는 얼마나 영적으로 고조된 상태였겠는가! 그러나 백성들이 얼마나 쉽고 빠르게 하나님을 배신하는지 보자 모든 것이 무너져 내렸다. 낙심하고 고독한 모세는 성경을 통틀어 가장 놀라운 거래를 하나님과 하였다(출 33:12-23). 하나님은 모세에게 백성들을 이끌고 약속의 땅에 함께 가겠다고 확실하게 말씀하셨다. 이에 대한 확증이 더 필요했던 모세는 하나님의 영광을 보기를 구하였고 하나님은 동의하셨다! 하나님은 모세 앞으로 하나님의 은총이 지나가게 하셨고 모세 앞에서 하나님의 이름인 "주님"을 선포하셨다. 근처에 있는 바위틈에 모세를 붙들어 놓고, 하나님이 지나가실 때는 손으로 모세를 덮으셨다가 그가 하나님의 등을 볼 수 있게 하셨다.

마스 힐 바이블 교회 설립목사인 랍 벨(Rob Bell)은 그의 책, 「당당하게 믿어라」(*Velvet Elvis*, 두란노 역간)에서 이렇게 말한다. 유대 랍비들은 "네가 내 등을 볼 것이다"라는 구절을 "내가 있던 바로 그곳"에 대한 완곡어법으로 해석했다. 다른 말로 하자면, 모세는 하나님 앞에서 그분을 볼 수는 없었지만 하나님의 뒷모습은 볼 수 있었다. 모세는 하나님의 발자국이 길을 따라 어디에 찍혔는지 볼 수 있었다.[4]

우리는 종종 이런 식으로 하나님을 경험하고 있지 않은가? 미래에 관해서 우리가 알고 있는 것은 거의 없다. 아는 것이라곤 겨우 몇 가지 큰 그림뿐이다. 새 하늘과 새 땅(사 65:17; 계 21:1), 황금 길(계 21:21), 있을 곳이 많은 큰 집(요 14:2) 등이다. 그러나 우리가 지나온 삶을 돌아본다면 하나님을 좀더 자세히 볼 수 있다. 예기치 않은 곳에서 친구를 만나게 된 것, 우리 삶을 구해 준 엉뚱한 결정, 우리를 이곳까지 인도해 준 이상야릇한 상황들, 우리가 오늘의 관점에서 이런 것을 돌아볼 때 우연처럼 보이는 모든 상황들 속에 계신 하나님의 질서 정연한 손길과 발자취를 발견할 수 있게 된다.

우리가 일상생활에서 하나님의 일하심을 찾고자 한다면, 그분은 거기에 계신다. 앤은 다가오는 결혼식의 세부사항을 계속 기도해 왔다. 딱 한 가지만 제외하고는 준비가 잘 되어 가고 있었다. 큰 행사를 단 몇 주 남겨 두었는데, 엄마와 할머니가 결혼식 때 착용하고서 앤에게 물려준 목걸이와 어울리는 귀고리를 아직 구입하지 못했다. 친구와 쇼핑을 하던 중에 앤은 거기에 딱 어울리는 귀고리를 발견했다. 앤은 즉각 "오, 하나님 감사합니다!"라고 크게 말했다. 친구는 의아한 표정으로 말했다. "무슨 소리야, 하나님이 이렇게 하신 게 아니잖아!" 그러나 앤은 하나님이 그렇게 하셨다고 확신했다. 그녀는 아주 사소한 것에까지 하나님이 관여하고 계신다고 훈련받았다. 그런 식의 훈련은 거듭해서 하나님의 손길을 발견하도록 하였고, 하나님이 결혼식의 아주 작고 사소한 것조차 돌보신다는 확신을 주었다.

매일의 삶에서 하나님을 바라보는 능력은 그녀의 가족 모두가 연습하고 훈련한 것이다. 앤의 어린 조카가 뇌종양으로 진단받아 생명이 위태로웠을 때, 앤의 새언니 줄리는 전국과 세계 각지에 흩어져 있는 가족과 친구들에게 이메일로 이 소식을 전했다. 줄리는 치료 과정, 일상의 사소한 승리와 좌절, 엄마의 입장에서 새롭게 깨닫게 된 매일의 기쁨 등 새로운 소식들을 계속 알려 주었다. 의사를 만나려고 기다리는 동안 심심해진 18개월 된 아이와 몇 시간이고 놀아 주었다는 이야기이건, 최근의 열이 그냥 감기인지 심각한 감염인지 궁금하다는 내용이건, 아니면 하나님이 아이의 시력을 돌아오게 해주시기를 기도한 이야기이건 간에, 줄리의 이메일은 하나님이 그들의 삶에서 행하시는 선한 일에 초점을 맞추고 있었다. 다른 사람들은 그들의 상황을 보고 도대체 하나님이 어디에 계시는가 하며 의아해했지만, 줄리와 그 가족들은 하나님이 그들의 고통과 근심 바로 한가운데 계시는 것을 보았다.

만약 당신이 걸어가는 길에 하나님의 발자국을 발견하기가 어렵다면, 당신만 그런 것이 아니다. 시편을 통해 다윗과 아삽은 외롭고 두렵고 하나님의 기억에서 지워진 것 같은 느낌에 대해 말한다. "여호와여, 어찌하여 멀리 서시며 어찌하여 환난 때에 숨으시나이까"(시 10:1). "여호와여, 어느 때까지니이까. 나를 영원히 잊으시나이까. 주의 얼굴을 나에게서 어느 때까지 숨기시겠나이까. 나의 영혼이 번민하고 종일토록 마음에 근심하기를 어느 때까지 하오며 내 원수가 나를 치며 자랑하기를 어느 때까지 하리이까"(시 13:1-2). 찰스 스펄전은 때때로

"어느 때까지(How Long) 시편"으로 알려져 있는 시편 13편에 대해 그저 쉽게 "울부짖는(Howling) 시편"으로 부를 수 있다고 말했다.[5] ('How long'과 'Howling'의 발음이 비슷한 데서 착안한 것이다 – 역주) 이것은 하나님의 현존에 대한 최고의 비탄을 표현한 것이다.

서버린 그레이스 미니스트리(Sovereign Grace Ministry)의 설립자인 C. J. 매허니(Mahaney)는 버려진 것 같다는 다윗의 느낌에 공감하며 이렇게 말한다. "우리의 공통적인 성향은 습관적으로 내적이고 주관적이고 경험적인 것으로 시작한다는 점이다. 그런 후에 그 감정과 첫인상을 가지고 무엇을 객관적인 사실로 받아들일지 결정한다. 우리는 진실이 우리의 감정을 변화시키도록 하지 않고, 감정으로 하여금 무엇이 진실인지를 결정하도록 허용한다."[6]

하나님은 절대로 다윗을 잊지 않으셨다. 그때 당시의 시점에서 다윗이 그렇게 느꼈을 뿐이다. 사실 우리는 다윗을 생각하면 하나님의 선하심을 만끽한 사람, 하나님의 마음에 합한 사람이라고 칭찬받은 것을 떠올린다(삼상 13:14). 다윗이 쓴 시들을 보면, 하나님이 선택하신 왕이요 하나님의 마음에 합한 사람인 그조차도, 상황이 그로 하여금 의심하도록 시험할 때 하나님의 신실하심을 바라보도록 자기 자신을 훈련해야 했다고 고백한다. 다윗의 인생을 돌아본다면 하나님이 그에게 신실하셨음을 인정하지 않을 수 없다. 다른 모든 사람들은 다윗이 장래 이스라엘 왕이 되기에는 볼품없다고 생각했지만, 하나님은 그를 선택하셨다(삼상 16:1-13). 다윗이 아직 군인이 되기에는 너무 어린 소년이었을 때 하나님은 그가 무서운 적군 골리앗을 무찌르도록 하셨다(삼상 17장). 하나님은 살기 어린 사울 왕의 손에서 다윗을 몇 번이나 구해 주셨다(삼상 18-19장). 다윗을 이스라엘 왕으로 세우시고 그의 왕위가 영원하리라는 약속을 하셨고(삼하 7:14-16), 예수 그리스도를 통하여 그 약속을 성취하셨다(히 1:5-9). 다윗이 밧세바와 죄를 지었을 때조차 하나님은 나단을 보내 다윗에게 죄를 깨닫게 하셨고 회개함으로 그를 다시 세우셨다(삼하 11-12장).

그러나 다윗도 항상 하나님의 신실하심이라는 진리를 느끼지는 않았다. 어떤 때는 버려지고 하나님의 기억에서 사라진 것처럼 느끼는 답답한 순간도 있었다. 우리가 그렇듯 그의 감정도 그를 속였다. 우리 부모님이 우리를 실망시킬 때 우리는 마치 하나님이 우리를 실망시키신 것처럼 느끼지만 사실 하나님은 그렇지 않다. 상황이 우리를 압도할 때 하나님이 우리를 내버려둔다고 느낀다. 마치 우리가 혼자인 것처럼, 늑대에게 던져지고 버려진 것처럼 느낀다. 그러나 우리는 버려진 것이 아니다. 만약 다윗처럼 우리가 하나님의 신실하신 성품을 기억하고 하나님의 일하심을 보는 훈련을 계속한다면, 우리는 우리의 감정에도 불구하고 하나님을 신뢰할 수 있을 것이다.

하나님은 우리를 버리지 않으실 것이다

린의 부모님은 두 분 모두 그리스도인이었다. 그래서 린은 이혼이라는 지각 변동에서 안전하리라 생각했다. 친구들과 같은 반 아이들이 부모님의 이혼을 겪는 것을 보면서 자기 가족은 걱정할 필요가 없다는 사실이 기뻤다. 그랬기 때문에 린이 고등학교 1학년 때 부모님이 별거에 들어가자 그녀는 완전히 엉망이 되었다. 린의 오빠는 집을 떠나 대학교에 갔으므로 그녀는 혼자 남아 부모님을 대해야 했다. 더 나쁜 상황은, 린이 아빠와 살 것인지 엄마와 살 것인지 결정해야 한다는 것이었다. 린은 아빠와 친밀한 적이 없었음에도 불구하고 엄마와 엄마의 새 남자친구와 함께 산다는 것을 도저히 참을 수 없었다. 린은 그들의 관계가 불륜이라고 확신했다. 린이 엄마 대신 아빠와 살겠다는 뜻을 전했을 때, 엄마는 배신당한 것처럼 느꼈고 화를 내며 당장 나가라고 소리쳤다. 그 후로 린은 엄마와 거의 연락하지 않고 지낸다.

피해자가 되지 않기로 마음을 먹고 린은 그 후 몇 년 동안 냉정하게 살았다. 그러나 20대가 되어 결혼을 하고 아이를 낳아 엄마가 되자, 린은 마침내 자기 가족, 특히 엄마를 잃은 사실이 몹시 슬펐다.

언론인인 브룩 리 포스터(Brooke Lea Foster)는 이혼 가정의 아이였던 자신의 경험에 대해 이렇게 썼다. "만약 아버지가 이혼을 주도했다면 그가 가정을 깨뜨린 것에 대해 그를 비난할 수 있겠지만, 아마도 그런 상황에서는 어머니보다 아버지를 용서하는 것이 더 쉬울지도 모른다. 어머니는 그렇게 쉽게 가족을 떠나지 않아야 하는 것이다."[7] 어쨌거나 어머니라는 존재는 우리가 세상에 나올 준비가 될 때까지 우리를 열 달 동안 자기 뱃속에 품고 영양분을 공급하고 자라게 한 분이니까 말이다.

성경 역시 어머니의 유기(遺棄)는 잘 일어나지 않는 일로 단언한다. 이사야 49:15에서 하나님은 자기 백성들에게 이렇게 말씀하신다. "여인이 어찌 그 젖 먹는 자식을 잊겠으며 자기 태에서 난 아들을 긍휼히 여기지 않겠느냐?" 여기에 함축된 대답은 "물론 아니다!"이다. 어떻게 그런 일이 일어날 수 있겠는가? 누가 상상이나 할 수 있겠는가? 그러나 만약 우리가 그런 일이 일어나는 것을 가정해 본다 하더라도, 혹은 우리가 그런 상황에서 살아 왔을지라도, 여전히 우리에게 소망은 있다. 이사야는 하나님의 약속을 반복해서 들려준다. "그들은 혹시 잊을지라도 나는 너를 잊지 아니할 것이라!" 여기서 멈추지 않고 하나님은 이렇게 말씀하신다. "내가 너를 내 손바닥에 새겼고"(사 49:16). 하나님이 어떤 일을 행하시려고 손을 펴실 때마다 그분은 우리를 보고 계신다. 하나님은 우리를 가장 눈에 잘 띄는 곳에 두시고 우리를 계속 기억하시며 절대 우리를 잊지 않으신다. 이 약속은 단지 기원전 6백년에 이사야의 예언을 받은 사람들만이 아니라 모든 믿는 자들에게 주시는 약속임을 믿는다. 예수님은 심지어 부활하신 이후에도 우리 죄를 위하여 십자가에서 담당하신 손과 발과 옆구리의 상처를 지니고 계셨다(요 20:27). 영화롭고 완전한 예수님의 몸에 난 그 상처는 우리에 대한 하나님의 사랑을 영원히 기억하게 한다. 그 상처는 영원히 그의 손에 선명하게 새겨져 있다.

불행히도 우리는 종종 버려짐을 경험한다. 심지어 어머니에게서조차. 특히 모든 일이 안 좋게 돌아갈 때는 하나님에게서도 버려진 것만 같다. 차가 고장 나고 친구가 암에 걸리고 승진이 무산될 때 우리는 하나님이 어디에 계시는지 의심한다. 그러나 진리는, 절대적인 진실은, 하나님은 절대 우리를 내버리지 않으신다는 것이다.

하나님이 이스라엘 백성을 이집트에서 이끌어 내신 후에도 그들 앞에는 여전히 해야 할 일들이 놓여 있었다. 그들은 하나님이 그들에게 주시기로 약속하신 땅을 정복해야 했다. 그 땅은 거인과 장수로 가득하다는 보고가 있었다. 여정 초기에 모세는 열두 명에게 약속의 땅 가나안을 정탐하는 사명을 주고 그들을 그 땅으로 보냈다(민 13장). 그들 중 두 명인 여호수아와 갈렙은 돌아와서 그 땅의 비옥함과 커다란 과일들을 내보이며 하나님이 그들에게 승리를 주실 것이라고 확신했다. 다른 열 명은 견고한 성과 강한 용사들, 그리고 이 싸움은 질 것이 뻔하고 불가능하다는 사실만 확인하고 돌아왔다. 물론 그곳에는 두 사람이 운반해야 하는 커다란 포도송이가 있었다. 그러나 만약 포도나무를 소유한 사람들이 당신을 그 발 앞에 무릎 꿇게 만들 정도라면 그 포도송이가 무슨 유익이 있겠는가? 백성들은 두려움에 떨었고 열 명의 반대자의 말에 귀를 기울였다. 그래서 하나님은 그들에게 40년 동안 광야를 떠도는 벌을 내리셨다(민 14:26-35).

40년이 흘러 이스라엘 백성들은 이제 약속의 땅에 들어갈 시간이 되었다. 성읍은 여전히 견고했으며 그곳에 사는 용사들도 약해지지 않았다. 그때쯤에는 이스라엘 백성들이 하나님의 신실하심을 알았어야 했음에도 불구하고, 여전히 그들은 두려웠으므로 하나님이 그들과 함께하실 것이라는 재확인이 필요했다. 광야를 떠도는 동안 그들은 하나님이 매일 주시는 음식과 물에 의존했고, 하나님은 그들을 단 한 번도 실망시키지 않으셨다.

매일 그날 먹을 신선한 만나가 땅에 떨어졌고, 매일 새로운 메추라기가 날아들었다. 모세는 백성들에게 상기시켰다. "네가 이 큰 광야에 두루 다님을 알고 네 하나님 여호와께서 이 사십 년 동안을 너와 함께하셨으므로 네게 부족함이 없었느니라"(신 2:7). 그러나 하나님은 두려워하는 백성들을 조롱하거나 벌하지 않으셨다. 대신 그들을 격려하고 확신을 심어 주셨다. "여호와 그가 네 앞에서 가시며 너와 함께 하사 너를 떠나지 아니하시며 버리지 아니하시리니 너는 두려워하지 말라 놀라지 말라."(신 31:8).

버려지고 혼자인 것처럼 느껴질 때 우리는 쉽게 용기를 잃는다. 엘리사는 구약 시대의 선지자였다. 이스라엘 왕이 아람 왕을 공격할 때마다 엘리사가 조언을 했다는 사실을 아람 왕이 알게 된 후 엘리사는 아람 왕의 표적이 되었다. 아람 왕은 군대를 보내어 엘리사가 머물고 있는 성읍을 포위하게 하였다. 너무도 정확한 이 선지자를 잡아 죽일 작정이었다.

엘리사의 사환이 아침에 일어나 보니 아람 왕의 전차와 말이 자기들의 은신처를 에워싸고 있었다. 그는 당연히 공포에 떨었다. 그러나 엘리사는 걱정하지 않았다. 그는 사환이 보지 못했던 무엇을 보았을까? 확실히 무언가가 있었다. 엘리사는 하나님이 사환의 눈을 열어서 자기가 볼 수 있었던 것을 그도 보게 해 달라고 기도했다. 하나님은 엘리사의 기도를 들으셨고, 갑자기 사환은 아람 왕의 전차와 말뿐 아니라 하나님의 군대인 불의 전차와 말이 언덕을 가득 채운 것을 보았다. 엘리사는 사환에게 부드럽게 말했다. "우리와 함께한 자가 그들과 함께한 자보다 많으니라"(왕하 6:16). 바꾸어 말하면 적군은 중과부적(衆寡不敵)이다. 적은 숫자로 우리를 이길 수 없다. 우리는 이기는 쪽에 있다. 하나님은 우리를 버리지 않으셨다.

엘리사의 사환은 인간적인 관점으로 그들에게 닥친 위험만 보았다. 하나님이 눈을 열어 주시기 전까지 그는 자기를 둘러싼 하나님의 군대를 볼 수 없었고, 스스로 싸워서 자기와 엘리사를 지킬 준비만 하였다. 그들은 버림받지 않았다. 하나님이 줄곧 함께 계셨다.

하나님에게 두려움은 없다. 하나님은 앞으로 무슨 일이 일어나는지 아시고 매 순간 우리와 함께하신다. 하나님은 앞으로도 우리와 항상 함께하실 것이다. 짧은 낮잠을 주무시지도 않고 더 중요한 어떤 사람을 지키기 위해 몰래 빠져나가시지도 않을 것이다. 절대 우리를 떠나시지도, 우리에게서 등을 돌리시지도 않을 것이다. 절대로.

우리는 항상 그 자리에 있는 사람, 절대 떠나지 않는 사람을 신뢰할 수 있다. 시편 9:10에서는 이렇게 말한다. "주의 이름을 아는 자는 주를 의지하오리니 이는 주를 찾는 자들을 버리지 아니하심이니이다." 신뢰할 수 있는 하나님의 성품을 입증하는 수천 년 이상의 오래된 자료들이 있다. 매튜 헨리는 이 구절에 대해 이런 주석을 썼다.

하나님을 더 잘 알게 될수록 하나님을 더욱 신뢰하게 된다. 하나님이 궁극적인 지혜의 하나님임을 아는 사람들은 **그들이 볼 수 있는 것을 뛰어넘어 훨씬 더** 그를 신뢰할 것이다(욥 35:14). 하나님의 강력한 힘을 아는 사람들은, 피조물에 대한 신뢰가 깨지고 의지할 만한 것이 전혀 없을 때에도 하나님을 신뢰할 수 있다(대하 20:12). 하나님이 궁극적으로 은혜롭고 선하신 분임을 아는 자들은 **하나님이 그를 죽이실지라도** 그분을 신뢰할 것이다(욥 13:15). 깨지지 않는 하나님의 진리와 신실하심을 아는 자들은 그분의 약속의 말씀 안에서 즐거워할 것이고, 그 안에서 쉼을 얻을 것이다. 비록 일이 더디게 이루어지고 중재하시는 섭리가 그 일과는 모순되는 것처럼 보일지라도 말이다.[8]

약속을 지키시는 하나님

최근 약속에 관한 이야기를 많이 듣는다. 서약 반지(promise ring)라는

것이 있는데, 순결을 서약한 그리스도인 청소년들이 끼고 다니는 반지다. 또, 선거 때가 되면 캠페인용 공약들이 등장한다. 후보들은 만약 당선되면 "이것을 하겠다, 저것은 하지 않겠다"와 같은 공약을 내건다. "프라미스 키퍼스"(Promise Keepers)라는 단체는 1990년대에 콜로라도의 몇몇 남성들에 의해 시작되었다. 이 운동은 남성들이 가족 안에서 어떻게 그들의 역할을 감당할 수 있는지 배우도록 도와주고 이를 잘 지켜 나가도록 지지 세력을 형성해 준다. 이들은 "프라미스 키퍼스"의 기본 철학은 바로 약속을 지키시는 하나님의 성품에 근거한다고 생각한다.

어떤 큰 종교 단체에서 설립자가 은퇴한 후 당신이 그 단체의 지도자가 되었다고 상상해 보라. 당신은 너무 어리고 확신도 없었는데도, 설립자는 하나님께 도움을 구하고 하나님의 인도와 지시를 따르라고 가르쳤다. 그 후 당신은 몇 십 년에 걸쳐 그 단체가 좋은 시절과 나쁜 시절을 겪으며 성장하는 것을 지켜보았다. 이제 몇 년 후면 당신이 그 자리에서 내려와 더 젊은 사람에게 자리를 물려주어야 한다. 당신은 과연 어떤 지혜의 말을 그에게 전수하겠는가?

여호수아의 과제가 바로 이것이었다. 그는 하나님을 믿고 따르는 사람이라고 입증된 모세의 후계자였다. 그는 약속의 땅에 대해 긍정적인 보고를 했던 두 정탐꾼 중 한 명이었다. 그는 행진과 나팔소리로 성을 무너뜨린 영광스러운 전쟁을 치렀고, 약속의 땅에 이스라엘 백성을 성공적으로 인도하였다. 이제는 여호수아가 다른 약속의 땅,

천국으로 들어갈 차례였다.

여호수아는 눈을 감기 전에 이스라엘의 지도자들에게 마지막 유언을 남겼다. "보라, 나는 오늘 온 세상이 가는 길로 가려니와 너희의 하나님 여호와께서 너희에게 대하여 말씀하신 모든 선한 말씀이 하나도 틀리지 아니하고 다 너희에게 응하여 그 중에 하나도 어김이 없음을 너희 모든 사람은 마음과 뜻으로 아는 바라"(수 23:14). 우리의 수명보다 훨씬 긴 110년을 사는 동안 여호수아는 하나님을 지켜보았다. 그러므로 여호수아는 그들이 섬기는 하나님이 반드시 약속을 지키시는 분임을 확실하게 말할 수 있었다.

물론 우리는 이렇게 말할 수도 있다. 여호수아는 모세의 발자취를 좇았고 약속의 땅에 들어가는 이스라엘을 지켜보기만 했으니 쉬웠을 것이다. 거인들이 있긴 했지만 어려운 일은 끝났다. 그렇지만 상황이 나빠지면 그때는 어떻게 할 것인가?

참으로 힘든 시기를 많이 겪은 이스라엘의 지도자가 있었다. 가장 친한 친구의 아버지는 악랄한 방법으로 그를 죽이려고 했다. 기쁨에 겨워 춤을 조금 추었을 뿐인데 아내는 그를 경멸했다. 자녀들은 그를 대항해서, 또 서로를 대적해서 싸웠다. 하나님께 죄를 범했고 그 실수 때문에 큰 고통을 겪었다. 이 사람, 바로 다윗 왕은 하나님을 시험할 만한 기회가 많았다. 그러나 그는 이런 결론을 내렸다. "주의 나라는 영원한 나라이니 주의 통치는 대대에 이르리이다"(시 145:13). "너희는 여호와의 선하심을 맛보아 알지어다. 그에게 피하는 자는 복이 있도다"(시 34:8).

시절이 좋건 나쁘건 우리는 하나님을 의지할 수 있다. 하나님은 우리에게 벅찬 문제들을 처리해 주시고, 가벼운 문제도 간과하시지 않는다. 하나님은 우리와 함께하시겠다고 약속하신다. 히브리서 기자는 이렇게 썼다. "또 약속하신 이는 미쁘시니 우리가 믿는 도리의 소망을 움직이지 말며 굳게 잡고"(히 10:23).

거짓말하지 않으시는 하나님

세스(Seth)는 대학을 졸업하고 첫 직장에 다니고 있었다. 그 무렵 어머니가 전화를 해서 아버지가 집을 나갔다는 소식을 전했다. 그의 부모님은 몇 년 동안 자주 다투셨다. 그러나 세스가 염려할 만한 심각한 상황까지 이르지는 않았다. 세스는 이런 상황이 오리라고는 전혀 생각해 본 적이 없었다. 이 소식을 듣고 그는 서둘러 고향으로 돌아가 아버지를 만났다. 아버지는 실수를 인정하고는 다시 집으로 돌아가기로 결정했다. 짐 푸는 것을 도와드리는 아들에게 아버지는 말했다. "아들아, 걱정하지 마라. 다시는 이런 일을 벌이지 않으마. 내가 다시는 너를 떠나지 않을게." 그 일이 있은 지 얼마 후, 세스의 아버지는 다시 집을 나갔다. 이번에는 영원히 떠났다. 5년이라는 시간이 흘러 세스는 아버지의 거짓말이 그들의 관계를 가로막는 장애물이라고 말한다. 신뢰하기에는 아버지는 너무 많은 거짓말을 했다.

말은 이렇게 하고 행동은 저렇게 하는 사람을 믿을 수는 없다. 그러나 하나님께는 그런 것을 염려할 필요가 없다. 하나님이 말씀하시면 그것은 사실이며 하나님은 반드시 말씀하신 것을 지키신다. 우리는 그 말씀을 신뢰할 수 있다. 하나님이 우리를 떠나시지 않겠다고 하셨으면 그렇게 하실 것을 믿을 수 있다. 우리 부모님이 얼마나 많은 거짓말과 잘못된 행동으로 우리를 실망시켰을지라도, 우리에게는 항상 신실하신 하나님이 계시다.

히브리서 기자는 하나님의 본질적인 성품의 하나로 진실하심을 꼽았다. "하나님은 약속을 기업으로 받는 자들에게 그 뜻이 변하지 아니함을 충분히 나타내시려고 그 일을 맹세로 보증하셨나니 이는 하나님이 거짓말을 하실 수 없는 이 두 가지 변하지 못할 사실로 말미암아 앞에 있는 소망을 얻으려고 피난처를 찾은 우리에게 큰 안위를 받게 하려 하심이라. 우리가 이 소망을 가지고 있는 것은 영혼의 닻 같아서 튼튼하고 견고하여 휘장 안에 들어가나니"(히 6:17-19). 우리는 거짓말하지 않으시는 하나님께로 피할 수 있다. 그분께 달려가서 그분의 팔에 안길 수 있다! 하나님은 우리를 그분의 튼튼하고 견고한 품으로 안아 주실 것이다.

이 구절은 하나님이 거짓말하지 않으실 뿐만 아니라 거짓말하실 수도 없음을 보여 준다. 어떤 주석가는 이 구절이 하나님이 약한 분이시라는 표현이 아님을 지적하면서 수수께끼 같은 말을 던진다. "하나님은 당신이 들어 올릴 수 없는 바위를 만드실 수 있는가?" 오히려 이 구절은 하나님의 절대적인 힘과 능력을 나타내는 것이다.[9] 하나님의 힘과 능력은 무척이나 커서 침략당해 무너지지 않는다. 스펄전이 하나님의 속성을 "위험 속에서 표류하는 영혼을 잡아 주는 닻"이라고 표현한 이유가 여기에 있다.[10] 하나님의 성품의 일부는 절대적인 신실함이다.

사무엘상 15:29는 말한다. "이스라엘의 지존자는 거짓이나 변개함이 없으시니 그는 사람이 아니시므로 결코 변개하지 않으심이니이다." 여성으로서 나는, 마음이 바뀌는 것은 여자의 특권이라고 주장하련다. 작년에 꼭 사야만 했던 예쁜 구두가 올해는 시들해지기도 한다. 주말에 거실을 다른 색깔로 칠할 수도 있고, 부엌을 새로 꾸밀 방법을 여덟 가지 서로 다른 방식 중에서 '선택'할 수도 있다. 이런 것쯤이야 생활의 사소한 것이니 괜찮지만, 이것이 지도자들에게 적절한 특성은 분명 아니다. 우리는 책임을 맡은 사람이 모든 사항들을 심사숙고해서 우리가 따를 수 있는 최선을 지혜롭게 선택해 주기를 바란다. 또한 그들이 모든 행동에 앞장서는지도 알고 싶다. 우리는 어떤 사안에 대해서 이랬다저랬다 하는 정치인들을 비판한다. 임원들이나 교회의 리더들이 차기의 가장 중요한 일이라고 시작해 놓고는 끝까지 완수하지 않으면 우리의 사기는 땅에 떨어진다. 부모님이 거짓말의 그물에 갇혀 있는 것을 볼 때, 우리는 그 누구도 믿을 수 없다고 여긴다.

우리는 마음이 변하지 않으시는 하나님을 알 때 편히 쉴 수 있다.

그렇지 않으면 우리가 어찌 명령을 좇아 하나님을 의지하며, 그분의 용서를 믿겠으며, 그분의 말씀을 신뢰할 수 있겠는가? 하나님이 무언가 하시겠다고 말씀하시면 반드시 그렇게 하실 것이다. 데살로니가 교회에 축복을 선포한 후, 사도 바울은 다음과 같이 단언했다. "너희를 부르시는 이는 미쁘시니 그가 또한 이루시리라"(살전 5:24). 이는 확실한 사실을 간단하게 선언한 것이다. 바울은 알고 있었다. 그는 다윗처럼, 혹은 그 이상으로 많은 고초를 겪었다. 감옥에 갇히고 돌로 맞고 배가 부서지는 경험을 하고 매를 맞았다(고후 11:24-26). 그러나 다윗처럼 바울 역시 그가 섬겼고 우리도 섬기는 하나님의 완전한 신실하심을 증언하였다.

아빠가 나와 연락하지 않았던 몇 년 동안 우리 관계에는 먹구름이 드리워진 것 같았다. 할아버지는 보통 화를 잘 내시지 않는 분이었는데, 한번은 아빠 때문에 무척 화를 내셨다. 할아버지의 아버지는 몸은 같이 있어도 마음은 딴 곳에 있는 분이셨다. 그래서 할아버지는 당신 자식들에게는 다르게 하리라 결심하셨다. 아이들을 잘 안아 주고 뽀뽀도 해주고 얼마나 사랑하는지 표현도 해주셨다. 그랬기 때문에 당신 아들이 나와 연락을 끊고 지내는 것을 보시고는 몹시 마음 아파하셨다. 감사하게도 할아버지는 오래 사셔서 그 침묵의 벽이 무너지는 것을 보실 수 있었다. 그러나 한번 내팽개쳐진 경험을 한 나로서는, 그런 일이 다시 일어날 수 있는 가능성과 나쁜 기억 때문에 아빠와의 관계는 전과 다르게 퇴색되고 녹슬어 버렸다. 한 번 그랬던 것처럼 아빠가 다시 쉽게 사라질 수도 있다는 사실이 늘 나의 뇌리를 떠나지 않았다.

그럼에도 불구하고, 아니 그렇기 때문에 나는 언제나 내 옆에 계시고, 사랑이 많으시며, 신실하신 하나님을 알고 있어 무척 기쁘다. 그분은 나를 절대 버리시지 않을 것이다. 결코 거짓말도 하지 않으신다. 나를 향한 사랑도 절대 변하지 않을 것이다. 내 이름을 손바닥에 새기시고 결단코 나를 잊지 않으시리라.

바울은 이렇게 썼다. "너희를 불러 그의 아들 예수 그리스도 우리 주와 더불어 교제하게 하시는 하나님은 미쁘시도다"(고전 1:9). 우리는 우리와 끝까지 함께하실 하나님을 신뢰할 수 있다. 하나님은 본래 신실하시기 때문이다. 그분은 그와 다르게 행하실 수 없다. 하나님은 우리를 실망시키지 않으실 것이다.

3장

세상의 무게

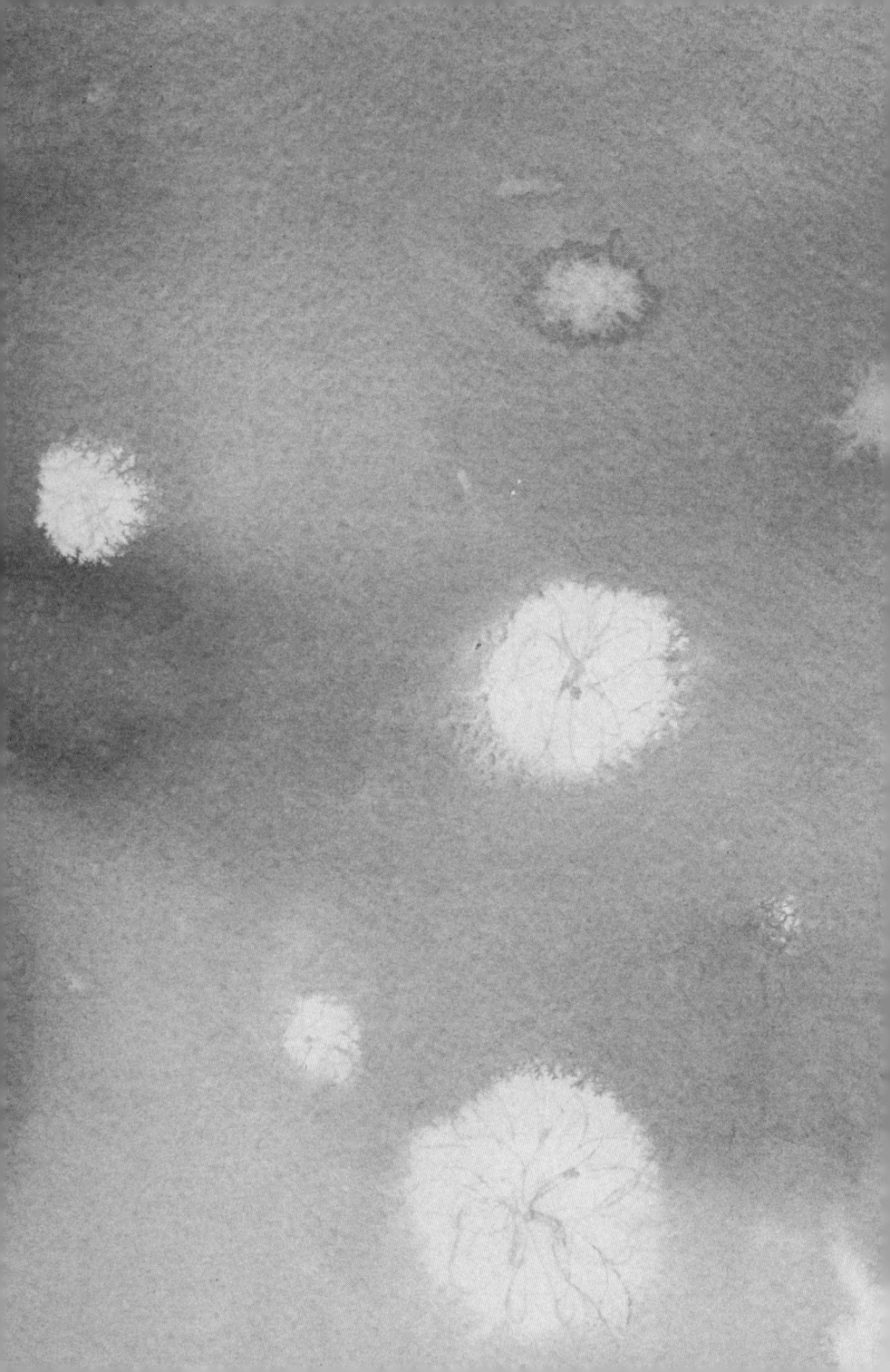

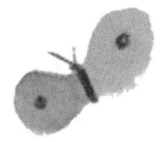

"너는 나이에 비해 무척 성숙하구나." 나는 자라면서 선생님과 친척, 부모님의 친구들로부터 이런 이야기를 많이 들었다. 본래 타고난 성격도 그렇거니와 다른 이혼 가정 자녀처럼, 필요하니까 일찍 성숙할 수밖에 없었다.

이혼 후 양육권은 엄마에게 넘어가 나는 줄곧 엄마와 함께 살았다. 내게는 곧 새아빠와 남동생 두 명이 생겼다. 이제 이들이 내 가족이 되었고, 함께 살아 온 사람들이 되었으며, 내 가치관을 형성해 준 사람들이 되었다. 이들이 밤에 내 잠자리를 봐 주고 나의 선생님들을 찾아와 준 사람들이다. 또한 내가 10대였을 때 친구네 집에서 아이들끼리만 모이는 파티에 가고 싶다고 하자 허락하지 않은 사람들도 그들이다. 우리는 보수적인 그리스도인이었고, 교회 문이 열려 있으면 언제든 교회에 가는 사람들이었다. 말뚝으로 된 울타리를 쳐 놓지는 않았지만, 우리는 끈끈한 사이였고 함께 일도 무척 잘했다.

그러나 매년 여름 나는 이 작은 둥지를 떠나 몇 주간 할아버지, 할머니 폰시와 함께 지냈다. 때로 아빠도 함께했다. 그분들은 결코 나쁜 분들은 아니었지만 우리집 가족과는 다른 가치관과 우선순위를 갖고 있었다. 그분들과 2-3주를 보내면서 나는 엄마가 알지 못하는 것, 엄마라면 허락하지 않았을 일들을 해 볼 기회를 얻었다. 선택은 내게 달려 있었다.

내가 할아버지 댁에 도착했던 첫날, 그분들은 나를 데리고 식료품점에 가서 간식거리와 아침에 먹을 음식을 사셨다. 내가 집에서 먹는 시리얼은 콘플레이크나 건포도와 견과류가 들어가 있거나 단맛이 없는 것들로 제한되어 있었다. 그래서 두 주 동안 먹을 아침 식사용 시리얼을 내 맘대로 고를 수 있게 되자, 나는 되도록 설탕이 많이 들어가고 총천연색의 화려한 색깔에다 마시멜로우가 잔뜩 들어간 시리얼을 열심히 찾아다녔다. 영양가 많은 시리얼을 고른 적은 한 번도 없었다. 그러나 그보다 더 중요하고 더 큰 문제들이 있었다.

열두 살 되던 해 어느 여름날, 나는 폰시와 마트 이모할머니와 함께 영화를 보러 갔다. 극장 로비에서 영화 포스터를 살펴봤던 기억으로 보아, 극장에 가기 전에 무슨 영화를 볼지 결정하지는 않았던 것 같다. 여러 영화 가운데 1950년대 고등학생에 관한 내용의 영화가 있었는데 폰시는 그 영화가 재미있을 것 같다고 했다. 한 여인이 샤워를 하면서 다리를 다 드러내고 있었고, 샤워실 벽에 생긴 작은 구멍으로 누군가가 그 모습을 들여다보는 이미지의 포스터였다. 그 영화는 코미디 영화였는데, 주인공 이름이 내가 토요일 아침마다 몇 시간이고 보던 만화영화 주인공과 같았다. 그러나 그 영화는 성인용 등급이 매겨진 영화였고 내가 아는 만화의 등장인물들이 출연하지도 않았다.

폰시는 괜찮을 것으로 생각했지만, 나는 멈칫했다. 그 영화가 도대체 무슨 이야기를 하고 있는지 이해할 수 없었지만, 성인용 등급은 내가 봐서는 안 되는 것으로 나는 알고 있었다. 나는 폰시에게 "제 생각에, 엄마라면 이런 영화를 보라고 할 것 같지 않아요"라고 말했다. 내가 고집을 피워 우리는 그 영화 대신 온 가족이 볼 수 있는 영화를 보았다. 하지만 예상한 대로, 엄마는 내가 "폴터가이스트" (Poltergeist, 1980년대에 만들어진 유명한 공포영화 – 역주)라는 영화를 본 것도 그렇게 달가워하지 않았다.

이런 도덕적 딜레마는 나 홀로 직면해야 했다. 엄마와 새아빠는 1년 중 대부분의 시간을 기독교적인 가치로 나를 가르치셨지만, 내가 1년 중 2-3주간 친가와 함께하는 기간에는 내 맘대로 살았다. 가치관이 현저하게 다른 사람들과 살면서 내 신앙과 신념은 시험대에 올랐다. 다행히 대부분 시시한 시험들이었다. 고작해야 외설적인 영화나, 드라큘라나 프랑켄슈타인 그림이 그려진 시리얼 정도가 제일 나쁜 축에 속했으니….

나이가 들면서, 나의 신앙과 신념은 점점 강해져서 내 가족의 일부일 뿐 아니라 나 자신의 일부가 되었다. 친가와는 점점 거리감을 느끼기 시작했다. 그분들을 정말 사랑했지만, 우리는 각자 다른 방향을 향해 가고 있었다. 폰시가 돌아가셨을 때 나는 이 점을 강하게 느꼈다.

내가 대학을 졸업하던 그 주말에 할머니는 내게 파킨슨병을 앓고 계시다는 사실을 말씀해 주셨다. 몇 년 동안이나 그 병을 앓아 오셨다고 했다. 쉽게 지치고 등이 좀 굽긴 했어도 할머니는 굉장히 건강해 보이셨다. 간혹 손을 좀 떠시고 병이 진행되어 감에 따라 떠는 정도가 심해질 것이라는 것 외에 나는 그 병에 대해 잘 알지 못했다. 그러나 결과적으로 상황은 훨씬 심각해졌다. 음식물을 삼키지 못하시는 날이 왔고, 할머니는 점차 물도, 심지어는 침조차 삼키지 못하시게 되었다. 폰시와 할아버지는 이런 날이 오리라는 것을 아시고 계획을 세워 놓으셨다. 호스나 정맥주사로는 어떤 음식물이나 영양분도 공급받지 않겠다고 미리 결정하신 상태였다. 그저 자연스런 과정을 겪도록 놔두기를 바라셨다.

아빠와 삼촌, 그리고 나는 할머니의 마지막 날들을 함께 지내려고 서둘러 일리노이로 갔다. 할머니가 마지막 숨을 거두시던 아침, 나는 거실에 마련된 할머니의 침대 옆 소파에서 자고 있었다. 할아버지는 침대 맞은편 안락의자에서 쉬고 계셨다. 할머니가 돌아가신 후 할아버지는 나를 깨우셨고, 할머니가 이제는 그 어디에도 없는 것 같다고 말씀하셨다. 두 분은 어린아이였을 때 만나 사춘기 짝꿍으로 사랑에 빠져 50여 년의 결혼 생활을 누리셨다. 비록 할머니의 육신은 여전히 침대 위에 누워 있었지만, 평생 사랑했던 여인이 어떤 면에서 완전히 떠나 버렸다고 할아버지는 느끼셨던 것이다. 나는 할아버지의 심정을 헤아리며 말했다. "할머니의 영혼이 육신을 떠나셨네요."

할머니의 장례식을 준비하면서, 나는 그리스도인 공동체의 장례

예배에서 풍기는 위로가 있길 바랐다. 하나님의 주권과 은혜를 인정하고, 신뢰하는 사람들 사이에 있을 때 느끼는 그런 위로 말이다. 증조할머니는 신앙심이 깊은 감리교인이셨으나 당신의 믿음에 대해 공개적으로 말씀하신 적은 없었다. 심지어 가족에게조차 믿음에 대해 말씀하시지 않았다. 내가 아는 바로는 증조할머니가 친가에서 유일한 그리스도인이었다. 폰시의 관 앞에 섰을 때, 나는 내 인생 가운데 그 어느 때보다 훨씬 외로움을 느꼈다.

나는 매년, 단지 몇 주 동안만 친가 식구들과 함께 지냈다. 그리고 대부분의 시간은 우리집에서 부모님을 기쁘게 하고 순종하는 삶을 살았다. 서로 다른 두 가족 사이를 지속적으로 왔다 갔다 하며 살지 않아도 되었다. 그러고 보면 나는 운이 좋은 편이었다.

엘리자베스 마쿼트는 「당신의 아이가 울고 있다」에서, 이혼 가정의 자녀는 서로 다른 두 가족을 이리저리 오가면서 완전히 엉망진창이 되어 버린 상황을 이해하려고 애쓰고 있으며, 이는 아이들이 감당하기에는 어려운 일이라고 비판한다. 사람들은 이혼을 분리라고 말한다. 그러나 어린아이들은 두 협곡 사이에 양다리를 걸치고, 각 가족 사이에서 균형을 잡으려 뒤뚱거리고 있다. 그러면서 자신의 인생도 꾸려 나가야 한다. 마쿼트가 지적했듯이, 부모님은 결혼할 때 서로 다른 관점과 가치를 조율하고 우리 가족이 어느 방향으로 가야 할지 함께 결정한다. 아이들은 그 과정을 잘 누리면 된다. 그러나 부모가 이혼하면 그들은 더 이상 한 팀으로 움직이지 않는다. 엄마나 아빠가 각자 좋아하는 방식으로 각기 다른 삶을 산다. 그러면 아이들은 경쟁하는 두 가지 세계관을 이해하려고 애쓰면서 둘의 차이점을 조율해야만 한다. 이렇게 사는 것은 지칠 뿐더러 희생을 초래한다. 이런 어려운 사안과 상황을 헤쳐 나가야 하기 때문에 우리는 빨리 철이 드는 것이다.

청소년 심리학자 마이클 브래들리(Michael Bradley)는 「네, 당신의 십대 아이는 엉망입니다!」(Yes, Your Teen Is Crazy!)라는 책에서, 상담을 받으러 온 젊은이들이 지고 살아야 하는 짐을 보며 얼마나 좌절감을 느끼는지 이렇게 설명한다.

나는 정말, 진심으로 유감스럽게 생각한다. 부모의 이혼을 경험한 10대 청소년들이 어떤 외상(外傷) 없이 그 과정을 잘 견뎌 낼 수 있을 것이라는 관점을 유지하고자 나는 무던히도 애썼다. 이 아이들도 일반 가정의 아이들처럼 자신의 미래에 대해 건강하고 안정적이고 긍정적인 생각을 할 수 있게 되리라고 믿고 싶었다. 부모의 손길은 10대 청소년들에게도 여전히 필요한데 그것을 격주 토요일이나 수요일 저녁을 함께 보내는 일과로 바꾼다 해도 그들은 잘 지낼 것이라고 이야기하는 책들도 읽었다.

사실은 그렇지 않았다. 혹시 내가 너무 지쳐 버린 것인지도 모르겠다. 하지만 나는 혼란에 빠져 두려워하는 청소년들의 눈빛을 너무나 자주 보았다. 내가 위에서 말한 관점을 그들에게 설명하려고 애쓸 때 그들은 공허한 눈길로 나를 바라보았다. 나도 뻔히 아는 사실을 그들의 눈빛이 말해 준다. 이런 이야기들은 단지 어른들이 자식들에 대한 서약을 지키지 못한 것을 합리화

하는 데 사용하는 많은 거짓말에 불과한 것이다. 아이들은 그걸 안다.[1]

부모님이 이혼한 필은 4남매 중 둘째다. 큰형이 아버지와 함께 살기 위해 떠나자 필은 열 살의 나이로 한 가정의 가장이 되었다. 아버지는 이미 다른 여자가 있어서 곧 재혼을 했지만, 어머니는 여전히 혼자였다. 아직 어린아이였음에도 불구하고 필은 어머니와 동생들을 보호해야 한다는 책임감을 느꼈다. 밤에 그는 잠에서 깨어 옆방에서 흘러나오는 어머니의 울음소리를 무기력하게 듣곤 했다. 필과 동생들이 아버지를 방문할 때는 어머니 마음을 상하게 하고 싶지 않아서 아버지 가족들과 즐거운 시간을 보내지 않으려고 애를 썼다. 재미있게 놀았던 날에는, 집에 돌아와서 아무 말도 하지 못하게 동생들 입단속을 단단히 하곤 했다. 그쪽 가족과 함께 누렸던 것들을 이야기하면 어머니는 — 일부러 그러려는 의도는 아니었겠지만 — 그들이 즐겁게 지낸 데 대해 죄책감이 들게 만들었다. 동생들의 운동 경기가 있던 날, 어머니와 아버지, 새어머니 모두 그 자리에 있었는데 필은 도대체 누구 옆에 앉아야 하는지 혼란스러웠다. 누군가와 함께 앉는다면 분명히 누군가를 불행하게 만들 것만 같았다. 어떻게 해서라도 모두를 만족시킬 수 없는 상황이었다.

필은 이제 결혼을 했고 자기 아이들도 있다. 필은 모든 사람을 만족시키려 애썼던 지난 세월이 자신을 평화주의자로 만들었다고 말한다. 이혼 전문가인 주디스 월러스타인과 산드라 블랙슬리(Sandra

Blackslee)는 「이혼 부모들과 자녀들의 행복 만들기」(*What About The Kids?*, 도솔 역간)라는 책에서, 필이 감당해야 했듯 어린 나이에 어른스러운 책임을 지는 것은 유익하다고 설명한다. "과도한 짐을 진 어린이"라는 장에서는 이 역할을 잘 수행하는 어린이의 경우, "동정심을 배우게 되고 타인을 어떻게 돌보는 역할을 할 수 있는지 알게 된다. 그들은 다른 사람을 돕는 데 능숙한 민감한 사람이 된다. 또한 어른이 되었을 때 스스로를 돌보는 자기만족을 배운다"고 말한다.[2]

필은 양쪽 부모 사이에서 미묘한 줄타기를 해야만 했으므로 위에서 언급한 가치 있는 능력을 습득했다. 그러나 동시에 갈등을 두려워했고 가능하면 피하려고 했다. 필은 자신을 힘들게 하는 문제가 생겨도 되도록 언급하지 않으려 했다. 그렇게 하면 왠지 관계가 깨어지는 것처럼 느껴졌기 때문이다. 힘든 문제는 그저 양탄자 밑으로 밀어 넣어 버리고 모든 일이 잘 돌아가는 것처럼 위장했다. 그러나 건강한 결혼 생활을 위해서는 그렇게 하지 말아야 한다는 것을 알고 있었다. 그는 자신의 결혼 생활이 원만하기를 바라기 때문에 갈등을 다루어야 할 때조차도 아내와 의사소통을 잘 하려고 무척이나 노력한다. 그는 이혼이 주는 상처를 너무나 잘 알고 있었다.

자라는 동안 필은 양쪽 부모의 필요 사이를 왔다 갔다 했지만 그들의 싸움은 끝나지 않았다. 필은 주말에 아버지를 만나고 싶어 했다. 그러나 만약 어머니가 두 사람이 만나는 것을 알면 어떻게 반응할지 필은 신경을 곤두세웠다.

필의 상황은 유별난 게 아니다. 많은 사람들이 어린아이로서 제한된 인생 경험을 가지고 복잡한 어른들의 문제에 직면해야만 했다. 어른들의 문제가 우리를 몰아붙였기 때문에 우리는 빨리 어른스러워져야만 했다.

마쿼트는 이혼 가정의 자녀에 대해 이렇게 말한다. "그들은 또래로부터 분리되어 오늘날까지도 경계심과 심각함의 외투를 뒤집어쓰고 있다. 어린이는 서서히 성장하여 어른으로 성숙하면서 복잡한 도덕적 문제에 대해 독립적인 사고를 할 수 있다. 그러나 어린이들이 혼자서 이런 일을 떠맡도록 해서는 안 된다."[3]

누군가가 요구를 했건 그렇지 않건 간에, 대부분의 이혼 가정 자녀들은 그런 임무를 배정받았고 어떻게 그 임무를 달성해야 하는지 배워야만 했다. 바울은 고린도 교회에 이렇게 말했다. "장성한 사람이 되어서는 어린아이의 일을 버렸노라"(고전 13:11). 이혼 가정의 자녀는 장성한 사람이 되기 훨씬 전에 어린아이의 일을 버려야만 했다. 우리는 우리가 해결해야 할 문제들이 어른들의 일이었기 때문에 우리에게 어울리지도 않는 어른스러움이라는 외투를 입고 살아야 했다.

어떤 이들은 경제적인 어려움에 처하기도 했다. 주요 수입원인 한쪽 부모가 떠나면, 남은 한쪽 부모가 혼자서 가족의 생계를 책임져야 했다. 어떤 사람은 새롭게 가족이 된 사람들과 어려움을 겪어야 했다. 새로운 형제자매와 방을 함께 써야 한다든지, 새로 생긴 엄마나 아빠를 어떻게 불러야 할지 고민했다. 필처럼 어떤 이들은 자신의 마음이 무너지는 상황에서도 부모나 형제들을 위로해야만 했다. 앞 장에서 소개했던 린처럼, 부모님이 도덕적인 기준을 상실했을 때 우리는 우리 자신만의 도덕적 나침반을 찾아야 했다. 많은 사람들이 아직도 두 편으로 갈라진 부모님 사이에서 휴일이나 휴가를 누구와 보낼지 곡예를 하고 있다. 물론 배우자의 부모님도 포함해야 한다. 만약 배우자의 부모님이 이혼을 했다면 문제는 두 배로 불어나게 된다!

이런 상황들을 죽 늘어놓고 살펴보니 정신이 확 들지 않는가? 나는 이런 모든 스트레스를 생각하는 것만으로도 지쳐 버린다. 나는 모든 것이 단순하게 정돈되고 안전한 곳에서 그저 쉬고 싶을 뿐이다. 평온한 고향으로 돌아가 추수감사절을 축하하며 칠면조 고기를 먹고, 축구를 하고 나서는 가족과 함께 추수감사절 행진을 구경하는 그런 곳에서 말이다. 그곳은 마치 천국과 같은 곳일 것이다.

우리가 예수님을 믿는다면, 미래의 어느 날 우리는 천국에 도달할 것이다. 그렇다 해도 이 땅에 사는 동안엔 우리는 도움이 필요하다. 다행스럽게도 하나님은 우리가 천국의 진주 문 앞에 도달할 때까지 약속하신 혜택을 기다리라고 하시지 않는다. 우리가 지금 이곳에서 감당해야 하는, 모든 것이 엉망진창인 상황 속에서 우리와 함께 맞서 싸워 주신다.

피난처가 되는 난공불락의 요새

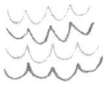

앞 장에서 우리는 하나님의 신실하심을 살펴보았다. 하나님은 언제나

성실하게 우리를 도우신다. 성경은 하나님이 우리의 도움이시라고 말한다. 성경에 나오는 하나님의 이름을 잠깐 살펴보면 하나님이 우리 편이심을 알 수 있다. **여호와 이레**는 "공급하시는 하나님"이라는 뜻이고, **여호와 닛시**는 "주님은 우리의 깃발"이라는 의미로서 전쟁에서 군대를 이끄는 깃발을 말한다. 모든 것을 감싸 주고 영혼을 안정시키는 **여호와 샤마**는 "하나님이 거기에 계신다"라는 뜻이다.

때로 우리에게 정말로 필요한 것은 하나님이 거기 계신다는 사실을 아는 것이다. 우리가 외롭고 방황하고, 두 세계 사이를 떠돌거나 고립된 지역에서 실종된 것처럼 느낄 때, 하나님이 거기에 계신다는 것을 아는 것은 매우 유익하다. 하나님은 우리의 고통 가운데, 압도적인 스트레스를 받는 중압감 가운데, 그리고 난장판인 상황 가운데에도 함께하신다. 우리가 그분을 필요로 할 때 하나님은 그곳에 계신다.

그러나 만약 하나님이 무력하게 그냥 서 있기만 하신다면 하나님이 거기 계신다는 것을 아는 것 자체로는 그다지 큰 의미가 없다. 하나님이 아무 힘도 못 쓰신다면 그분의 임재가 좋을 게 무에 있겠는가? 이런 질문은 「왜 착한 사람에게 나쁜 일이 일어날까」(*When Bad Things Happen to Good People*, 창 역간)라는 책에도 등장한다. 랍비인 저자는 하나님의 전지(全知) — 모든 것을 다 아심 — 는 포기할 수 없었지만 하나님의 전능(全能) — 모든 것을 다 하실 수 있음 — 은 부인하였다. 저자의 결론은 이렇다. 하나님은 우리 삶에 일어나는 끔찍한 일들을 알고 계신다. 그러나 그것들을 막을 힘이 없으시다는 것이다. 이건 별

위로가 되지 못하는 말이다! 특히 이혼 가정의 자녀에게는 더욱 그렇다. 그 랍비의 말이 맞는다면, 우리는 우리 자신의 싸움을 홀로 싸워 가고, 스스로를 돌보며 혼자 살아가야 하는 것이다. 하나님은 우리를 불쌍히 여기시겠지만 아무것도 하실 수 없는 것이다.

다행히도 랍비의 말은 모두 틀렸다. 성경은 우리에게 다르게 말씀하신다. 성경은 하나님이 가장 강한 분이시라고 말씀하신다. 시편은 "바위", "요새", "성루" 같은 힘과 능력을 나타내는 단어를 사용한다.

엄청난 전쟁 장면이 나오는 서사 영화를 생각해 보자. 셀 수 없이 많은 적군의 무리가 진을 치고 있고, 규모가 작은 군대를 압박하면서 폭풍우처럼 몰려올 준비가 되어 있다. 적군은 창과 방패를 갖추었고 콧김을 내뿜는 전마(戰馬)도 구비했다. 적들은 크고 강하고 야비하게 보인다. 게다가 개미 떼처럼 온 지면을 덮었다.

그러나 작은 군대에게도 장점은 있다. 수적으로도 적고 키도 작지만 그들만큼 성질이 잔인하지 않을 수도 있다. 또 용감하고 고결할지도 모른다. 그러나 두꺼운 성벽과 요새를 지켜 주는 관망대, 강한 성루가 그들을 보호해 준다는 한 가지 사실만 아니라면, 그들은 전쟁에서 싸우다가 죽은 전설 속의 영웅이 되고 말 것이다. 문 밖에 진을 친 거대한 무리의 군사들조차 이 성벽을 기어오를 수 없다. 성문을 파괴하는 커다란 망치도 단단한 입구를 부수기에는 역부족이다. 이것은 바로 잠언 18:10에서 하나님을 묘사한 그림이다. "여호와의 이름은 견고한 망대라. 의인은 그리로 달려가서 안전함을 얻느니라."

내가 가장 좋아하는 영화 중 하나는 "세인트"(*The Saint*)다. 발 킬머(Val Kilmer)가 배역을 맡은 사이몬 템플러는 주문받은 물건을 훔쳐 내 사례금을 받는 변장의 명수인 전문 도둑이다. 사이몬은 자신의 표적인, 엘리자베스 슈(Elisabeth Shue)가 배역을 맡은 엠마 러셀을 사랑하게 된다. 이 영화의 한 장면에서 나는 항상 목이 멘다. 사이몬과 엠마는 모스크바에 갇히게 되는데 가까운 곳에는 안전한 미국대사관이 있었다. 악당이 점점 가까워지고 있었으나 이들이 대사관에 도망칠 가능성은 낮아 보였다. 사이몬은 악당의 주의를 분산시켰고 엠마에게 대사관 쪽으로 달리라고 했다. 엠마는 군인들이 지키고 있는 대사관 문을 향해 뛰었지만, 악당은 뒤따라가 금방이라도 그녀를 잡을 기세였다.

엠마는 입구에 가까이 오자 소리쳤다. "나는 미국인입니다! 미국 사람이라고요! 문 좀 열어 주세요!" 문은 열렸고 엠마는 기진맥진하여 군인의 팔에 기대어 쓰러진다. 그녀의 등 뒤에서 다른 군인이 출입문을 닫으며 악당에게 말한다. "문에서 떨어지십시오. 비키라고 말했습니다! 비켜서라고요!" 엠마를 쫓던 악당은 위협적인 눈빛으로 엠마를 바라본다. 그러나 엠마를 건드릴 수는 없다. 대사관이라는 안전지대로 들어왔기 때문에 어떤 적도 그녀를 덮칠 수 없었던 것이다.

바로 이 장면이 내가 잠언 18:10을 읽을 때 떠오르는 영상이다. "여호와의 이름은 견고한 망대라. 의인은 그리로 달려가서 안전함을 얻느니라." 믿는 자는 절박하게, 전속력으로 마지막 소망, 유일한 소망을 향해 달려간다. 그곳에 도달하면 공포에 휩싸였던 달리기는 끝이 나고 완전한 안전을 보장받는다.

그렇지만 견고한 망대인 하나님의 보호하심으로 달려가야만 할 때도 나는 그냥 혼자 맞서 싸우는 경향이 있음을 고백해야겠다. 이혼 가정의 자녀들은 독립적이다. 비행기 탑승이나 기차 여행도 혼자서 해 왔고, 부모님 댁에서는 때로 외계인 같은 느낌이 들었고, 빨리 자라서 스스로를 돌보아야만 했다. 독립적인 성향은 깨뜨리기 어려운 습관이 되어 버렸다.

그런 나의 독립적인 성향이 얼마나 어리석은지 출장이 잦은 직장을 다니게 되어서야 깨달았다. 나는 비행기에 가지고 들어갈 수 있는 짐만으로 여행을 할 수 있도록 언제나 짐을 간단히 쌌다. 그러나 겨우 156센티미터 정도 되는 키로 머리 위쪽에 있는 짐칸에 가방을 올려 놓으려면 팔 근육뿐 아니라 온 몸을 죽 늘여야 했다. 나보다 키가 크고 힘이 센 남자들이 도와주겠다고 했지만, "고맙지만, 제가 할 수 있어요"라고 거절하곤 했다. 쩔쩔매기는 했어도 해 내긴 해 냈다. 마침내 긴 하루를 보내고 완전히 기진맥진해진 어느 날, 나는 한 신사분의 도움을 받아들였다. 그는 내 가방을 마치 새털처럼 가볍게 들어서 짐칸에 올려 놓았다. 그에게는 굉장히 쉬운 일이었고 그는 나를 도울 수 있어 무척이나 기쁜 것 같았다. 수년 동안 도움을 거절하고 살았지만 더 이상 그렇게 살지 않기로 했다. 그 이후로 남자들이 내 가방을 올려 주겠다고 하면 나는 웃으면서 고맙다고 하고는 자리를 내주려고 옆으로 비켜선다.

　우리는 때때로 하나님께 그럴 필요가 있다. 하나님은 스스로 우리의 도움이라고 말씀하신다. 우리를 곤경에서 돕기 원하시지만, 때로 우리는 너무 독립적이고 자존심이 세서 하나님의 도움을 받아들이지 않는다. 그러나 우리는 그저 웃으면서 감사하다고 말씀드리고서 하나님이 일하실 수 있도록 길을 내어드리면 된다.

짐을 나누기

사도 베드로는 말을 잘 해서 유명해진 것이 아니었다. 그는 어부였고 때로는 상황에 맞지 않는 썰렁한 말을 해서 놀림감이 되곤 하였다. 베드로는 열정적이고 자기주장이 강했다. 때로는 무분별한 발언을 해서 예수님의 부드러운 질책을 받기도 했다. 그러나 오순절 성령강림 이후 베드로는 예루살렘에 모인 군중에게 처음으로 연설을 했다. 예수님을 따르는 무리들이 성령으로 충만하여 이상한 행동을 하고 환희에 넘치는 이유에 대해 그는 감동적이고도 아름다운 설교를 하였다(행 2:14-39). 후에 베드로는 초대교회 두 곳에 편지를 썼는데, 그 서신들은 나에게 항상 풍부하고도 문학적인 감수성을 부어 주었다. 툭하면 말 실수를 저지르곤 하던 어부는 구원을 받아 믿음을 변론하고 격려하는 달변가로 바뀌었다.

교회를 향한 베드로의 첫 번째 편지는 새로 신앙을 갖게 된 사람들이 어려운 시간을 겪게 될 것이라고 시인했다. 상황은 나중에 더 나빠질 것이었지만, 예수님을 시인한 사람들은 이미 그들의 신앙고백을 시험하는 무리의 폭력을 견디는 중이었다. 이런 박해 속에서 베드로는 그들을 격려하며 말했다. "너희 염려를 다 주께 맡기라. 이는 그가 너희를 돌보심이라"(벧전 5:7).

베드로의 편지를 읽는 성도들은 염려할 이유가 매우 많았다. 교회가 크지도 않았고 언론, 종교, 집회, 결사의 자유를 인정하는 법의 보호를 받지도 않았다. 그들은 적대적인 로마 제국 전역에 흩어져서 그들의 신앙 때문에 이방인이나 주변인처럼 살았다. 그들은 위로의 말을 듣고 싶었다. 하나님이 자신들을 돌보시며, 소외되고 두려운 마음의 짐을 질 필요가 없다는 것을 일깨워 줄 말이 필요했다.

당신은 어떤 짐을 지고 있는가? 당신을 지치게 하고 낙심시키는 염려는 무엇인가? 우리 중 많은 사람이 부모님에 대해 염려한다. 홀로 남으신 부모님은 지금 어떻게 스스로를 돌보실까? 부모님이 다시 사랑을 하시고 결혼을 하실까? 우리는 사랑을 하게 될까? 만약 그렇게 된다면 어떻게 그 사랑을 지속할 수 있을까?

초대교회 성도들처럼 우리도 하나님이 우리의 짐을 눈여겨보시고 기꺼이 도우실 것을 알면 위로를 받을 수 있다. 시편 68:19는 말한다. "날마다 우리 짐을 지시는 주 곧 우리의 구원이신 하나님을 찬송할지로다." 하나님은 사람이 꽉 찬 비행기 안에서 일회적으로 도와주신다거나 상황이 절박할 때만 도와주시는 것이 아니라, 매일 그렇게 하신다. 예수님은 날마다 복잡한 우리 삶에 들어오시고 걱정으로 가득 찬 우리 가방을 들어서 그분의 어깨에 메신다. 우리가 내어드리기만 한다면 예수님은 우리 짐을 지기를 원하신다. 오래된 찬송가에 이런 가사가 있다. "약하고 무거운 짐을 진 우리, 여러 가지 염려로 거추장스럽지 않은가? 항상 우리의 피난처 되시는 아름다운 주님, 그분께 기도로 올려 드리세!"

짐은 하나님께 자기의 짐을 내어드리기까지 힘든 시간을 보냈다. 그의 부모님은 이혼은 하지 않았으나, 아버지는 짐의 삶과 늘 동떨어져 있었고 정서적으로 부재한 상태였다. 그것은 짐이 결코 극복할 수 없는 상처였다. 아내와 사별하고 최근에 재혼한 짐은 자신이 암에 걸렸다는 사실을 발견했다. 그는 자기 아버지가 그랬듯이 하나님도 멀리 떨어져서 자기에게 관심이 없으신 것은 아닌지 두려웠다. 그의 아내는 견고한 신앙을 갖고 있었고 짐에게 기도하라고 격려했지만, 짐은 이렇게 대답하곤 했다. "하나님을 귀찮게 하고 싶진 않아. 하나님은 더 중요한 일들을 처리하셔야 하잖아."

짐이 중환자실 침대에 누워 있을 때, 나는 그가 하나님을 믿지 않으려는 것에 대해 이야기를 나누었다. 하나님은 우리의 모든 필요를 채우실 능력이 있으시며, 우리가 그 짐을 나누기를 바라신다는 점을 강하게 이야기했다. 짐 역시 아버지였으므로, 그의 자녀들을 위해 어떤 것이든 하지 않겠느냐고 상기시켰다. 만약 아이가 너무 자존심이

강해서 짐이 해줄 수 있는 것마저도 요청하지 않거나, 아빠는 자기를 도울 만큼 사려 깊지 않다고 생각한다면 어떤 기분이 들겠냐고 물어보았다. 짐이 경험했던 아버지의 사랑이 아니라, 짐이 자기 아이들을 사랑하는 것과 하나님이 우리를 사랑하시는 것을 연관시키자 짐은 고개를 끄덕였다. 잠시 후, 짐은 하나님의 용서가 필요하다는 고백을 하고선 하나님의 자녀가 되었다. 그 일이 있고 한 주가 못 되어 그는 눈을 감았다. 짐은 나의 친할아버지였다.

모든 것이 반복되는 느낌

어른이 되면 우리가 겪는 어려움이 종지부를 찍는다면 좋겠다. 부모님의 이혼으로 우리가 겪는 어려움이 그저 누가 양육권을 가지게 될지, 여름방학 때는 어떻게 할지 같은 간단한 것이라면 좋겠다. 문제가 그렇게 단순하다면 얼마나 좋을까. 그러나 데릭이 나에게 설명한 것처럼, 부모님의 이혼은 절대로 멈추지 않는 죽음과도 같은 것이다. 가족치료사인 H. 노먼 라이트(Norman Wright) 역시 이 점에 동의한다. "아버지가 이혼을 하고 가족을 버리면 그것은 죽음보다 더 나쁜 일이다…. 관계 속에서 경험하는 모든 상실 중에서 모호한 상실이 가장 치명적이다. 왜냐하면 명확하지 않기 때문이다. 어떤 사람의 존재와 부재가 확실하지도 않고 끝나 버리지도 않기 때문이다."[4]

데릭의 친구 중에는 어렸을 때 아버지가 돌아가신 친구가 하나 있다. 사별은 비극적이고 견디기 힘든 일이었다. 그러나 데릭은 말했다. 그 일은 단 한 번 일어났고 결국 끝이 났다고. 그와 반대로 데릭의 아버지가 가족을 버리고 떠났을 때, 데릭은 그 일의 결과를 몇 번이고 계속해서 겪어야 했고 그 경험은 최근까지 지속되고 있다.

데릭이 마흔 살쯤 되었을 때, 아버지가 자신의 생일파티에 참석하고자 먼 길을 오시겠다는 소식을 듣고 그는 무척 기뻤다. 아버지가 오시기로 한 것은 특별한 사건이었다. 그러나 데릭은 곧 그 파티에 어머니도 오시기 때문에 힘든 주말이 될 수도 있겠구나 하는 생각이 들었다. 내내 두 분 사이를 왔다 갔다 하며 뛰어다녀야 할 가능성이 농후하기 때문이다.

데릭만 그런 것이 아니다. 다른 이혼 가정의 아이들도 축하할 일이 생기면 부모님을 각각 한 분씩 모시고, 두 번의 행사를 치러야 한다고 말했다. 그리고 다른 쪽 부모님이 도착하시기 전에 먼저 와 계신 분이 떠나시도록 일정을 잘 조절해야 한다. 1990년대 중반 "프렌즈"(Friends)라는 시트콤에서, 제니퍼 애니스톤(Jennifer Aniston)이 배역을 맡은 레이첼 그린의 생일파티에 대한 일화가 방영된 적이 있다. 레이첼의 부모님은 이혼했는데, 두 친구는 레이첼의 어머니를 이쪽 방에서 모시고 파티를 하였고, 저쪽 방에서는 다른 친구들이 레이첼의 아버지를 즐겁게 해드렸다. 웃자고 만든 시트콤이었지만, 만나기만 하면 싸우는 부모님은 끔찍한 손님일 뿐이다.

이런 상황에서 부모님을 잘 조율할 수 있으려면 어느 정도 억지로라도 그분들이 잘 행동하시도록 해야 한다. 두 분이 잘 지내실 수만 있다면 상황은 무척 쉬워질 것이다. 그러나 부모님이 평화롭게 잘 지내는 것을 보기란 어떤 사람들에게는 절대로 실현될 수 없는 꿈이다. 그분들이 서로에게 갖고 있는 악감정들과 신랄함으로 인해 그분들의 모든 만남은 잠재적인 화약고가 된다. 우리가 이런 상황을 맞닥뜨릴 때 할 수 있는 일은, 하나님이 은혜를 베풀어 주셔서 이 분쟁의 시기를 잘 겪어 나갈 힘과 부모님 사이를 잘 조율할 수 있는 지혜를 주십사 기도하는 것뿐이다.

선지자들은 이스라엘 백성들에게 회개하고 하나님을 섬기지 않으면 그들이 파멸과 암흑으로 떨어질 것이라고 경고만 한 것은 아니었다. 선지자들은 유배 생활을 하는 하나님의 백성을 격려했다. 고향으로부터 멀리 떨어진 곳에서, 남은 평생 돌아갈 수 있으리라는 소망도 거의 없이 노예와 포로로 사는 백성들에게는 그 시기를 참아 낼 힘이 절실하게 필요했다.

하나님은 이사야 선지자를 통해 포로 된 이스라엘 백성에게 말씀해 주셨다.

네가 물 가운데로 지날 때에
내가 너와 함께할 것이라.
강을 건널 때에

물이 너를 침몰하지 못할 것이며

네가 불 가운데로 지날 때에

타지도 아니할 것이요

불꽃이 너를 사르지도 못하리니

대저 나는 여호와 네 하나님이요

이스라엘의 거룩한 이요 네 구원자임이라.

내가 애굽을 너의 속량물로,

구스와 스바를 너를 대신하여 주었노라.

네가 내 눈에 보배롭고 존귀하며

내가 너를 사랑하였은즉

내가 네 대신 사람들을 내어주며

백성들이 네 생명을 대신하리니.(사 43:2-4)

이 말씀은 비록 특정한 시기와 사람들을 위해 쓰인 글이지만, 여전히 하나님의 성품과 우리가 이 땅에서 겪는 갈등의 본질을 잘 표현해 준다. 인생을 살다 보면, 우리가 하나님을 믿든지 안 믿든지, 깊은 물속을 통과하게 되는 때가 있다. 부모님의 이혼은 확실히 우리를 빠뜨려 죽이려고 위협하는 깊은 물과 같다. 그런 물이 다른 종류의 어려움일 수도 있다. 화염처럼 뜨겁거나 목을 조여 오는 거센 조류(潮流)처럼 느껴지는 어려운 시기도 있을 것이다. 하나님은 우리에게 어려움이 없는 삶을 약속하시지 않았다. 하지만 하나님은, 우리가 만나는 시험이 우리를 이기지 못할 것이며 모든 시련 가운데 우리와 함께 그 자리에 계실 것을 약속해 주셨다.

폰시가 돌아가시던 그해는 내 인생에서 최악의 시기 중 하나였다. 상황은 이렇게 시작되었다. 우리 가족이 몇 주 동안만 나와 함께 지내러 왔다가, 그런 상황이 몇 번 거듭되더니 결국 1년 동안이나 나와 함께 머물게 되었다. 독립해서 나 혼자 살다가, 작은 집에서 어른 두 명과 십대 남자아이 두 명, 큰 개와 함께 살게 된 것이다. 게다가 스트레스가 많은 작업 환경 때문에 힘들었는데, 나는 곧 직장마저 잃게 되었다. 더 이상 스트레스를 겪지 않게 되었지만 월급도 나오지 않았다. 이런 일이 있고 3개월 후, 폰시가 돌아가셨다는 연락을 받았다. 할머니가 돌아가시고 몇 주 후에 엄마는 암 진단을 받았다. 내 몸은 이 모든 스트레스를 위산과다로 표출했고 나는 위산중화제를 사탕처럼 먹기 시작했다. 물살이 내 목까지 차올랐지만 나를 휩쓸고 가지는 못했다. 이 시기에 내게 닻이 되어 준 것은 친구 집에서 함께한 성경공부 모임이었다. 그들은 나의 이 어려운 시기 동안 나와 가족을 위해 기도해 주었고, 여러 가지 실제적인 도움을 주었다. 만약 다른 사람이 나와 같은 상황에 처해 있었더라면 나 역시 이런 사랑을 보여 줄 것임을 그들 역시 알고 있었다.

앞에서 나온 이사야서 43:4을 우리는 꼭 기억해야 한다. "네가 내 눈에 보배롭고 존귀하며 내가 너를 사랑하였은즉 내가 네 대신 사람들을 내어주며 백성들이 네 생명을 대신하리니." 이런 하나님께 어찌 달려가지 않을 수 있겠는가. 하나님이 우리에게 갖고 계신 열정은 그분이 우리를 위해 무엇이든 하신다는 것을 뜻한다. 사실 그분은 한 생명, 하나님의 아들 예수 그리스도를 우리에게 주셨다. 이 사실은 하나님이 우리를 얼마나 사랑하시는지 보여 준다.

확실한 길

양쪽 부모님 사이를 잘 중재한다는 것은 위험한 임무가 될 수도 있다. 그곳에는 비난의 지뢰와 회피하고 싶은 죄의식이 존재한다. 상한 마음의 파편과 두고 보자는 식의 비탄으로 똘똘 뭉친 박격포가 있는 곳이다. 우리가 임무를 잘 수행하지 못하면 전면전에 돌입하게 될지도 모른다. 때로 우리가 배배 꼬여 돌아가는 부모님의 세계를 조심스럽게 걸어 다니는 우리 자신을 발견한다 해도 그리 놀랄 일은 아니다. 그 길은 불확실하고, 결과가 추할지도 모른다.

부모님의 이혼이 만들어 낸 전쟁의 현장을 돌아다니려면 길 안내자가 필요하다. 이 길을 함께 다녀 줄 누군가가 있어야 한다. 지뢰가 어디에 있는지 알려 주는 사람, 저격수가 어디에 숨어 있는지 아는 사람 말이다. 우리에게는 어디가 길인지 잘 알고, 부상 없이 안전하게 우리를 데리고 다닐 안내자가 필요하다.

이사야서에는 내가 가장 좋아하는 구절이 있다. "너희가 오른쪽으로 치우치든지 왼쪽으로 치우치든지 네 뒤에서 말소리가 네 귀에 들려 이르기를 이것이 바른 길이니 너희는 이리로 가라 할 것이며" (30:21). 이 글을 읽는 독자는 어떨지 모르겠지만, 나에게는 하나님이 우리 발걸음을 인도하시고 항상 우리가 어느 길로 가야 할지 알려 주신다는 사실이 큰 위로를 주었다. 그러나 주의할 것이 있다. 이사야는 그 소리가 우리 뒤에서 들린다고 했고, 우리가 뒤돌아서기 전까지는 듣지 못할 것이라고 말한다. 우리는 모든 길이 잘 표시되어 있기를 바란다. 그렇지만 하나님은 그런 식으로 우리를 인도하시지 않는다. 우리에게 지도를 주시지도 않거니와 독립적인 길을 가도록 우리를 떠나보내시지도 않는다. 그 대신 우리가 내딛는 발걸음마다 어디로 가야 하는지 알려 주시고, 우리가 가는 길을 확인해 주시면서 계속 전진하라고 격려하신다.

이혼 가정의 자녀로서 우리는 무거운 짐을 지고 있다. 그 짐이 우리를 강하게 만들기도 하지만 그 무게 때문에 우리가 뭉개질 수도 있다. 우리의 등이 구부러지고 발걸음이 비틀거릴 때, 하나님은 그곳에서 우리에게 위로를 베푸신다. 부모님의 이혼으로 우리가 떠맡게 된 모든 짐을 억지로 지려고 애쓰는 것은 무가치하고 좌절스러운 일이다. 하나님은 우리가 혼자서 이 짐을 감당하거나 기운 내서 애쓸 것을 바라시지 않는다. 그분은 오히려 우리가 그분께 기대어 우리 짐을 가볍게 하기를 바라신다. 우리가 해야 할 일은 오로지 내어드리는 것뿐이다.

4장

당신에게
필요한 건
오직 사랑뿐

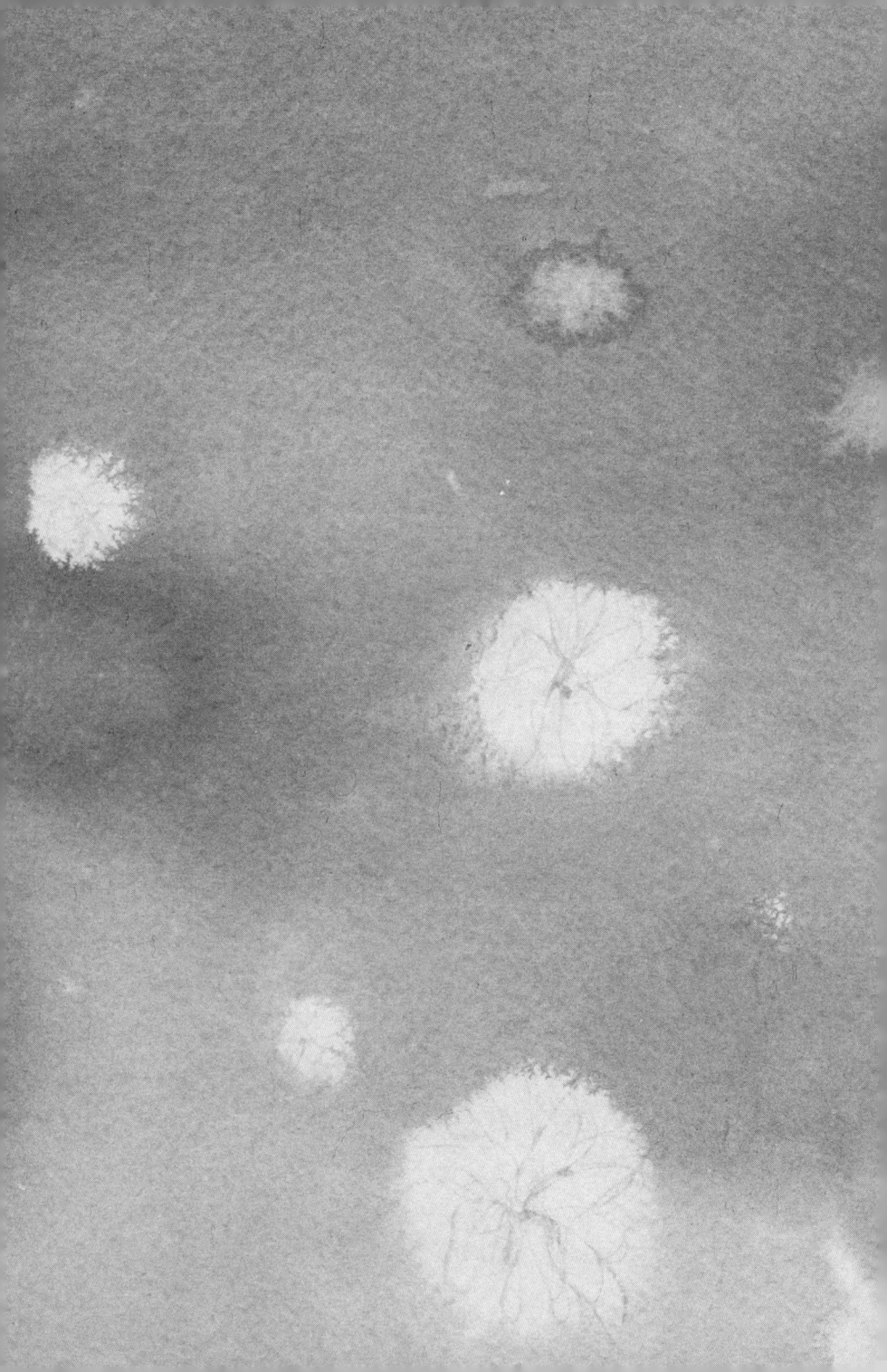

나는 고등학교와 대학교 졸업식 때 똑같은 짓을 저질렀다. 바보 같은 짓이었다는 걸 나도 안다. 그는 분명 거기에 오지 않을 텐데도, 나는 기다렸다. 아마 그는 내 졸업식이 언제인지조차도 모를 것이다. 나와 지난 몇 년간 대화를 나눈 적도 없었다. 그런데도 단상에 올라가 졸업장을 받고 내 자리로 돌아와 친구들과 서 있을 때, 여전히 나는 하객들 쪽을 살피며 그가 눈에 띄기를 바랐다. 그가 앞쪽이나 중앙에 있을 것은 기대도 하지 않았다. 그렇지만 바깥쪽에서 울타리에 기대어 있거나 현관 주변에서 들여다보고 있지는 않을까 생각했다.

나는 아빠를 찾고 있었다. 그를 보리라고 기대하지는 않았으나 그가 나타나 주기를 바랐다. 우리의 눈이 서로 마주치고 그가 나를 향해 미소 짓는 모습을 상상했다. 내가 신이 나서 손을 흔들면 그는 자랑스럽게 고개를 끄덕인 후 뒤돌아서서 조용히 자리를 뜨는 장면. 내가 바라는 것은 이것뿐이었다.

나는 이 비밀스러운 소망을 아무에게도 말하지 않았다. 그런데 내가 스물 몇 살 때쯤, 친구가 내게 자기 친구 베키에 대한 이야기를 했다. 베키의 부모님도 이혼했다. 베키의 아버지는 이혼 후 새 부인과 가족을 이루었고, 첫 번째 부인과 아이들과는 연락을 끊고 살았다. 베키는 사라져 버린 아버지를 추적해서 찾아냈고 그에게 자신의 생일과 첫 남자친구, 졸업파티 같은 사진을 보여 주었다. 베키는 아버지에게 고등학교와 대학 졸업식 때 아버지가 혹시 오지 않았을까 찾았다고 말했다. 그저 손만 흔들고 돌아갈지라도 아버지를 보고 싶었다고 했다.

이 이야기를 들었을 때 나는 하마터면 숨이 멎을 뻔했고, 눈에 눈물이 가득 고였다. 나는 나만 그런 비밀스러운 갈망을 품고 있다고 생각했다. 나에게 관심이 없는 것처럼 보이는 아빠가 "짜잔!" 하고 등장해서 내 생각이 틀렸음을 입증해 주리라는 숨겨진 소망 말이다.

부모님이 이혼하시면 자녀들은 아버지나 어머니를 잃게 된다. 이혼을 계획하는 부모에게 조언하는 모든 책에서는, 이혼은 부모 때문이지 아이들 때문이 아니라는 점을 아이들에게 분명히 하라고 말한다. 그러나 한번 짚고 넘어가 보자. 때때로 이혼은 도망치는 것과 같다. 쓸모없어진 배우자로부터뿐만 아니라 모든 사람과 모든 것에서부터 도망치려는 것이다. 더 이상 남편이나 아내가 되고 싶지 않은 것만큼이나 더는 아버지나 어머니가 되고 싶지 않은 것이다. 때로 아이들은 남아 있는 배우자가 겪은 현실처럼 이혼을 당하거나 버려진다.

타마라 태너(Tamara Tanner)의 아버지인 로스코우(Roscoe)는 1970년대의 뛰어난 테니스 선수였다. 그가 우승 후보자 비외른 보리(Bjorn Borg, 스웨덴의 테니스 선수 – 역주)를 상대로 한 윔블던 챔피언 결정전은 "윔블던에서 아침을"이라는 프로그램에서 처음으로 생방송되었다. 방송 관계자들은 미국인들이 런던에서 열리는 테니스 경기를 보려고 토요일 아침 일찍 일어나리라 확신했다. 타마라는 자라면서 아버지와 가깝게 지냈다. 그러나 로스코우는 도박과 간통, 마약의 늪에 빠졌고 결국 감옥에 갇히게 되었다. 이런 상황을 겪으면서 그는 가족을 버렸고 타마라는 의심의 한가운데 놓일 수밖에 없었다. "아빠는 나를 사랑한다면서 어떻게 집으로 돌아오지 않는 걸까? 그는 자기 인생에서 우리를 완전히 지워 버렸다. 나는 사람이라면 그럴 수 없다고 생각했다."[1]

우리 부모님이 진정으로 우리를 사랑한다 할지라도, 물리적인 거리가 있다는 것은 오늘의 우리를 있게 해준 일상적인 일과 경험을 비롯하여 우리 인생의 중요한 순간을 놓친다는 의미이기도 하다. 언젠가 아빠가 우리 고등학교 학급 반지에 대해 농담을 했을 때 나는 좀 당혹스러웠다. 우리 학교 이름이 너무 길었던 탓에 반지에는 학교 이름의 "Regional"을 짧게 줄여 "Reg."로 새겼다. 아빠는 그걸 보더니 "이게 뭐야? '보통'(Regular) 학교란 뜻이니?" 하며 웃었다. 평상시 나는 아빠의 이런 유머 감각을 좋아했지만, 그 순간 나는 아빠가 내가 다니는 학교 이름조차 모른다는 생각이 퍼뜩 스쳤다. 사실 어찌 보면 별것 아닌 일이었다. 그러나 내가 나이를 먹고 아빠가 점점 더 내 삶에 개입하지 않게 되면서, 얼마나 우리의 삶이 동떨어져 가는지 일깨워 주는 또 하나의 사건이었다.

인간으로서 우리는 사랑에 대한 본능적인 욕구를 갖도록 창조되었다. 그것은 부분적으로는 우리를 하나님께로 이끄시려는 하나님의 방식이다. 하나님은 홀로 사랑의 근원이시자 사랑 그 자체이시다. 그리고 우리 안에 그분 자신을 향한 갈망을 심어 놓으셨다. 많은 사람들에게 삶이란 사랑을 찾는 기나긴 분투의 과정이다. 우리는 필사적으로 부모님의 사랑을 원하고, 나중에는 배우자와 자녀들의 사랑을 원한다. 직장에서도 사랑받고 싶어 하고, 공동체에서도 사랑받길 원한다. 다른 사람들이 우리를 존중하는 것을 알게 될 때 느끼는 만족과 기쁨을 열망한다.

사랑에 대한 갈망이 어린 나이에 좌절되면, 우리는 혹시 우리가 사랑받을 만한지 아닌지 의심하기 시작한다. "아마 나 때문일지도 몰라. 나에게 뭔가 잘못이 있겠지"라고 생각한다. 아니면 다른 사람을 잘 사랑하지 못할까 봐 걱정한다. 데릭은 이 점을 염려했다. 그는 결혼한 지 10년이 되었고 사랑이 풍부한 남편이자 아버지였다. 내가 그와 상담할 때 함께 자리했던 그의 아내는, 데릭이 훌륭한 남편이라고 했다. 그러나 10년의 결혼 생활에도 불구하고 그는 자신이 좋은 배우자가 되는 데 필요한 무언가가 부족한 것은 아닌지 걱정했다.

또 여기, 존이라는 사람이 있다. 부모님의 결혼 관계가 끝이 난 이후로, 그는 누군가를 신뢰하는 것이 불가능해진 것을 알게 되었다. 여성들과 어떻게 관계를 맺어야 하는지도 모르고, 자신의 마음을 흔들어 놓은 여성에 관해 나에게 말할 때 다리가 후들거려서 웃음이 난다고 했다. 그러나 신뢰하지 못하기 때문에 그의 마음은 혼란스럽다. 그렇지 않다는 것을 알고 있는 곳에서도 그는 거짓과 배신을 본다. 그는 결혼하고 싶어 하지 않는다. 하지만 그가 내게 읽어 준 일기에는 미래의 아내와 가족에 대해 쓰여 있다. 내면에 숨겨 놓은 소망이 있었지만 그것을 따르기는 두려웠다. 존은 자신의 일기에 아내가 자기를 떠나지는 않을까, 서로 이해할 수 없게 되면 어쩌나, 의사소통은 잘할 수 있을까, 제대로 사랑할까 등의 두려움을 써 놓았다. 그는 외도에 대한 유혹이 있으면 어쩌나, 그 유혹이 사라지지는 않고 억제해야만 하는 것이라면 어쩌나 두려워했다. 만약 자기 자신이 결혼을 깨뜨리는 당사자가 되면 어떻게 하나?

나단은 열아홉 살 때 부모님의 이혼을 경험했다. 법적으로 헤어지기 오래전부터 부모님의 결혼 생활은 위태로웠다. 그들은 아이들이 성장해서 집을 떠날 때까지 기다렸다가 결혼에 종지부를 찍기로 했다. 그러나 그런다고 이혼이 아이들에게 끼친 막대한 영향을 차단하지는 못했다. 이제 서른일곱 살이 된 나단은 최근에 들어서야 부모님의 이혼이 자기에게, 특히 여성들과의 관계에 얼마나 깊은 영향을 미쳤는지 인정하게 되었다. 20대와 30대 초반까지 나단은 계속 여성들과 데이트를 하고 헤어지는 일을 반복했다. 그 시기에 그런 일은 자연스러운 일처럼 보였다. 그러나 그는 마흔이 가까워 오자 자신이 이성에게 접근하는 방식에 뭔가 문제가 있음을 깨닫기 시작했다. 최근까지도 그는 논쟁이 언제나 이혼으로 이어질 것이라고 믿었다. 그래서 그와 여자친구 사이에 의견 차이가 생길 때마다 그 관계는 실패로 끝날 것이라고 판단하고 끝내 버리곤 했다. 그가 성공적인 결혼 생활을 해야 한다고 느끼는 압력은 보통 이상으로 높았다. 하나님이 이혼을 싫어하신다는 것을 알기도 하거니와 그는 성장하는 교회의 목사이기도 했다. 실패한 결혼이 그의 직업과 소명에 대가를 치르게 할지도 모른다는 것을 알고 있었다.

「우리가 꿈꾸는 행복한 이혼은 없다」에서 주디스 월러스타인은 두 명의 젊은 여성을 소개한다. 한 명은 부모님이 여전히 결혼 관계를 유지하고 있는 상태이며 본인도 행복한 결혼 생활을 하는 사람이고, 다른 쪽은 부모님이 이혼하고 본인도 결혼하지 않은 사람이었다. 월러스타인이 두 여성과 대화를 나누었을 때, 이 두 사람에게는 미묘하면서도 중요한 차이점이 있었다. 일반 가정에서 자란 여성은 자기도 어느 날 꿈에 그리던 남자를 만나 오래오래 행복하게 잘 살 것이라는 사실을 추호도 의심하지 않았다. 그녀는 동화 속의 이야기가 자기에게도 이루어질 것이라고 생각했다. 그러나 깨어진 가정에서 자란 여성은 그런 추정을 해 보지 않았다. 그녀에게 동화 속의 이야기는 이야기일 뿐, 현실과는 아무 상관이 없다고 믿었다.

슬프게도 우리 중 어느 누구도 동화 속의 이야기가 우리에게 이루어질 것이라고 기대하지 않는 것 같다. 우리는 얼마나 많은 사람들이 이혼을 하고, 아니면 아예 결혼을 하지 않는지 무시무시한 통계 수치를 듣고 있다. 독신 여성으로서 나는, 몇몇 남성들이 나를 거절하는 중요한 이유가 우리 부모님의 이혼이라는 이야기를 들었다. 우리 엄마와 새아빠가 30년 이상 함께 살아 오셨다는 사실은 그들에게 별로 중요하지 않은 것 같았다. 그들은 내 부모님의 첫 번째 결혼의 실패로 인해 나에게 나쁜 물이 들었고, 그래서 너무 위험하다는 오명을 씌웠다. 신랑감이 될 만한 멋진 남자들이 모두 다 그런 식으로 생각한 것은 아니었지만, 그럴 수도 있겠다고 생각했던 것보다 훨씬 자주 그런 일들이 일어났다.

평판이 좋은 기독교 웹사이트에 올라온 어떤 글은 "이혼 가정의 자녀" 공포증을 강화하고 있다. 우리 같은 이혼 가정의 자녀는 "사랑과 친밀감이 훼손"되었고, 어떤 "성공적인 모델"도 없으니 "약속을 지킬 가능성이 없다"고 말한다.[2] 하나님이 우리를 구원하시고 변화시키신다는 개념은 도대체 어디로 가 버렸을까?

영화 "시애틀의 잠 못 이루는 밤"의 로지 오도넬의 대사 중에는 내가 좋아하는 구절이 나온다. "당신은 사랑을 하고 싶은 것이 아니에요. 영화 속에 나오는 사랑을 원하는 것이지요." 맞다. 나는 영화 속에 나오는 사랑을 하고 싶다. 영화는 실제 삶보다 훨씬 깔끔하다. 영화 속에서 남자는 여자를 만나고, 뒤이어 도저히 풀리지 않을 것 같은 상황이 전개되지만, 결국 다시 만나 오래오래 행복하게 잘 산다. 모든 것이 멋지고 산뜻하게, 예쁜 리본으로 잘 포장되어 있다. 모든 것은 대략 두 시간 안에 다 일어난다. 영화 속의 사랑에서, 나는 무슨 일이 일어나는지도 알고 그 일이 빠르게 일어난다는 것도 안다.

그러나 실제 삶에서는 이런 사치를 누리지 못한다. 상황은 어지럽고 때로는 심하게 엉망진창이다. 말끔한 리본은 구겨져 버리거나 풀리려고 한다. 결말은 절대로 확실하지 않다. 남자가 여자를 얻게 될까? 여자가 남자를 만나기는 할 것인가? 동화 속 이야기가 이혼이나 죽음, 무관심으로 박살이 나지는 않을까?

나를 아는 것이
나를 사랑하는 것이다

어떤 사람을 진정으로 사랑하려면 그를 잘 알아야 한다. 우리는 연인 간의 사랑에서 이 말이 사실이라는 것을 안다. 상대방에 대한 모든 것을 알아가는 것은 사랑이 자라가면서 느끼는 기쁨 중의 하나다. 행복한 첫 번째 데이트에 대한 내 생각은 이렇다. 당신 주변에서 식당 종업원이 바닥을 쓸면서 식탁 위로 의자들을 올려 놓고 있다. 상대방에 대해 알아야 할 것이 굉장히 많기 때문에 그저 몇 시간이고 이야기만 나눈다. 상대방을 알아가는 것만큼이나 상대방이 당신을 알아가도록 하는 것에 굉장한 전율을 느낀다. 손의 흉터는 어쩌다 생긴 것인지, 고등학교 졸업파티에는 누구와 함께 갔는지, 항상 꿈꿔 왔던 한 가지는 무엇인지 등등 우리 마음 깊은 곳에서는 누군가가 우리를 알아 주기를 바란다.

부모님의 사랑도 다르지 않다. 부모님이 우리를 이해해 주기를 바라고, 우리를 있는 모습 그대로 받아들이기를 원한다. 우리를 사랑해 주었으면 한다. 어떤 사람을 사랑하려면 그를 알아야 한다. 이 원칙은 쌍방향으로 작용한다. 때로 우리는 예전에는 전혀 몰랐던 방식으로 우리 부모님을 알아야 할 필요가 있다.

나단은 부모님의 결혼이 파경으로 끝난 것은 아버지 탓이라고 늘 비난했다. 어머니는 언제나 아버지에 대해 불평을 했고, 아버지는 한 번도 어머니의 비난에 맞서 자신을 방어하지 않았다. 나단이 30대 중반이 되었을 때, 그는 자기가 관계 맺는 방식에서 문제가 있다는 것을 발견하고는 좌절했다. 그는 아버지를 찾아가 이혼에 관한 모든 이야기를 해 달라고 부탁했다. 아버지의 이야기를 듣고 아버지에 대한 그의 견해는 완전히 바뀌었다. 나단이 10대였을 때 그의 어머니는 불륜을 저질렀다. 아버지는 나단에게 보여 준 그의 일기장에는, 간음하는 아내를 사랑해서 몇 년 동안이나 아내의 사랑을 되돌리고자 애썼으나 소용이 없었던 남편의 이야기가 적혀 있었다. 부모님의 이혼에 대한 진실을 알게 되자 나단은 아버지에게 엄청나고도 새로운 존경심을 갖게 되었다.

우리 모두가 인생을 바꿀 만한 부모님에 대한 진실을 알 수는 없을 것이다. 그리고 어떤 사람에게는 자녀가 어떤 사람인지 진정으로 알고자 시간을 투자하는 부모가 아예 없을 수도 있다. 그렇게 우리의 부모들은 완벽하지 않다. 그러나 하나님은 완전하시고 언제나 우리를 완벽하게 사랑하신다. 사실 성경은 "하나님은 사랑이시라"고 말한다 (요일 4:16). 그분은 모든 사랑의 완벽한 구현(具顯)이시다. 어떤 주석은 이렇게 표현했다.

> **하나님은 사랑이시다**라는 애매모호한 표현의 특성을 이해하려면, "하나님" 대신 당신이 아는 어떤 사람의 이름을 넣어 보라. 어머니나 목사님, 친구, 유명한 그리스도인이나 믿음의 영웅 혹은 당신 자신이라도 좋다. 우리가 어떤 사람에 대해 간단히 사랑이라는 단어로 설명할 수 있는 사람은 거의 없을 것이다. 당신이 아는 사람 중에서는 어머니가 아마 가장 사랑하는 사람일 수도 있다. 어떤 사랑이 가장 성숙하고 자기를 내어 주는 순수한 사랑인지 어머니가 보여 주었을지도 모른다. 하지만 어머니의 사랑이 아무리 풍성하고 진하고 꾸준할지라도, "어머니가 사랑을 주신다"는 말을 "어머니는 사랑이시다"라는 말로 바꿀 수는 없다. 하나님의 성품을 묘사하는 사랑과 똑같은 사랑으로 어머니의 특성을 설명할 수 없기 때문이다.[3]

무엇이 사랑인지 알려면 하나님을 바라보기만 하면 된다. 빌 하이벨스는 이렇게 썼다. "하나님은 당신이 창조하신 사람들과 사랑의 관계를 맺기를 간절하게 바라신다."[4] 많은 사람이 하나님을 하늘에 있는 어떤 커다란 유령쯤으로 여긴다. 우주를 처음 조성했을 수는 있겠지만 매일 우리가 하는 일에는 관여하지 않는다고 생각한다. 하지만 하나님은 우리의 일상생활에 아주 관심이 많으시고 깊이 관여하신다. 왜냐하면 하나님은 우리를 사랑하시고 우리 역시 그분을 사랑하기를 갈망하시기 때문이다.

그가 우리를 먼저 사랑하셔서 우리도 사랑한다

몇 년 전에 나는 조슈아 해리스(Joshua Harris)가 하나님을 아는 것에 대해 이야기하는 것을 들었다. 그는 커버넌트 라이프 교회의 담임목사이며 작가이기도 하다. 당시 신혼이었던 그는, 하나님이 우리가 당신을 얼마나 사랑하기를 원하시는지 결혼 관계를 이용해서 소설적으로 묘사했다.

조슈아는 청중에게 자기가 기나긴 하루 일과를 마치고 집에 있는 아내 셰넌에게 돌아오는 것을 상상해 보라고 했다. 그는 아내의 사랑을 느끼고 그저 그녀와 함께 있는 것만을 원했다. 셰넌은 사랑스럽게 자기를 쳐다보는 남편의 눈길에 얼굴을 붉히면서도 고마움을 느꼈다. 그녀는 자기의 하루가 어땠는지 남편에게 말하려고 했지만, 그는 계속해서 아내더러 조용히 있으라고 했다. 그는 단지 이 고요함을 즐기면서 얼마나 자기가 아내를 사랑하는지 말하고 싶어 했다. 조슈아는 청중에게, 그랬을 때 아내가 겪었을 좌절감을 상상해 보라고 했다. 새

신랑에게 자기의 하루를 말하고 싶은 욕구, 자기의 경험을 공유하고 싶은 아내의 욕구는 좌절되었다. 많은 젊은 연인들이 그러하듯, 어떤 경험이 실제가 되려면 그녀는 그에게 이야기해야 한다. 그러나 그녀가 사랑하는 사람은 자꾸 입을 다물라고 한다. 그런 다음 조슈아는 하나님이 어떤 분인지 알려고 하지도 않고, 하나님에 대해 연구하는 시간과 노력을 들이지도 않으면서 하나님과 정서적인 친밀감을 경험하고 싶어 한다면 하나님의 마음은 어떨지 상상해 보라고 했다.

이 가상의 시나리오 속에서 셰넌은 남편과 함께 있는 것을 좋아했다. 그러나 단순히 그저 함께 있는 것만으로는 만족스럽지 않았다. 그녀는 남편에 관한 모든 것을 알고 싶었고, 남편 역시 자신에 관한 모든 것을 알기를 바랐다. 직장에 있는 동안 자신이 하루를 어떻게 보냈는지, 모든 세세한 일상을 남편이 알아 주었으면 했다.

우리가 하나님을 연구하거나 하나님의 말씀을 통해 그분에 대해 배우거나, 하나님을 아는 다른 사람들의 말을 통해서 또는 기도를 통해서 하나님을 알아가고자 시간을 쏟을 때, 하나님은 기뻐하신다. 마치 신랑처럼, 우리가 가능한 한 그분에 대해 많이 알고자 갈망할 때 무척이나 즐거워하신다.

우리가 하나님을 아는 것이 매우 중요한 것처럼 하나님이 우리를 아신다는 사실을 아는 것도 매우 중요하다. 그분은 우리를 "아신다." 하나님은 무엇이 우리를 불편하게 만드는지, 또 우리를 웃거나 울게 하는지 아신다. 우리가 가장 좋아하는 색깔이 무엇인지, 어떤 아이스크림을 제일 좋아하는지 아신다. 우리의 생일도 기억하시고 우리 콧잔등에 몇 개의 주근깨가 있는지도 아신다. 우리가 애써 숨기는 새치도 보고 계시고, 우리 몸에 있는 상처가 어떻게 생긴 것인지도 기억하신다. 그 누구도 우리를 지으신 그분처럼 우리를 알지는 못한다.

다윗은 이 사실을 시편 139편에서 아름답게 노래했다. "여호와여, 주께서 나를 살펴보셨으므로 나를 아시나이다. 주께서 내가 앉고 일어섬을 아시고 멀리서도 나의 생각을 밝히 아시오며 나의 모든 길과 내가 눕는 것을 살펴보셨으므로 나의 모든 행위를 익히 아시오니 여호와여 내 혀의 말을 알지 못하시는 것이 하나도 없으시니이다"(1-4절).

물론 하나님은 전지하시니까 모든 것을 아신다고 말할지도 모르겠다. 그러나 매튜 헨리가 주석에서 지적했듯이, 시편 기자는 "하나님이 **모든 것을 아신다**"라고 말하는 것이 아니라, "하나님이 **나를** 알고 계신다"는 것을 이야기한다.[5] 이 하나님은 별들을 운행하시고, 땅의 기초를 놓으시고, 날씨를 통제하시며, 야생동물들에게 먹을 것을 주시는 하나님이다. 하나님의 마음에는 많은 것이 들어 있지만, 우리 역시 하나님의 마음에 있다. 시편 139편은 우리가 언제 앉고 일어서는지, 언제 잠자리에 눕는지, 언제 밖에 나가는지 아실 정도로 하나님이 우리에게 아주 깊은 관심을 기울이신다고 말한다. 그분은 우리에 관한 모든 것을 다 아신다. 심지어 그분은 우리 자신에 대해 우리가 알지 못하는 것조차 아신다고 나는 감히 말하고 싶다. 이러한 친밀한 방식으로 우리를 아시는 것은 하나님이 우리를 사랑하신다는 확실한 표지다.

잠시 시간을 내서 하나님이 우리에게 개인적으로 어떻게 사랑을 보여 주시는지 생각해 보자. 종이 위에 하나님이 보여 주신 크고 작은 사랑을 모두 적어 보자. 그런 후에 그 목록을 눈에 띄지 않는 안전한 곳에 보관하자. 다음에 혹시라도 도대체 누가 나를 사랑하기는 하는지, 사랑이 정확히 어떤 것인지, 하나님이 실제로 존재하시는지 의심이 들거든, 그 목록을 꺼내어 보면 된다. 그러면 가장 위대한 사랑을 스스로 확인할 수 있으리라.

심리치료사들은 우리에게 자기 자신을 사랑하는 법을 배우라고 말하고, 가수 휘트니 휴스턴(Whitney Houston)은 자기를 사랑하는 것이야말로 "가장 위대한 사랑"이라고 노래했다. 하지만 가장 위대한 사랑이란 내가 나 자신을 향해 갖고 있는 사랑이 아니라 하나님이 나를 향해 갖고 계신 사랑이다. 「독신주의자들의 공포」(The Thrill of the Chaste)의 저자인 던 이든(Dawn Eden)은 수년간 자기 자신을 사랑해야 한다는 입장을 고수했다. 자기 계발서와 잡지에서도 이 점을 가장 중요하다고 강조했다. 그러던 어느 날, 이든은 자기를 사랑하는 것만으로는 충분하지 않다는 것을 깨달았다. 그녀는 이렇게 썼다. "내가 사랑하는 나를 사랑해 주는 누군가를 발견하기는 그렇게 어렵지 않다. 내가 독신으로 살기로 마음먹고 나서 그 전에는 결코 상상하지 못했던 점을 발견했다. 나는 내가 사랑하지 않는 나 자신을 사랑해 주는 누군가를 찾을 수 있지 않을까 기대했던 것이다."[6]

우리 중 대다수는 친밀하게 자신을 드러내는 것에 공포심을 갖는다. 우리는 우리 영혼의 추악한 부분, 우리가 좋아하지 않는 부분을 잘 안다. 진실이 드러나는 것은 시간 문제요, 우리의 추악함이 드러나서 거절당하고 홀로 남게 될까 봐 두려워한다.

하나님에 관한 좋은 소식은 하나님이 우리의 어두운 영혼 구석구석에 있는 추함을 이미 다 보셨다는 사실이다. 그분께는 아무것도 숨길 수 없다. 하나님은 모든 것을 다 아시지만 그래도 우리를 사랑하신다.

사랑하는 우리의 신랑이신 하나님은 이렇게 말씀하신다. "산들이 떠나며 언덕들은 옮겨질지라도 나의 자비는 네게서 떠나지 아니하며 나의 화평의 언약은 흔들리지 아니하리라. 너를 긍휼히 여기시는 여호와께서 말씀하셨느니라"(사 54:10). 이 구절에 대해 18세기 침례교 설교자 존 길(John Gill)은 이렇게 썼다.

> 자기 백성을 향한 하나님의 사랑은 영원하신 사랑이다. 그 사랑은 언제나 계속되고, 과거에도 다함이 없었고, 앞으로도 없어지지 않을 것이다. 아담처럼 타락하고 본성이 죄에 물들고, 실제로 죄를 범하고 여러 가지 반역과 배반을 저지른다 할지라도 그 사랑은 멈추지 않는다. 비록 하나님이 백성들에게서 얼굴을 숨기고 그들을 넘어지게 할지도 모르지만 여전히 하나님은 사랑하신다. 모든 것이 떨어져 나가도 하나님의 인자하심은 떠나지 않는다. 재물이 없어지고, 친구들이 멀리하고, 건강이나 생명을 잃는

다 할지라도 하나님의 사랑은 언제나 동일하다.[7]

우리는 이 사랑에 매달릴 수 있다. 이 사랑은 우리가 더 이상 매력적이지 않아도, 새 배우자와 아이들이 등장해도 사라지지 않는다. 세상의 그 무엇으로도 하나님의 사랑을 상실하게 하거나 하나님이 우리를 더욱 사랑하게 만들 수 없다. 왜냐하면 하나님은 이미 우리를 완벽하고도 완전하게 사랑하시기 때문이다.

그렇다면 당신은 이런 질문을 할지도 모르겠다. 그렇다면 왜 하나님은 이런 일들이 일어나게 놔두셨을까? 왜 하나님은 우리 부모님의 사이가 벌어져서 결국 이혼하는 것을 그냥 두셨을까? 부모님의 결혼생활을 치유하고 다시 사랑에 불을 지펴서 우리 모두 함께 살도록 하실 수는 없었을까?

사람들은 고통의 원인과 의미를 몇 년씩이나 생각하고 또 생각한다. 사랑의 하나님이 어떻게 이런 끔찍한 일이 일어나도록 내버려두실 수 있는가 하는 오래된 질문은 언제나 우리를 사로잡는 것 같다. 퓰리처상을 수상한 아치볼드 매클리쉬(Archibald MacLeish)의 희곡 「제이 비」(J. B.)는 욥의 이야기를 현재의 이야기로 재구성하였다. 거기에 가슴을 저미는 후렴구가 나온다. "만약 하나님이 하나님이라면, 그는 선하지 않다. 만약 하나님이 선하다면 그는 하나님이 아니다."[8] 이혼 가정의 자녀로서 우리는 우리만의 고유한 고통을 알고 있다. 우리는 매클리쉬처럼 하나님은 우리의 처지를 바꾸실 의향이 없거나 혹은 능력이 없는 것은 아닌지 의심하려는 유혹에 시달릴 수도 있다. 그러나 어느 쪽도 아니다. 시편 62:11-12에 보면, "하나님이 한두 번 하신 말씀을 내가 들었나니 권능은 하나님께 속하였다 하셨도다. 주여, 인자함은 주께 속하오니 주께서 각 사람이 행한 대로 갚으심이니이다"라고 하였다.

이 구절 속에는 또 하나님의 신적인 성품 속에는 완벽한 균형이 있음을 보여 준다. 하나님은 한쪽으로 치우치시지 않는다. 그저 무기력하게 우리를 바라보시기만 한다거나 엄청난 힘으로 부주의하게 우리를 짓눌러 버리시는 법도 없다. 하나님은 완벽하게 조화로운 분이시고 그분 안에는 권능과 사랑이 고루 섞여 있다.

얼마나 큰 위로가 되는가! 하나님은 우리 앞에 놓인 어떤 것이든 충분히 해결하실 수 있고, 풍성한 사랑으로 우리를 돌보신다. 그분은 강한 권능의 하나님이시며, 사랑이 풍성한 선하신 하나님이다.

변하기 쉬운 사랑

어떤 사람들은 한쪽 부모가 양육권을 갖고 다른 쪽은 방문권을 가진 가정에서 자랐다. 우리는 함께 살지 않는 쪽의 부모가 시간적으로나 공간적으로 떨어져 살기 때문에 사랑이 식는다고 느낄지 모른다. 우리는 하나님의 사랑 역시 그런 식으로 사라져 버리지는 않을까 의심하기도 한다. 그런데 과연 우리가 너무 멀리 떨어져 있어서 하나님이 우리를 사랑할 수 없게 될 수 있을까?

바울은 단호하게 그런 일은 불가능하다고 말한다. 그는 로마서에서 이렇게 말했다. "내가 확신하노니 사망이나 생명이나 천사들이나 권세자들이나 현재 일이나 장래 일이나 능력이나 높음이나 깊음이나 다른 어떤 피조물이라도 우리를 우리 주 그리스도 예수 안에 있는 하나님의 사랑에서 끊을 수 없으리라"(롬 8:38-39). 바울이 사용한 **확신**이라는 단어에 주목해 보자. 그는 극심하게 어려운 상황을 겪었고 그보다 더한 일도 경험하곤 했다. 그는 매를 맞고 쫓겨나기도 했고, 비방을 받거나 감옥에 갇히기도 했고, 돌로 맞기도 했다. 그러나 그는 오래 참으시고 변하지 않는 하나님의 사랑을 절대적으로 **확신했다**.

존 파이퍼(John Piper) 목사는 2001년, 9. 11 테러 직후 이 본문으로 설교했다. 그는 오랫동안 우리의 가장 큰 즐거움은 하나님과 그분께 영광을 돌리는 것이라고 가르쳤다. 테러리스트의 공격 직후 모든 소망이 사라진 그날, 그는 흔들리지 않는 하나님의 사랑을 부르짖었다. "가장 좋은 시절과 최악의 시기에 우리의 소망은 무엇입니까? 우리 영혼을 둘러싼 모든 것이 무너지는 때는 어떻습니까? 우리의 소망은 그 어떤 것도 예수 그리스도 안에 있는 하나님의 사랑에서 우리를 떼어낼 수 없다는 사실입니다. 심지어 고난이나 죽음조차도 말입니다. 우리의 소망은 이 땅에서 쉽고 안락하고 안전한 삶을 사는 것이 아닙니다. 우리의 소망은 하나님의 사랑이 모든 것에 충만한 하나님의 영광 안에서 우리에게 기쁨을 허락하시리라는 것입니다. 하나님의 영광은 죽음 속에서도 계속되고 영원토록 풍성해질 것입니다."[9]

소망 안에서 살기

나는 물과 친숙하게 자랐다. 우리 가족은 수영할 만한 곳이 있는 곳이라면 몇 시간이라도 운전을 해서 찾아냈다. 우리가 두 해 여름을 살았던 아파트에는 뒷문 밖에 바로 수영장이 있었다. 그 수영장은 아주 오래되어서 물이 탁하고 물고기들이 많았다. 나는 어린 나이에 수영을 배웠고 수영을 정말로 좋아했다. 남동생들은 나보다도 어렸을 때 수영을 배웠다. 남동생들이 태어날 즈음에 우리는 뉴저지에 살았는데, 근처에 사시던 조부모님은 호수 위에 작은 별장을 갖고 계셨다. 어린 남동생들은 잘 걷지도 못하는 때부터 가족들과 함께 파도타기를 즐겼다.

그렇다고 우리가 수영하는 법만 배운 것은 아니었다. 우리는 물의 위험성을 의식해야 한다는 것도 배웠다. 익숙하지 않은 지역에서는 물에 뛰어들기 전에 반드시 신중하게 살펴야 한다고 배웠다. 우리는 법적으로 술을 마실 수 있는 나이가 되기 훨씬 전부터, 물가에서 술을 먹으면 얼마나 위험한지 들었다. 날이 추워 호수가 어는 겨울에는 스케이트를 타거나 얼음낚시를 했다. 물론 그때도 금이 가거나 기포가 생긴 얼음 위를 걸어서는 안 되며, 또 사람이 얼음 속으로 빠졌을 경우 어떻게 해야 하는지 설교를 듣고 나서야 놀 수 있었다.

우리는 물을 즐겼다. 몇 시간이고 수영을 하거나 물에 떠 있거나 보트를 타며 놀았다. 우리는 할아버지 별장의 선창가에서 물로 뛰어들었다. 수면 아래에는 온갖 위험이 오래전부터 도사리고 있었다. 그러나 우리가 다른 곳에서 수영을 할 때에는, 심지어 바로 옆집이라 해도, 사촌들이나 동생들이 서 있는 바위가 잘 보이는 곳에서만 다이빙을 했다. 물의 위험성을 의식하지 않거나, 거만하게 물을 대하거나, 물을 너무 두려워해서 절대 수영을 배우지 않은 사람들에게 물이 얼마나 심각한 위험을 끼칠 수 있는지 우리는 아주 잘 알고 있었다.

결혼에 대해서 나는 이와 비슷하게 느낀다. 나는 결혼이 어떤 것인지 경험해 보고 싶다. 남편의 사랑이 주는 순수한 기쁨 안에서 둥둥 떠다니며 헤엄치고 싶다. 남자의 마음속 깊은 어두움 아래에는 무엇이 있는지 알아 보고도 싶다. 때로는 발가락 사이의 때를 후비는 모습처럼 남자들의 세련되지 못한 습관에 역겨워하며 코를 찡그리고 싶기도 하다.

하자만 결혼이 이렇게 가벼운 것만은 아니라는 것을 잘 안다. 결혼은 하나님 앞에서 하는 엄숙한 맹세이자 서약이다. 또한 노동을 요구한다. 나는 하루 만에 수영을 배우지 않았다. 게다가 일단 배운 후에는 좀더 능숙해져야 했고 그런 다음에야 새로운 수영법을 배웠다. 스트레칭만 했던 시간도 있었고 수면 위로 떠올라 수영에 자신감을 갖게 된 시절도 있었다. 호수 전체를 수영하면서 오가는 할아버지를 경외감으로 바라보던 때도 있었다. 대학에서 수중 에어로빅 수업을 들을 때는 수영장을 왔다 갔다 하느라 녹초가 된 적도 있었다.

결혼한 한 친구는 "외도가 틈타지 않는 가정 세우기"(Building an Affair-Proof Marriage)라는 부제를 가진 책을 발견하고는 걱정스러운 표정을 지었다. 그 친구의 결혼에 문제가 있었던 것은 아니다. 그러나 친구는 결혼에 언제나 위험이 도사리고 있음을 알고 있었고(벧전 5:8), 예기치 못한 사이 그런 일이 일어날까 조심했다. 나는 친구가 지혜로운 여인이라고 생각한다.

필은 엘리자베스 마쿼트의 「당신의 아이가 울고 있다」에 나오는 성공적인 이혼 가정의 자녀처럼 보이는 사람이다. 필은 자기 가족의 어려움과 가슴 아픈 사연을 내게 털어놓았다. 그러나 나는 그가 사랑 많은 남편이요 아버지라는 것도 안다. 그의 결혼 생활에 대해 질문하자, 그는 필사적으로 노력하고 있다고 말했다. 그는 결혼 생활을 잘 유지하기 위해서라면 무엇이든 하겠다고 마음먹었다. 하나님이 이혼을 싫어하신다는 것도 알고 있었고, 이혼이 부부 당사자와 자녀에게 초래하는 참상을 직접 겪기도 했다. 필은 자신의 세 딸이 자기가 겪은 것과 동일한 일을 겪게 하고 싶지 않았다.

필에게는 부모님이 싸우셨던 기억이 없다. 사실, 어린 시절에 대한 기억이 많지 않다. 그렇기 때문에 어린 시절이 기본적으로 좋았고 별 문제가 없었으리라고 추정할 뿐이다. 그러나 과거를 회상하면서, 필은 그의 부모님이 결혼 관계에서 발생한 문제들을 해결하려 들지 않았다는 생각을 하게 되었다. 부모님은 단지 모든 것이 잘 돌아간다는 겉모습만 유지하는 데 급급했고, 이내 모든 것이 박살났다.

그의 부모님처럼 필도 갈등을 직면하고 싶지 않았다. 그는 한쪽이 배우자에게 느끼는 어려움에 대해 아내와 이야기를 나누는 것은 마치 실패를 시인하는 것처럼 생각되었다. 그러나 그는 좋은 결혼 관계에서 의사소통이 얼마나 중요한지 잘 알고 있었기 때문에, 갈등 상황을 얼버무리는 대신 아내와 대화를 나누었다. 그렇게 하는 것이 얼마나 불편하든지 간에, 갈등을 풀어 나가는 것이 아내와의 건강한 관계에 얼마나 중요한 것인지 그는 잘 알고 있었다.

필의 성공적인 결혼 생활은 우연히 생겨났거나 예외적인 것이 아니다. 본인이 열심히 노력하고 하나님의 은혜가 함께하신 결과다. 우리를 향한 하나님의 거룩하신 사랑은 헤아릴 수 없을 만큼 광대하기 때문에 가장 어려운 시기에도 그분은 기꺼이 우리를 구원해 주실 것이다. 또한 그렇게 하실 수 있을 정도로 하나님은 강하시다.

하나님의 자녀

요한은 예수님의 사랑하시는 제자로 알려져 있다. 우리가 아는 바에 의하면, 다른 사람이 요한을 그렇게 부른 것이 아니라 자기 스스로

그런 별명을 만들었다. 그렇다면 그는 다른 열한 명의 제자들보다도 예수님이 자기를 더 좋아해 주시기를 바라고, 편애하시도록 애를 썼다는 것일까? 아니다. 요한은 예수님이 "우레의 아들들"이라고 별명을 붙여 주신 형제 중 한 명이었고 제자들 가운데 막내였다. 메시아이신 예수님이 자기를 사랑하신다는 실로 엄청나고 기쁜 사실을 요한은 그렇게 표현했던 것이다. 요한은 자기를 사랑하는 예수님의 사랑이 하늘에 계신 아버지의 사랑과 동일하다는 것을 알고 있었다. 성령에 감동하여 요한은 이렇게 적었다. "보라, 아버지께서 어떠한 사랑을 우리에게 베푸사(lavish) 하나님의 자녀라 일컬음을 받게 하셨는가. 우리가 그러하도다. 그러므로 세상이 우리를 알지 못함은 그를 알지 못함이라"(요일 3:1).

요한이 하나님의 사랑에 대해 사용한 단어에 주목해 보자. 하나님은 사랑의 뜻을 설명하시거나 우리에게 사랑을 인색하게 흩뿌리시지 않는다. 하나님은 **후하게 주신다**(lavish). 이 단어를 볼 때면 나는 아주 멋지고 커다란 호텔방을 머릿속에 그려 본다. 깔끔한 침대보로 정돈된 침대에, 창문마다 멋진 커튼이 드리워져 있고, 향기로운 꽃으로 장식된 곳에 물건들로 가득 찬 쇼핑백이 놓여 있다. 나는 딸기와 샴페인을 옆에 두고서 거품이 가득한 엄청나게 큰 욕조에 비스듬히 누워 있다. **후하게 주신다**는 것은 내가 소망하거나 바라는 것 이상을 주신다는 의미다. 꼭대기까지 차올라 흘러넘쳐 낭비한다는 뜻이다. 사전에서 이 단어[lavish]의 의미를 설명할 때는 '풍부한'(profuse)과 '지나

친'(excess) 같은 단어를 사용한다. 이 단어는 "아래로 쏟아붓다"라는 뜻을 가진 중세 프랑스어 단어에서 유래한 것으로 보인다.

그러므로 "보라, 아버지께서 어떠한 사랑을 우리에게 베푸사"라는 구절은 이 사랑은 대체 어떤 종류의 사랑이며 어디서부터 온 것인지, 이와 같은 사랑을 전에는 본 적이 없다는 뜻이다.

이 세상과 부정적인 사람들은 우리를 **이혼 가정의 자녀**라고 부르곤 한다. 그들은 우리를 이 한 가지 사건, 이 한 가지 실패로 규정지어 버린다. 우리는 그저 고래 싸움에 끼어 버린 새우였을 뿐인데도 말이다. 어떤 사람에게는 이런 상황이 운명처럼 고착된다. 그러나 하나님은 우리에 대해 다른 관점을 갖고 계신다. 하나님은 우리를 이혼 가정의 자녀가 아니라 하나님의 자녀라고 부르신다.

우리에게는 하나님의 자녀라 일컬어질 만한 자격이 없다. 그야말로 흘러넘치는 은혜요, 사랑으로 거저 주어진 것이다. 우리는 하나님 나라의 문 앞에 앉아 구걸하는 거지도 아니고, 부엌 아궁이에서 나오는 재나 쓸어 담는 하녀도 아니다. 우리는 잘 차려진 식탁에 멋진 옷을 입고 앉아 왕국을 물려받을 자녀들이다. 우리가 어떤 것을 했기 때문이 아니다. 우리가 꿈꾸던 모든 것, 우리에게 필요한 모든 것이 되어 주시는 하나님 아버지를 우리가 모시고 있기 때문이다.

하나님이 당신을 위해 베푸시는 사랑을 과소평가하지 말라. 불완전한 부모님을 통해 당신이 경험하고 이해한 사랑만으로 하나님을 제한하지 말라. 오직 하나님만이 하실 수 있는 방식으로 여러분을 사랑하시도록 마음을 열어 두라. 바울이 에베소교회 성도들을 위해 기도한 것처럼 나도 여러분을 위해 기도한다. "믿음으로 말미암아 그리스도께서 너희 마음에 계시게 하시옵고 너희가 사랑 가운데서 뿌리가 박히고 터가 굳어져서 능히 모든 성도와 함께 지식에 넘치는 그리스도의 사랑을 알고"(엡 3:17-18).

하나님 아버지의 사랑은 하나님이 우리에게 얼마나 신실하신지를 보여 주는 또 다른 방식이다. 어느 때건 어떤 상황이건, 우리가 어떻게 느끼건 상황이 어떻게 보이건, 우리는 하나님의 사랑을 신뢰할 수 있다. 하나님은 어떤 망설임도 없이 우리를 사랑하신다. 어떤 장애물도 그 사랑을 막을 수 없다. "하나님이 우리를 사랑하시는 사랑을 우리가 알고 믿었노니 하나님은 사랑이시라"(요일 4:16).

5장

말로는
설명할 수 없는
사건

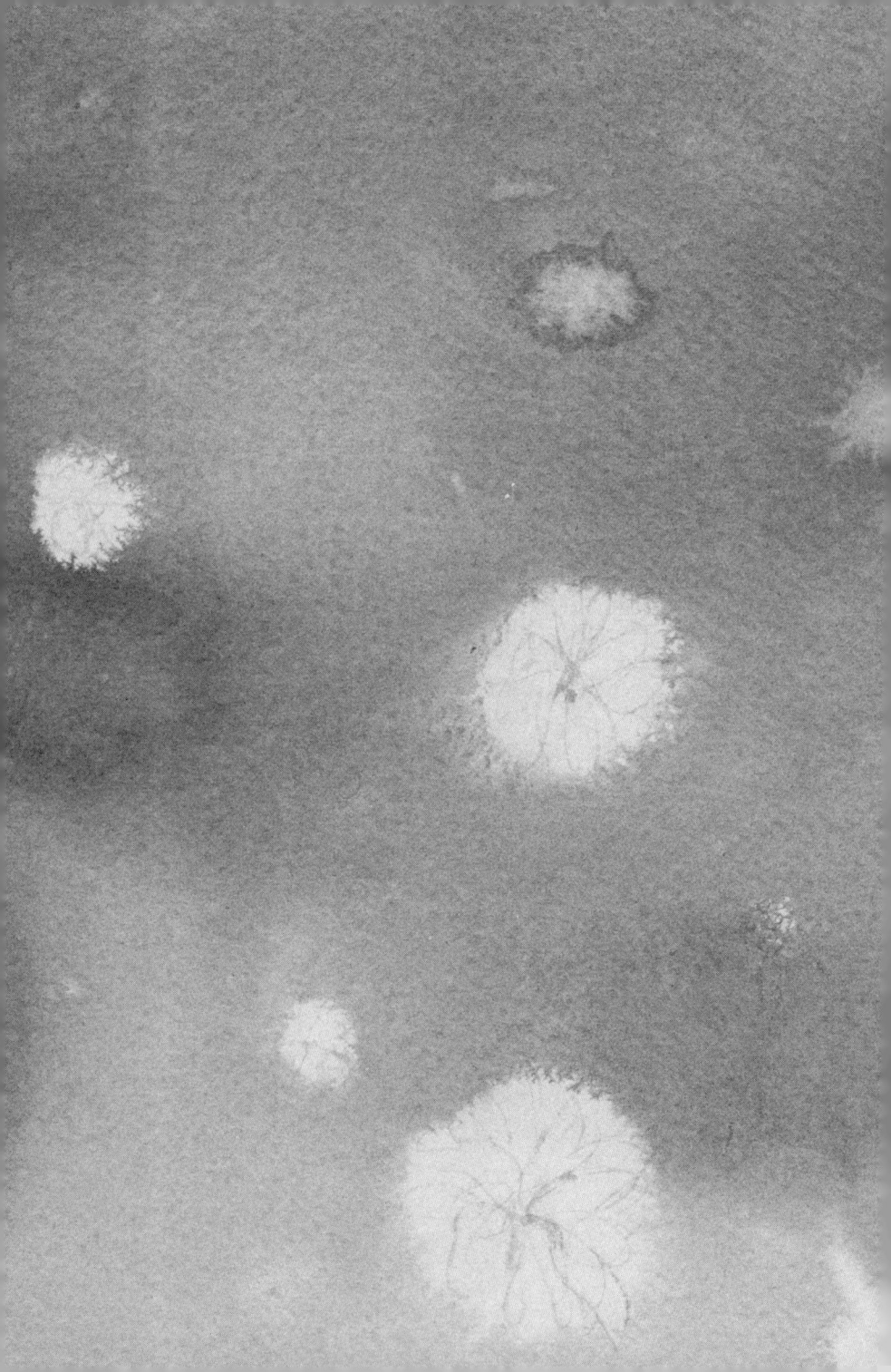

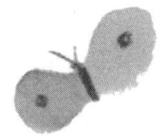

부모님이 이혼하신 직후에 나는 끔찍한 악몽에 시달리기 시작했다. 종종 소리를 지르며 잠에서 깨어나 침대에 앉아 있곤 했고, 이불은 바닥에 떨어져 잔뜩 엉켜 있었다. 엄마가 와서 나를 다독거리고 진정시켜 다시 잠을 잘 수 있도록 해주었지만, 악몽의 기억은 좀처럼 사라지지 않았다. 지금까지도 나는, 적어도 하나의 악몽은 비교적 자세히 떠올릴 수 있고, 그것은 다시는 되풀이하고 싶지 않은 경험이기도 하다. 당시만 해도 「이혼 후 당신의 아이」와 같은 안내 책자 같은 것이 전혀 없었다. 하지만 엄마는 육아일기에 내가 처음으로 머리카락을 잘랐던 일이라든가 제일 좋아하는 장난감을 비롯하여 악몽에 대해서도 꾸준히 기록해 두었다. 지혜로웠던 엄마는 이 악몽들이 내 인생에 부모님의 이혼이 몰고 온 여파임을 알았다.

끔찍한 악몽은 지나갔다. 그렇지만 어린 시절 내내 나는 우리 가족에게 나쁜 일이 벌어지지는 않을까, 아무도 모르는 두려움을 안고 지냈다. 다른 아이들은 어둠을 무서워하거나 유령을 겁냈지만, 나는

5장 말로는 설명할 수 없는 사건 __ 133

누군가가 밤에 우리 집에 침입해서 도끼나 톱 같은 것으로 우리 모두를 죽일까 봐 겁에 질린 기억이 있다. 나는 조금이라도 나를 보호하고자 얇은 이불이라도 덮지 않으면 잠을 잘 수 없었다(두려움이 합리적이지 않으면 해결책 역시 비합리적이다). 나는 탈출 계획을 세우고, 어떻게 경계 태세를 갖추고 다른 가족을 구해 낼까 구상하고, 어디에 숨을지도 생각해 놓았다.

사실 나에게는 아직도 이런 두려움이 있다. 밤중에 이상한 소리가 들리면, 나는 즉각적으로 누군가가 우리 집에 침입했다는 생각이 든다. 그러면 나는 옷장에 숨을지 아니면 현관문으로 달려갈지 고민한다. 어떻게 하면 재빨리 119에 전화를 할 수 있을까? 내 방에서 무기로 쓸 수 있는 물건이 무엇일까? 차로 도망갈 수 있도록 차 열쇠를 쥐고 있어야 하나? 아니면 이웃집으로 달려가서 문을 두드려야 할까?

엄마는 화재에 대해 나와 비슷한 두려움을 갖고 있다. 호텔에 가면 언제나 비상구를 살펴보고 소화기가 어디에 있는지 확인한다. 집에서는 어떻게 하면 화재시 가족 모두 집 밖으로 나갈 수 있을지 생각하곤 했고, 이제는 모두 어른이 되어 스스로를 보호할 수 있게 된 것에 안도한다. 남동생들이 어렸을 때 우리는 도시에서 살았다. 우리 침실의 창문은 옆집과 약간 떨어져 있었는데, 한번은 엄마가 그 집에서 빠져나갈 계획에 대해 우리에게 알려 주었다. 만약 불이 나면, 엄마가 남동생들 방의 창문으로 올라가, 등은 이쪽 집에 대고, 발은 저쪽 집에 걸치고, 자기 무릎에 두 아들을 얹고는 땅으로 내려오겠다는 것이었다. 나는 내 침실 창문을 통해 남동생 방으로 기어 올라가 남동생 중 한 명을 데리고 내려오겠다고 엄마에게 큰소리쳤다.

왜 이런 두려움을 갖게 되었는지 엄마는 알고 있다. 엄마가 어렸을 때, 한 보험회사 직원이 와서 집이 불에 타는 장면이 담긴 화면을 보여 주었다고 한다. 그날 할아버지가 그 화재보험에 가입하셨는지는 모르겠지만, 엄마가 보았던 영상은 평생 엄마에게 화재에 대한 두려움을 남겼다.

내 두려움은 달랐다. 어디서부터 온 것인지 모르겠다. 나는 항상 일찍 잠자리에 들었고 "폴터가이스트" 이외에는 다른 공포영화를 본 적이 없었다. 우리 집이나 우리가 아는 이웃 집에 강도가 든 적도 없었다.

나는 이런 비합리적인 두려움의 기원을 찾을 수가 없었다. 그러나 주디스 월러스타인과 샌드라 블랙리는, 낯선 사람이 자기 집에 쳐들어오는 두려움은 이혼한 부모를 둔 어린이들이 흔히 느끼는 감정이라고 했다.[1] 닐 칼터 박사는 임상 연구를 통해 서로 다른 두 명의 어린이에게서 이런 두려움을 발견했다.[2] 어린이를 위한 이혼 상담 커리큘럼을 쓴 린다 제이콥스(Linda Jacobs)는 본인의 이혼 후에 아들이 이와 비슷한 두려움을 갖게 되었다고 했다. 엘리자베스 마쿼트 역시 어린아이였을 때 "낯선 사람이 창문이나 다락방의 채광창을 통해 우리 집을 들여다보고 있을 것이라는 상상을 했다"고 썼다.[3] 사실 마쿼트는 이혼 가정의 자녀들 중에는, 일반 가정의 또래들에 비해 자라면서

정서적으로나 신체적으로 안전하지 않다고 느끼는 사람들이 훨씬 많다는 사실을 발견했다.[4]

부모님이 이혼한 후 실제로 안전하지 않은 환경에서 살아가는 사람들이 있다. 불량한 이웃 사람들, 자신의 생활에 개입하거나 집을 방문하는 일련의 수상쩍은 어른들, 폭력적인 새엄마나 새아빠, 또는 우울증을 겪는 부모 등이 그런 환경이다. 그렇긴 해도 우리 대부분은 상대적으로 안전한 환경에서 살았다. 이혼 가정 자녀의 두려움은 종종 가정에 힘 센 남자가 없다는 것이 원인이 되기도 한다. 한밤중에 이상한 소리가 나면 야구방망이를 들고 아래층으로 내려가 살펴봐야 할 사람은 바로 아버지다. 외부 세력에 대항해 가족을 보호하는 일은 보통 키가 크고 힘이 센 사람의 몫이다. 그러나 성장기에 부모가 이혼했다는 것은 일반적으로 어머니와 함께 살면서 주말이나 휴일, 여름방학에 아버지를 방문한다는 의미였다. 집에 아버지 없이 우리의 허점이 다 드러나는 것 같았고 보호받지 못한다는 느낌이 들었다. 적어도 나에게는 그런 느낌이 사라지지 않았다. 심지어 엄마가 재혼을 해서 우리를 보호해 줄 강한 남자가 생겼는데도 그랬다. 어린 시절에 받은 상처는 이미 내 안에 깊이 뿌리박혀 버린 것이다.

유년 시절은 가족이라는 둥지 안에서 쉴 곳을 찾을 때 그야말로 환상적인 시기다. 이번 주 초에 나는 집 근처를 산책하면서 어떤 작은 새가 나무 아래에 앉아 사력을 다해 지저귀고 있는 것을 보았다. 둥지에서 떨어졌거나 어미 새가 이 꼬마에게 나는 법을 가르치고자 일부러 둥지 밖으로 밀어 냈을 것이다. 어떤 경우이든, 그 새는 익숙하지 않은 장소에 혼자 있었고 분명히 무서웠을 것이다. 겁에 질린 새의 지저귐은 도와 달라는 호소였다.

이 작은 새처럼 우리 중 어떤 사람은 매와 도둑고양이로 가득한 잔인한 세상에서 외롭고 공포에 질리고 상처를 입었다. 떠나간 사람이 어머니건 아버지건, 우리는 삶의 결핍을 겪었다. 우리는 우리에게 조언을 해주고, 밤에 문단속을 하고, 채소를 먹으라고 잔소리하는 등 우리를 돌보기 위해 부모가 해야 할 일들을 해 줄 누군가를 놓쳐 버렸다.

우리 삶에서 부모가 해주어야 할 보호자로서의 역할은 우리가 나이가 들어가면서 점진적으로 변한다. 밤에 잠자리를 봐주고 귀 뒤까지 꼼꼼히 잘 씻었는지 살피는 대신, 데이트가 어땠는지 세심한 질문을 던지고, 세금을 어떻게 내는지 보여 주고, 첫 번째 양복을 사러 데려가는 일을 한다. 우리가 세상을 우리 고유의 방식으로 살아가도록 배운다 하더라도 부모님이 없이는 길을 잃은 것만 같다. 마퀴트는 이것을 이렇게 표현했다. "모든 것을 혼자서 해결해야 하는 느낌이다. 어느 누구에게도 도움을 기대해서는 안 된다."[5]

데비는 자기 어머니와 어머니의 두 번째 남편과 함께 살았다. 데비가 세 살 때, 데비의 아버지는 사라졌고 그 후 어머니는 새아버지와 결혼했다. 데비의 부모님은 그리스도인은 아니었지만 데비를 기독교 사립학교에 보냈다. 공립학교보다는 좀더 나은 교육을 제공하는 학교라고 믿었기 때문이다. 데비는 자신의 인생을 예수님께 의탁했고, 고등학교를 졸업하면 기독교 대학에 들어가기로 했다. 데비는 믿음대로 살고자 애를 썼지만, 부모님은 각자 다른 길로 가기로 결정했다. 데비가 고등학생일 때 두 분은 이혼했다. 친아버지는 아니었지만 진짜 아버지로 여긴 분이 다시 떠난 것이다. 게다가 데비는 한 번도 어머니와 친밀한 관계를 맺은 적이 없었다. 데비는 이 세상에 혼자인 것처럼 너무나 외로웠다.

대학 시절, 여전히 부모님의 이혼으로 비틀거리던 데비는 파티를 하며 노는 친구들과 한 패거리가 되었다. 데비의 표현에 의하면 "좀 놀았다." 그렇지만 데비가 임신한 사실을 알게 되자 이 파티 생활은 종결이 나 버렸다. 남자친구와는 결별했고 데비는 사태를 수습하여 미혼모로서의 삶을 시작해야 했다. 자기가 임신했다는 사실을 처음 알게 되었을 때, 만약 새아버지가 이 사실을 안다면 얼마나 실망할지 떠올리자 너무나 슬펐다. 만약 그가 안다면 말이다. 하지만 그는 알지도 못한다. 그 역시 데비의 인생에서 사라져 버렸기 때문이다.

11년 후에 데비는 자기가 과거를 되풀이하고 있다는 사실을 알아차렸다. 그녀는 다시 임신을 했고 여전히 미혼모다. 두 번째 아이의 아빠는 아이의 인생에는 관여하고 싶어 하지만 결혼에는 전혀 관심이 없다. 데비는 내게 자기가 한 번도 아니고 두 번씩이나 이런 일이 일어나도록 방치했다는 것을 믿을 수 없다고 말했다. 만약 주변에 아버지가 있었다면, 자기를 붙잡아 줄 누군가가 있었다면, 어머니와는 나눌 수 없었던 이야기를 어느 정도 할 수 있는 누군가가 있었다면, 자기가 만나는 남자들에 대해 남자의 관점에서 이야기를 해주는 사람이 있었다면 자기 인생이 이렇게까지 되지는 않았을 것이라는 확신이 든다고 말했다.

데비의 말은 대부분 맞는 말이다. 소아과 의사인 멕 미커(Meg Meeker)는 「강한 아버지의 강한 딸」(Strong Fathers, Strong Daughters)이라는 책에 이렇게 썼다. "무질서한 성관계와 성병의 위험에 노출되어 있고, 인생의 목적에 대해 혼란스러워하는 청소년을 양산하는 가장 핵심적인 문제는 이혼이다."[6] 특히 데비의 경우처럼 부모의 결혼 관계가 끝나면서 한쪽 부모의 역할이 사라져 버리면 자녀들은 관계와 삶, 자기 자신에 대해 무언가가 잘려 나간 불완전한 관점을 가진 채로 남게 된다.

하늘에 계신 우리 아버지

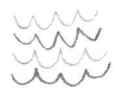

부성(fatherhood)이라는 개념은 하나님이 처음 사용하신 개념으로, 하나님과 하나님의 자녀인 우리의 특별한 관계에 대해 무엇인가를 가르쳐 준다. 성경에서 하나님은 당신을 우리의 아버지라고 칭하신다. 특히 신약성경에서 예수님에게는 일종의 새아버지인 이 땅의 아버지, 요셉이 있었다. 그러나 예수님의 어린 시절 이후에는 이 영향력 있는 남자의 이야기에 대해서 들을 수가 없다. 예수님이 사역을 시작하시기 전에 요셉이 죽었을 수도 있다. 왜냐하면 십자가에 달리신 예수님은 요한에게 어머니 마리아를 보살펴 줄 것을 부탁하셨기 때문이다. 요한은 마리아가 여생을 그와 함께 보냈다고 전한다(요 19:26-27). 아마 요셉이 죽고 마리아는 과부가 되어 노년을 돌보아 줄 아들이 필요했던 것 같다.

성경에서 요셉에 관해 많이 읽지는 못했을지라도, 우리는 예수님이 하늘에 계신 아버지와 자주 시간을 보내셨다는 사실은 안다. 스트레스와 근심이 생기거나 앞으로 있을 일을 준비하느라 기력이 쇠할 때, 예수님은 당신을 쫓아다니는 무리를 떠나 하나님께 기도할 조용한 장소를 찾으셨다. 산꼭대기건 동산이건 예수님은 당신을 힘들게 하는 것에 대해 하나님께 말씀드렸다. 예수님은 당신에게 부여된 과업을 완수할 수 있는 힘을 달라고 기도하며 하나님의 신실하심과 아들을 향한 하나님의 사랑을 되새겼다.

제자들은 예수님의 기도 시간을 눈여겨보았다. 그들은 기도의 결과로 예수님이 기적을 일으키시고 지혜로운 가르침을 주신다는 것을 알았다. 제자들은 선한 유대인으로서 많은 사람이 기도하는 것을 보았고 평생 자주 기도해 온 사람들이었다. 그러나 그 누구도 예수님처럼 기도하지 않았다. 모든 방면에서 예수님을 따르고 싶었던 그들은 예수님처럼 기도하는 법을 가르쳐 주십사 부탁했다. 그렇게 해서 예수님이 그들에게 가르쳐 주신 기도는 역사상 가장 잘 알려지고 자주

인용되는 기도문이 되었다. 오늘날 우리는 이것을 주기도문이라고 부르며, 그것은 이런 구절로 시작한다. "하늘에 계신 우리 아버지여"(마 6:9).

기도문 시작에서부터 예수님은 우리가 한 가지 사실에 집중하길 바라셨다. 우주를 지으신 전능하신 창조자, 하늘과 땅을 만드신 분, 그 하나님이 바로 우리의 아버지라는 것이다. 우리가 이 땅의 아버지가 보여 준 보호와 사랑을 알건 모르건 간에, 우리에게는 부성이라는 개념의 기초가 되시며 완벽한 본이 되어 주시는 하늘 아버지가 계시다. 예수님은 누가복음 11장에서도 이 개념을 분명히 하셨다. "너희 중에 아버지 된 자로서 누가 아들이 생선을 달라 하는데 생선 대신에 뱀을 주며 알을 달라 하는데 전갈을 주겠느냐. 너희가 악할지라도 좋은 것을 자식에게 줄 줄 알거든 하물며 너희 하늘 아버지께서 구하는 자에게 성령을 주시지 않겠느냐 하시니라"(눅 11:11-13).

이 땅의 아버지는 그 누구도 완벽하지 않다. 그러나 대부분은 자기 아이들에게 좋은 음식을 줄 줄 안다. 아이를 다치게 하고 죽일 수도 있는 뱀이나 전갈을 주지는 않는다. 예수님은 사람들에게 이 점을 분명히 하셨다. 하늘에 계신 아버지는 절대적으로 완벽하시고 결점이 없으신 분이다. 우리에게 가장 좋은 것, 바로 우리를 지지하시고 위로하시는 성령님을 주신다.

고아의 아버지

하나님은 성경에서 당신이 고아의 아버지가 되어 주시겠다고 몇 번이나 약속하신다. 시편 10:14에 보면, 다윗은 하나님이 특별히 고아들의 편에 서신다는 것을 분명히 한다. "주께서는 보셨나이다. 주는 재앙과 원한을 감찰하시고 주의 손으로 갚으려 하시오니 외로운 자가 주를 의지하나이다. 주는 벌써부터 고아를 도우시는 이시니이다."

고아로 사는 것은 쉽지 않다. 구약 시대에 아버지가 없다는 것은 어떤 보호나 공급도 받지 못하고 살아야 한다는 의미였다. 아브라함이 아내 사라의 강요에 못 이겨 하갈과 그 아들 이스마엘을 쫓아냈을 때, 하갈은 가능한 한 멀리 도망쳤다. 물도 다 마시고 소망도 끊어지자, 하갈은 이스마엘을 그늘진 곳에 두고는 다른 한적한 장소를 찾았다. 자기 눈앞에서 아들이 죽어가는 모습을 보지 않고 죽을 수 있는 장소였다. 이때 하나님이 기적처럼 개입하셨다. 천사를 보내어 하갈을 격려하시고 근처에 있는 우물을 보여 주셨다. 거기서 두 모자는 기력을 회복할 수 있었고, 풍요로운 미래에 대한 하나님의 약속과 축복을 받았다. 천사가 도착해서 하갈에게 말하길, 어미가 자기를 버린 그늘진 곳에 누워 있던 이스마엘의 우는 소리를 하나님이 들으셨다고 전했다(창 21:8-20).

하나님은 가장 가까운 샘물을 알려 주시기 위해 우리 삶에 천사를 보내지 않으실 수도 있다. 그렇지만 하나님은 언제나 당신 자녀들의 울음에 응답하실 준비가 되어 있다. 혹시 우리 주위에 방충망을 고치고, 타이어를 갈거나 수표책을 결산하는 것을 도와줄 아버지가 없을지도 모른다. 혹은 우리 마음을 만져 주고 우리의 근심과 걱정을 달래 줄 어머니가 없을 수도 있다. 그러나 우리는 하나님 아버지를 찾으면 된다. 하나님은 절대로 너무 바쁘거나 할 일이 많다고 말씀하시는 분이 아니다. 당신의 이름을 부르는 자녀는 단 한 명이라도 그에게 모든 관심을 기울이신다.

하나님은 단지 영적인 세계에 국한해서 우리의 필요를 채워 주시는 분이 아니다. 우리 삶의 아주 현실적인 것, 예를 들어 부서진 방충망이나 지불하지 못한 고지서나 이상한 잡음을 내는 차에 대해 기도를 한다면, 우리는 하나님이 어떻게 응답하시는지 보고 정말 놀라게 될 것이다! 마태복음 6장에서 예수님은 제자들에게 먹을 것이나 입을 것에 대해 염려하지 말라고 하셨다. 하나님은 우리의 영적인 상태에만 관심이 있기 때문이 아니라, 우리 육체에 필요한 것을 다 아시고 그를 신뢰하기만 하면 우리에게 주실 것이기 때문이다(마 6:25-34).

조지 뮐러는 19세기에 영국에서 살았던 사람이다. 그는 인맥과 부를 겸비한 좋은 가정에서 자랐지만, 유산을 모두 탕진하고 심지어는 남의 것을 훔치기도 했다. 십대에는 자기가 저지른 잘못으로 감옥에서 시간을 보냈으나, 스무 살 즈음 그는 어떤 그리스도인들을 만나게 되었다. 그들은 그리스도를 따르는 믿음의 여정에 뛰어난 모범이 되어 주었다. 나중에 뮐러는 고아원 운영에 헌신하였는데, 믿음으로 가득 찬 그의 기도 덕분에 그곳은 더욱 유명해졌다.

뮐러는 하나님이 자신의 기도를 들으시고 필요한 모든 것을 공급해 주실 만큼 자신에게 관심을 갖고 계시다는 것을 확신했다. 자신이 돌보는 수천 명의 고아들의 의식주를 위해 모금 행사를 벌이거나 기금 확보를 위한 순회 연설을 하는 대신, 그는 기도했다.

유명한 일화가 하나 있다. 그날 뮐러와 아이들은 아침에 먹을 음식이 없었다. 그러나 뮐러는 자기들이 곧 공급받을 음식에 대해 감사하며 믿음으로 기도했다. 바로 그때, 이웃의 제빵사가 문을 두드렸다. 그는 그날 하나님이 그에게 아침 일찍 일어나서 뮐러와 고아들을 위해 빵을 구우라고 하신다는 느낌이 들었다고 했다. 뮐러의 놀라운 믿음은 그가 자기의 필요를 오직 하나님께만 말씀드린다는 데서 드러났다. 그는 하나님이 자신에게 필요한 모든 것을 공급하실 것을 신뢰했고, 만약 하나님이 주시지 않는다면 그건 진짜 필요한 것이 아니라고 믿었다.

인도하시는 손길

나는 언제나 훌륭한 조언을 해주는 사람이 있었으면 좋겠다고 생각했다. 다른 많은 이혼 가정의 자녀처럼 나는 독립성이라는 건강한 성

향을 계발했다. 그러나 자신감이 충만한 겉모습 이면에는 누군가 내 어깨에 팔을 두르고 갈 길을 제시해 주었으면 하는 바람이 있었다.

아마도 부분적으로는 빨리 철이 들어서이기도 하고 이미 처리해야 할 일이 많으니 문제를 일으키고 싶지 않은 것도 있었겠지만, 우리 중 많은 이들은 자신을 위한 조언을 구하기보다는 조언하기를 더 잘하는 것 같다. 우리는 능력이 뛰어나고, 혼란의 시기를 버텨 낸 흔들리지 않는 바위 같은 사람들이다. 다른 사람들은 고통스러운 순간에 우리를 찾아오지만, 우리는 우리 발 앞에 고통이 찾아온다면 굳은 미소를 띠고 가던 길을 계속 걸어가야 한다는 것을 배웠다. 우리는 일찍부터 스스로 알아서 해야 한다는 것을 배웠다. 밤마다 어머니의 울음소리를 들으며 잠든다면 당신은 누구를 찾아가겠는가? 아버지가 이미 직장과 집안일과 상처 받은 마음을 애써 다독이며 가정을 꾸려 가고 있는데, 어떻게 뭔가를 더 요구하겠는가?

성경에서 다윗이 처음 등장했을 때, 그 역시 상당 부분 혼자서 삶을 꾸려 나가는 사람이었다. 하나님은 사무엘 선지자에게 사울을 이어 새로 이스라엘의 왕이 될 사람을 찾아 기름을 부으라고 말씀하셨다. 사울의 불순종 때문에 그의 아들 중 하나가 뒤를 이어 왕이 될 권리를 잃은 후였다(삼상 13:1-14). 하나님은 사무엘에게 이새의 집에 가서 그의 아들 중 한 명에게 다음 왕으로 기름을 부으라고 말씀하셨다. 사무엘이 도착하자 이새가 아들을 하나씩 데리고 왔으나 사무엘은 그들 모두를 거부했다. 어느 누구도 하나님이 선택하신 사람이 아니었다. 사무엘이 이새에게 물었다. "네 아들들이 다 여기 있느냐?" 사무엘이 하나님의 말씀을 잘못 들었거나 다른 아들이 있는 것이 분명했다. 이새는 "아직 막내가 남았는데 그는 양을 지키나이다"라고 대답했다(삼상 16:11).

다른 말로 하자면 이새는 이렇게 말한 것이다. "막내 다윗은 당신의 주목을 끌 수 없을 거예요. 제일 어린 아들을 뽑으실 건 설마 아니겠지요. 그 아이는 가축을 돌보는 아이예요. 당신 앞에는 그 아이 말고도 강하고 멋지고 준수한 청년들이 있답니다." 그러나 사무엘은, 아니 그보다 하나님은 바로 그 아이를 선택하셨다. 가장 작은 아이가 하나님이 지명하신 왕이었다.

양을 돌보며 산과 들에서 보낸 시간이 다윗에게는 후일의 삶을 미리 준비하는 시간이었다. 자기가 가진 새총으로 위협적인 거인 골리앗을 쓰러뜨렸다. 후에는 동굴과 광야에서 지내기도 하고 사울과 그 아들 압살롬을 피해 도망 다니는 일련의 긴 시간을 보냈다(삼상 18-19장; 삼하 15장). 다윗이 목자였던 경험이 없었더라면, 헤아릴 수 없이 많은 사람에게 위로와 평안을 가져다준 그 유명한 시편 23편이 나오지 않았을 것이다.

그렇다. 목자로서 다윗이 보낸 시간에는 목적이 있었다. 물론 때때로 두렵고 무서웠을 것이다. 다윗이 어땠을지 한번 상상해 보라. 어린 아이였던 다윗은 양 떼를 몰고 광야로 나갔다. 큰 형들이 있었지만 다윗은 종종 혼자 알아서 꾸려 나갔다. 실제로 어디로 가야 좋을지 알 수 없던 때도 있었을 것이다. 가파르고 바위가 많은 길, 이리저리 범람하는 강, 사자가 숨어 있기에 딱 좋은 깊은 숲…. 어디로 가야 소년과 양들이 더 안전할 수 있을지, 오직 하나님만이 아셨다.

이런 결정들 속에서 다윗은 하나님을 의지하는 법을 익혔다. 다윗은 최악의 위협적인 상황에서도 하나님이 자기를 보호하시고 그를 안전하게 이끄실 것을 알고 있었다. 시편 23:4에서 그는 이렇게 말한다. "내가 사망의 음침한 골짜기로 다닐지라도 해를 두려워하지 않을 것은 주께서 나와 함께하심이라. 주의 지팡이와 막대기가 나를 안위하시나이다." 죽음이 드리우고 어두움과 위험이 가득한 음침한 골짜기일지라도 하나님이 늘 함께하시기 때문에 다윗은 당당하고 자신감이 있었다. 다윗은 하나님의 인도에 대한 자신감을 하나님이 그에게 하신 말씀을 빌려 이렇게 표현했다. "내가 네 갈 길을 가르쳐 보이고 너를 주목하여 훈계하리로다"(시 32:8).

광야로 나가면 그의 아버지나 형들의 도움에서 멀어질 수밖에 없었지만 그는 결코 혼자가 아니었다. 초원에서 지루한 시간을 보내거나 사자나 곰을 만나 심장이 뛰는 위험한 순간에도 하나님은 다윗과 매 순간 함께 계셨다.

누군가 우리 집을 침입할 것이라는 두려움은 내가 대학을 졸업한 후 살게 된 첫 번째 집에서 최고조에 달했다. 나와 내 친구는 작은 이층집을 빌려서 살았는데, 나는 왠지 그곳이 안전하다는 느낌이 들지 않았다. 왜 그런 염려를 하게 되는지 이유를 밝혀 낼 수는 없었지만 그 집은 섬뜩한 느낌이 들었다. 어느 날 밤, 드디어 일이 터졌다. 나는 잠에서 깨어 누군가가 이층으로 올라오는 계단에 있는 것 같은 이상한 느낌에 사로잡혔다. 우리 침실이 있는 곳이었다. 나는 벌떡 몸을 세우고 앉아 미친 듯이 기도하기 시작했다. 내 몸은 얼어붙었고, 숨고 도망가고 대항해서 싸우겠다는 주도면밀한 계획은 두려움으로 인해 쓸모가 없어졌다. 열심히 기도를 하고 몇 분 후, 나는 갑자기 모든 것이 괜찮아졌다는 평안함을 느꼈다. 그러고 나서 내 침대 옆의 시계를 쳐다보고는 다시 누워 편안히 잠들었다.

다음날 아침, 친구는 간밤에 이상한 경험을 했다며 내게 말했다. 친구는 잠에서 깨어 누군가가 계단에 서 있다는 확신이 들었다고 했다. 친구가 깨어난 시각은 바로 내가 똑같은 느낌이 들어 잠에서 깼던 그 시각이었다. 참 으스스한 이야기다. 전에는 그 집에서 잠들기 어려운 정도였다면 그 사건 이후로는 거의 불가능하게 느껴졌다.

그 일이 있고 얼마 안 되어 시편을 읽게 되었는데, 한 구절이 마음에 다가왔다. "내가 평안히 눕고 자기도 하리니 나를 안전히 살게 하시는 이는 오직 여호와이시니이다"(시 4:8). 바로 내게 필요한 조언이었다. 나는 이 구절로 천에 수를 놓았고 내가 매일 밤 볼 수 있는 곳에 걸어 놓았다.

대부분의 주석가들은 다윗이 사울에게서 도망칠 때 시편 4편을 썼다고 믿는다. 사무엘에게서 사울의 뒤를 계승하는 왕으로 기름부음을 받은 다윗은 자기 왕국을 건설하려는 사울의 야욕에 불가항력적인 위협을 주는 대상이 되었다. 그래서 추격은 시작되었다. 사울과 그의 군대는 언덕과 골짜기, 이스라엘의 모든 산과 동굴과 계곡을 뒤져 다윗과 그의 추종자들을 추격했다. 아직 왕이 아니었던 다윗에게는 피할 만한 요새도 없었고 성곽도 없었다. 다윗과 무리들은 바위와 동굴을 피난처 삼아 밖에서 잠을 잤다. 밤에는 번갈아 보초를 섰고, 잔가지가 꺾이는 작은 소리에도 귀를 기울였으며, 근처 불빛이 보여 주는 신호에도 신경 써야 했다. 그들은 얼마나 무력한 느낌이 들었을까. 특히 이미 두 번이나 사울의 창을 피해 도망친 다윗은 더욱 그랬을 것이다.

이런 상황에서 다윗은 이런 글을 썼다. "내가 평안히 눕고 자기도 하리니 나를 안전히 살게 하시는 이는 오직 여호와이시니이다." 당시 내가 이 구절을 읽었을 때, 만약 다윗이 그토록 위험한 상황에서도 그를 안전하게 지켜 주신 하나님을 신뢰할 수 있었다면, 그 동일한 하나님이 잠겨 있는 문 안에서 따뜻한 침대에 누워 있는 나도 안전하게 지키실 것이라는 확신이 들었다. 자물쇠와 경비 시스템과 세상의 모든 개들이 다 짖는다 해도 나를 지키시는 하나님의 눈길보다는 안전하지 못할 것이다. 그분은 목동에서 왕이 된 다윗을 사자와 곰과 살인마 같은 왕들로부터 안전하게 지키신 바로 그 하나님이시다.

정당한 두려움

다섯 살 이후로 내게는 새아빠가 있었다. 그는 내가 소파에서 잠든 척하면 나를 안아다 내 침대에 눕혀 준 분이다. 내게 낚시하는 법을 가르쳐 주었고, 수동 변속 차량을 운전하는 법도 가르쳐 주었다(그때 남동생들은 뒷자리에 앉아 낄낄거렸다). 그는 어떤 주제든 항상 도움이 될 만한 조언을 해주었다.

그러나 모든 사람이 나처럼 운이 좋지는 않다. 재혼 가정에 대해 마쿼트는 이렇게 쓴 바 있다.

믿을 만한 70개 이상의 연구 결과에 따르면, 이혼한 부모를 둔 여자아이들의 3분의 1 내지 절반 정도가 어렸을 때 성희롱이나 성폭행을 당한 경험이 있다고 보고한다. 주로 엄마의 남자친구나 새아빠가 저지른 일이다. 또 다른 42개의 연구 결과는 "성적으로 학대당한 대다수의 어린이들은… 한 부모 가정이나 재혼 가정 출신인 것으로 나타났다"고 보고한다. 이 분야의 주요한 두 연구자들은 이런 결론을 내렸다. "의붓부모(stepparent)와 함께 사는 것이 현재까지는 심각한 아동 학대의 가장 강력한 예측 변수가 될 수 있다고 판명되었다."[7]

내가 취재를 했던 사람들 중에 몇 사람이 이 범주에 속한다. 그들은 주먹이 날아오지는 않을까, 밤중에 누군가 자기 침대를 찾아오지는 않을까 지속적으로 두려워하며 살았다. 그들의 어린 시절은 아주 실제적인 협박의 공포로 인해 멍들어 버렸다. 그들은 단지 남편을 그리워하는 어머니를 위로하기만 한 것이 아니었다. 그들은 자신의 멍든 눈을 만져 주는 어머니를 위로했고, 분노의 폭풍이 사라져 버린 것인지 아니면 아직도 표출되지 못한 격분이 남아 있는지 혼란스러워했다. 밤에는 자기를 보호하기 위해 이불을 푹 뒤집어썼다. 혼자서, 아무 상처도 입지 않고 잠이 드는 밤이 되기를 바라면서 말이다. 이런 이혼 가정의 자녀에게 두려움은 아주 고통스러운 현실로 각인되었다.

1990년대 초반, 에이미 그랜트(Amy Grant, 미국의 가수 겸 작가 - 역주)는 성폭행으로 고통을 당한 한 소녀에 대한 노래를 불렀다. 나는 다음과 같은 질문을 던진 가사에 마음이 사로잡혔다. "그 아이가 이런 수치를 견디고 있을 때 하나님은 어디에 계셨는가?" 이 질문에 쉽게 답할 수는 없다. 입에 담기조차 어려운 일을 우리가 겪을 때 하나님은 어디에 계시는가? 에이미 그랜트의 노래는 계속해서 이렇게 말한다. 하나님은 바로 그 자리에, 소녀의 부끄러움과 절망적인 공포 한가운데 소녀와 함께 계셨다고 말이다. 우리는 이미 하나님이 우리에게 관심을 가지시고 아주 강한 능력이 있으셔서 어떤 상황에서도 우리를 도우실 수 있다는 것을 배웠다. 그런데 왜 하나님은 이런 아이들을 돕지 않으셨는가? 왜 하나님은 아이들이 이런 학대와 끔찍한 일을 겪도록 내버려두셨는가?

욥기는 이런 질문에 대한 작고도 수수께끼 같은 힌트를 제공한다. 어떤 이들은 욥기가 가장 초반에 쓰인 성경이라고 하는데, 우리는 욥기에서 천국에서 열린 한 편의 드라마를 보게 된다. 사탄은 무죄한 사람을 괴롭히는 권리를 놓고 하나님과 흥정을 벌인다. 하나님은 사탄이 욥을 죽이는 것을 제외하고는 다른 거의 모든 것을 사탄의 손에 넘기신다. 사탄은 단번에 욥이 쌓아 놓은 재물을 쓸어 버린다. 그리고 즉시 욥의 모든 자식을 죽이고, 욥의 머리부터 발끝까지 부스럼이 나게 한다. 이런 일을 겪으면서 욥의 평판은 땅에 떨어지고, 그의 친구들과 이웃들은 하나님이 아무 이유 없이 이런 끔찍한 일이 일어나도록 하시겠냐고 수군거린다. 욥이 회개하지 않은 뭔가 대단한 죄를 저지르고는 숨기고 있다고 생각한다. 돕는 배우자의 귀감이 되었던 욥의 아내마저 욥에게 하나님을 저주하고 죽으라고 말한다!

그렇다면 욥의 소망은 어디에 있는가? 분명히 현재에는 없었다. 그는 고난을 겪으면서도 지금 닥친 상황 너머를 보았고 메시아를 고대했다. 욥은 말했다. "지금 나의 증인이 하늘에 계시고 나의 중보자가 높은 데 계시니라. 나의 친구는 나를 조롱하고 내 눈은 하나님을 향하여 눈물을 흘리니, 사람과 하나님 사이에와 인자와 그 이웃 사이에 중재하시기를 원하노니"(욥 16:19-21). 이 모든 일이 왜 일어났는지 욥은 알지 못했을 것이다. 그러나 욥은 하나님 앞에서 자기를 위해 간청을 하는 중보자, 대변자가 있다는 것을 알았다.

결과적으로 하나님은 욥에게 응답하시는데, 그 응답은 언뜻 보면 우리가 상상할 수 있는 가장 불만족스러운 대답 중의 하나였다. 우리는 하나님이 나타나셔서 이 모든 것을 이해시켜 주셨으면 좋겠다. 이 엉망진창인 상황에 대해 완벽하게 논리적인 설명을 해주셨으면 한다. 아무리 못해도 이 모든 경험을 통해 하나님이 가르쳐 주시려고 하는 훌륭한 영적인 진리가 무엇인지 욥에게 말씀해 주시길 바란다. 그러나 하나님은 그렇게 하시지 않는다.

그 대신 하나님은 욥에게 나타나셔서 하나님의 신적인 경륜을 내미신다. 하나님의 논리는 부모가 "내가 그렇게 말했기 때문이야"라고 하는 것과 같았다. 하나님은 핵심적으로 욥에게 이렇게 말씀하신다. "네가 이 광대한 우주를 만들고 몇 천 년 동안 완벽하게 굴러가도록 잘 유지할 수 있을 만큼 크고 지혜롭다면, 그때 내게 와서 질문하여라. 그때까지는 누가 창조주이고 누가 피조물인지 기억하도록 하자꾸나."

이것은 우리가 찾던 대답이 아니다. 그러나 궁극적으로는 이것이 우리의 이해 너머에 계시는 하나님에게서 듣는 유일한 대답이다. 어떻게 이 대답이 우리에게 위로가 될 수 있을까? 우리는 진실로 우리의 하나님이 이 땅에 존재하는 모든 것을 창조하셨고, 우리를 포함한 모든 창조물의 주권자이시며, 어떤 사소한 일들 중 하나라도 그분의 관심 밖으로 도망가거나 그분의 계획을 방해할 수 없다는 것을 알기 때문이다. 우리 가족, 우리가 안전해야만 하는 집안에서 극비리에 일어나는 끔찍한 일들을 하나님께는 숨길 수 없고 비밀에 부칠 수도 없을 것이다. 바울은 이렇게 말한다. 어느 날 하나님이 우리를 심판하시고, "어둠에 감추인 것들을 드러내"실 것이다(고전 4:5).

예수님은 사람들에게 상황이 어렵고 그들의 생명이 위협을 받을 때조차 하나님의 섭리를 신뢰해야 한다고 말씀하셨다. 예수님은 이렇게 말씀하셨다. "몸은 죽여도 영혼은 능히 죽이지 못하는 자들을 두려워하지 말고 오직 몸과 영혼을 능히 지옥에 멸하실 수 있는 이를 두려워하라. 참새 두 마리가 한 앗사리온에 팔리지 않느냐? 그러나 너희 아버지께서 허락하지 아니하시면 그 하나도 땅에 떨어지지 아니하리라"(마 10:28-29).

하나님이 모든 것을 주관하신다는 것을 아는 지식은 평화를 가져온다. 나는 내 세상을 정리 정돈할 책임이 없다. 동시에 나를 둘러싼 것들 중에 하나님이 완전히 알고 계시지 않거나 하나님이 허락하시지 않고 정하시지 않은 것들은 없기 때문에 나에게 어떤 영향력도 행사할 수 없다.

예수님도 이 사실을 아셨다. 로마 군인에게 붙잡혀 누구인지 거의 알아볼 수 없을 정도로 피를 흘리고 난도질을 당하셨지만, 예수님은 본디오 빌라도 앞에 의연하게 서 계셨다. 예수님에게 죄가 없다고 확신했고 실제로 그가 하나님일지도 모른다고 두려워했던 빌라도는 예수님이 스스로를 변호하도록, 정죄하지 못할 어떤 이유를 대도록 애를 썼다. 빌라도는 절박하게 예수님께 물었다. "내가 너를 놓을 권한도 있고 십자가에 못박을 권한도 있는 줄 알지 못하느냐?"(요 19:10).

예수님은 담대하게 대답하셨다. "위에서 주지 아니하셨더라면 나를 해할 권한이 없었으리니"(요 19:11). 사람의 손으로 예수님께 자행했던 모든 잔인함은 우리를 구원하고 치유하시기 위한 하나님의 계획의 일부였다. 예수님이 하나님의 사랑과 주권적인 목적을 확실히 아셨기 때문에, 예수님은 그 끔찍한 날의 공포와 고난을 당당히 마주할 수 있었다.

하나님 안에서 지닌 예수님의 자신감은, 자칫 공포스런 경험이 될 수도 있었을 시간 동안 예수님에게 평화와 안도감을 주었다. 우리도 그와 같은 고요한 확신 가운데 살 수 있다. 빌립보서 4:7에 바울이 쓴 것처럼, "모든 지각에 뛰어난 하나님의 평강이 그리스도 예수 안에서 너희 마음과 생각을 지키시리라."

이 평강은 우리의 외부 환경에 좌우되지 않는다. 이것은 외부 환경에 상관없이 가질 수 있는 평화다. 린은 지금 삶에서 그 평화를 누리고 있다. 린은 학대를 당하거나 두려움에 떨며 살지는 않았지만, 부모님의 이혼 후 몇 년 동안 분노와 비통함에 빠져 있었다. 이 분노와 비통함은 린 스스로 엄마가 되고 나서 어떻게 자기 어머니가 가족을 버릴 수 있었는지 깊이 생각해 보기 시작했을 때 실체를 드러냈다. 어머니를 향한 분노는 린이 스스로 엄마가 되는 기쁨에 그늘을 드리웠고 린의 평화를 앗아갔다.

하나님이 예수님의 죽음을 통해 구원을 베푸셔서 자신에게 평화를 가져다주신 것을 깨닫고 나서야 린은 자신의 분노를 풀어내기 시작했다. 린은 그리스도인이 된 지 꽤 오래되었지만, 그녀는 하나님이 영적으로 구원하신 은혜와 부모님의 이혼을 다루기 위해 필요한 은혜를 연결시켜 생각해 본 적이 없었다. 서서히 린은 하나님이 자신의 상황을 주관하신다는 것을 깨닫게 되었다. 린은 자신을 향한 하나님의 사랑에 더욱 초점을 맞추게 되자 어머니를 향한 분노에 덜 집중하게 되었다. 그녀는 말한다. "내가 예수님 안에서 하나님의 딸이라는 정체성을 점점 더 깨달을수록, 이혼 가정의 자녀라는 정체성이 점점 더 작아지기 시작했다. 이 지점에서부터 내게 치유가 일어났고 현재도 치유가 계속되는 중이다."

린의 상황이 급진적으로 바뀌지는 않았지만, 하나님은 이 모든 상황 속에서 린에게 평화를 주셨다. 하나님의 평화는 종종 이런 식으로 역사한다. 논리를 뛰어넘고, 우리가 가장 스트레스를 받을 때 우리를 보호하고 감싼다. 하나님은 우리, 이혼 가정의 자녀에게 이러한 평화를 약속하셨다.

6장

모든 것을
새롭게
하시고

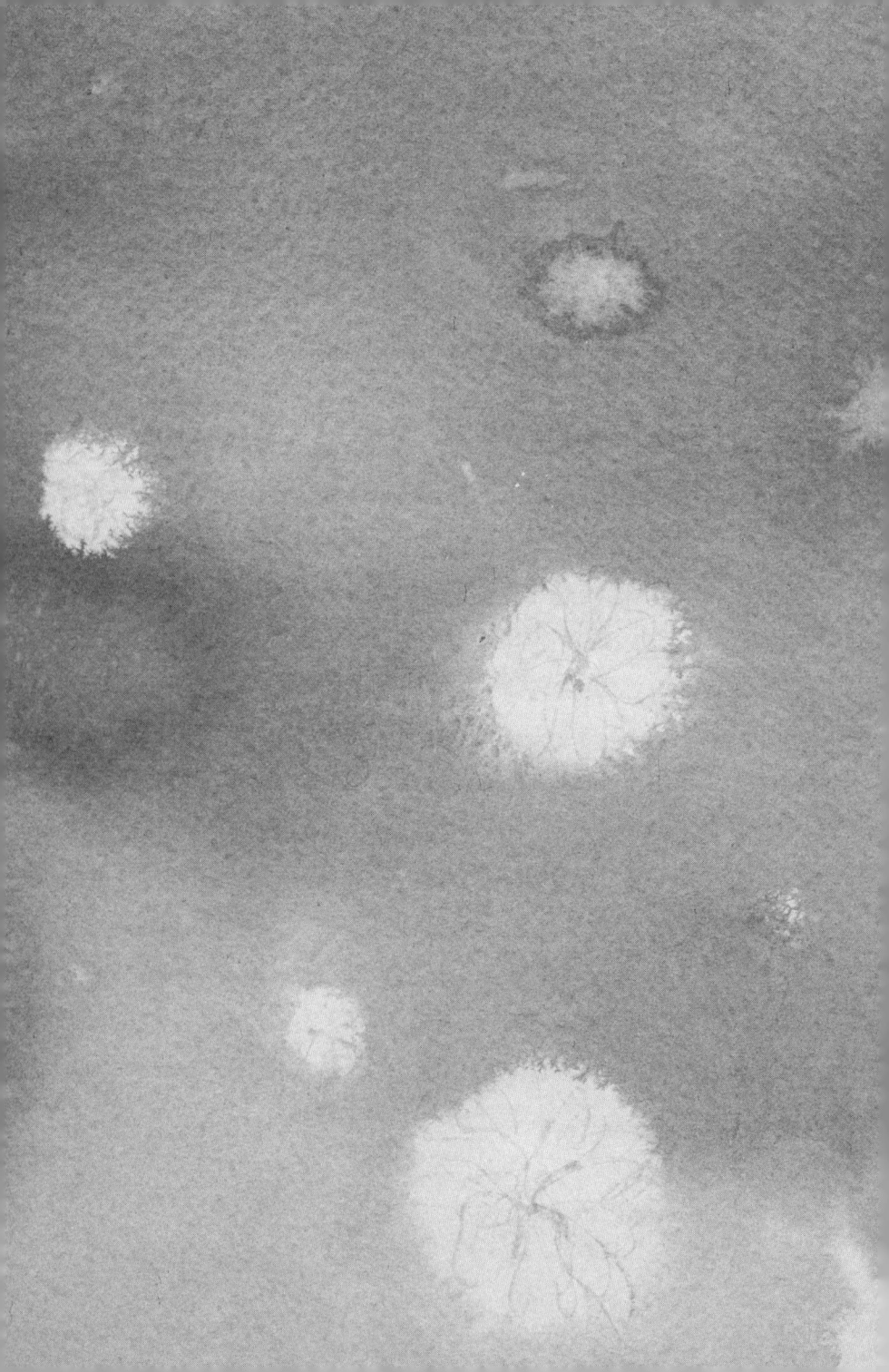

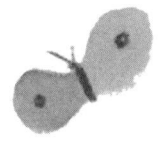

자라면서 나는 나의 친아빠를 숭배했다. 아마 1년에 겨우 몇 주만 아빠를 볼 수 있었기 때문에 그렇게 되었던 것 같다. 그렇지만 실제로도 아빠를 좋아할 이유는 많았다. 아빠는 외모가 준수한 데다 매력적이고 재치도 있었다. 우스운 것도 좋아하고 예술적 감각도 뛰어났으며 세련된 지적 소양을 갖춘 지도 오래되었다. 내가 어렸을 때 아빠는 다양한 각도로 내 사진을 찍곤 했다. 어떤 사진을 보면 나는 마치 "보그"(Vogue)지의 모델처럼 포즈를 취하고 있다. 아빠는 사진기를 내게 건네주어 내가 아빠 모습을 찍게 하고는 과장된 포즈를 연출하기도 했다. 아빠는 내게 처음으로 녹음기를 사 주면서 내 생각을 녹음하거나 다른 사람들을 취재해 보라고 격려하기도 했다. 그리고 아빠가 나의 첫 인터뷰 상대가 되어 주었다. 나는 지금도 가끔 당시에 녹음했던 테이프를 듣는데, 아주 진지한 내 질문에 아빠가 의도적으로 우습게 답변하는 것을 들으면서 낄낄거리곤 한다.

사춘기에 접어들면서 나는 아빠가 완벽하지 않다는 것을 알게 되었다. 한 가지만 예를 들자면, 아빠는 게으른 사람이었고 지각대장이었다. 한번은 로스엔젤레스 공항에서 늦지 않게 탑승구에 도착하려고 전속력으로 질주했던 기억이 난다. 아빠는 내 가방이 보안 검색대를 통과하기를 기다렸다가 내 뒤를 좇았다. 결국 무사히 탑승은 했지만, 정말 간신히 도착했다. 또한 아빠는 진짜 실용적인 사람이 못되었다. 언젠가 아빠와 해변에서 즐거운 시간을 보냈는데, 결국 우리 둘다 선풍기 앞에서 끙끙대야만 하는 신세가 되었다. 아빠가 선크림을 가져오지 않았고 나 역시 너무 어려서 그런 것을 생각하지 못했기 때문에 우리 피부는 막 삶겨 나온 가재처럼 빨갛게 익고 말았다.

혹시라도 자기 아빠가 구름 위를 걸어 다닌다고 생각하는 소녀가 있다면 그건 바로 나였다. 그런 뒤 아빠는 구름 속으로 사라졌고, 나는 8년이라는 긴 세월 동안 아빠를 보지 못했다. 마침내 아빠를 다시 만났을 때, 아빠는 자기를 아빠라는 호칭 대신 빌(Bill)이라고 부르게 했다. 그 8년 후 아빠를 처음 만나게 되었을 때 우리 사이에 우뚝 선 담들이 서서히 무너져 내리기 시작했다. 어색한 순간도 있었고 혼란스러운 대화도 오갔다. 우리 관계에 있던 무언가가 산산조각이 나 버렸지만 우리는 단편적인 기억의 파편들을 모아 천천히 붙여 갔다. 그래도 여전히 뾰족뾰족한 모서리와 잃어버린 조각들이 많이 남아 있었다.

우리가 아빠와 딸의 관계를 다시 세워 가기 시작하면서 나는 내가 항상 더 많은 것을 원한다는 걸 알게 되었다. 아빠와의 모든 상호

작용은 늘 나를 실망시켰다. 마치 목이 너무 말라 물 한 병을 통째로 들이마셔서 갈증을 채우고 싶은데, 물 한 모금 겨우 얻어 마신 듯한 느낌이었다. 그 후 나는 케빈 리먼(Kevin Leman) 박사의 「남자를 말한다」(Making Sense of the Men in Your Life, 동방미디어 역간)를 읽으면서, 내가 우리 아빠로서는 도저히 도달할 수 없는 아빠에 대한 기대에 매여 있다는 사실을 깨달았다. 나는 아빠가 "올해의 아버지"로 선정될 만큼 모범적인 아빠가 되기를 바랐고, 드라마에나 등장하는 전형적인 좋은 아빠로 바뀌기를 기대했다. 내가 한때 출석했던 교회 목사님은 이런 말씀을 곧잘 하셨다. "현실과 희망사항의 간극에는 항상 실망이 존재한다." 그분의 말이 맞다. 리먼은 그것을 이런 식으로 표현한다. "언제나 무언가를 잃어버린 것 같으면서도 그것이 무엇인지 정확히 알 수 없는 그런 느낌을 당신은 잘 안다. 흠, 바로 이런 것이다. 당신이 늘 함께해 온 아빠와 당신이 항상 바라 왔던 아빠 사이에 충돌이 생기는 것이다."[1]

이 구절들을 읽으면서 나는 일종의 돌파구를 찾아냈다. 나는 아빠가 그동안 내가 바란 슈퍼스타가 결코 아니란 것을 깨달았다. 그는 영화에 나오는 무서운 괴물도 아니고 드라마에나 나올 법한 주인공도 아니었다. 그제야 나는 왜 내가 원하는 아빠가 되어 주지 않느냐고 아빠에게 책임을 따져 묻지 않기로 했다. 그저 아빠가 내 아빠라는 사실에 감사하고 즐거워하기 시작했다. 아마 아빠는 앞으로도 나와 내 인생에 대해 깊은 대화를 나누지 않을 것이고, 남자에 대해 아빠로서 충고를 하거나 내 차가 문제없이 잘 굴러가는지 묻지도 않을 것이다. 그렇다 해도 여전히 아빠는 나를 웃게 만들고 내 재능을 인정해 주는 매력적이고 재치 있는 분이다.

그런데 내게는 새아빠가 있다. 우리는 같은 유전자를 공유하지는 않았지만 함께 나눈 추억이 있고 역사가 있다. 그리고 그는 언제나 나와 거대담론의 대화를 즐겼고 아빠로서의 조언을 하거나 내 차가 잘 작동되는지 관심을 기울였다. 내 삶에 그의 존재는 위로요 축복이었다.

내가 이 책을 쓰는 동안 이야기를 나눈 사람들 중에는 자기 친아버지가 그랬듯이 새아버지 역시 떠나 버린 사람들도 있었다. 또 어떤 어머니들은 집을 떠나 다시는 돌아오지 않았다.

데릭의 어머니는 이혼을 한 뒤 재혼을 했다. 그러나 데릭은 친아버지나 새아버지 모두와 친밀한 관계를 맺지 못했다. 30대 초반이 되어 결혼에 대해 생각하기 시작하자 데릭은 두려움에 사로잡혔다. 도대체 남편이 어떠해야 하는지에 대한 좋은 모델을 본 적이 없는 것 같았다. 데릭은 자신의 두려움을 인식하고 무언가 해야겠다고 마음먹었다. 그는 자기가 존경하는 그리스도인 가정과 함께 시간을 보내기 시작했다. 데릭이 결혼에 대해 두려움이 생기거나 어떻게 하면 좋은 남편이자 아빠가 될 수 있을지 의문이 생길 때, 그는 자신의 멘토와 긴 대화를 나누었다. 그러나 대부분 그는 멘토를 관찰하며 시간을 보냈다.

데릭은 작가 도널드 밀러(Donald Miller)가 우연히 했던 일을 의도적으로 따라 했다. 밀러는 자신의 멘토였던 존 맥머리(John MacMurray, 캐나다 음악가, 트럼펫 연주자 – 역주)를 찾아가지 않았다. 오히려 그 반대였다. 맥머리 부부가 밀러에게 자기네 아파트에서 함께 살지 않겠느냐고 초청했다. 비록 밀러가 거룩한 남성상을 찾고 있었던 것은 아니지만, 그는 가장 가까이에서 그 모델을 볼 수 있었다. 이때의 경험을 회상하며 그는 이렇게 썼다. "내 생애 최초로 나는 아버지라는 존재가 무엇인지, 아버지가 아이들에게 무엇을 가르쳐야 하는지, 남편이 집안에서 무엇을 해야 하는지 보았고, 한 남자가 자기를 둘러싼 세상과 상호작용하는 법과 여성이 하는 것과 마찬가지로 남성이 가족을 하나로 묶는 법을 보게 되었다."[2)]

단지 우리가 세상이 말하는 것처럼 결손가정에서 자랐다는 이유로 남은 평생을 깨어진 채로 지내야 하는 것은 아니다. 우리 삶에 깨어지고 부서진 구석이 많은 것은 사실이다. 때로는 날카로운 파편들이 여전히 널브러져 있어서 예기치 못한 순간에 우리를 찌르려고 기다리고 있다. 그렇지만 우리가 이런 엉망진창인 파멸의 상태로 계속 살아야 할 필요는 없다. 핵폭탄이 우리 가정에 떨어졌으나, 새로운 생명의 싹이 검게 타 버린 잔해에서 서서히 돋아날 수 있다.

메뚜기
마름병

구약성경의 요엘 선지자가 쓴 요엘서 1장은 완전한 황폐함이 무엇인

지 알려 준다. "팥중이가 남긴 것을 메뚜기가 먹고 메뚜기가 남긴 것을 느치가 먹고 느치가 남긴 것을 황충이 먹었도다"(욜 1:4).

이 사건은 평범한 일이 아니었다. 팥중이 위에는 메뚜기, 그 위에는 느치, 또 그 위에는 황충이 있었다(모두 메뚜기과에 속하는 서로 다른 곤충들이다-역주). 이 곤충 역병이 모세의 재앙에서는 단 한 종(種)의 벌레가 일으킨 것처럼 나온다.

미국의 아동소설가인 로라 잉걸스 와일더(Laura Ingalls Wilder)가 쓴 초원의 집 시리즈 중 「플럼 시냇가」(*On the Banks of Plum Creek*, 비룡소 역간)에 보면, 19세기 미네소타 지방에서 메뚜기 떼가 태양을 가려 2년 동안의 밀농사를 망쳐 버린 실화가 등장한다. 5년이 넘는 기간 동안 메뚜기들은 45만 톤이 넘는 밀을 먹어 치웠고, 38만 톤 이상의 옥수수와 귀리를 망쳐 놓았다.[3] 와일더는 자신의 경험을 바탕으로 이렇게 썼다. "커다란 갈색 메뚜기들이 그녀 주변 바닥을 훑고 지나갔고 그녀의 머리와 얼굴, 팔에 부딪혔다. 그것들은 마치 우박처럼 떨어졌다. 구름이 메뚜기를 비 오듯 쏟아부었는데 그 구름은 바로 **메뚜기 떼였다**. 그것들은 해를 가려 어두움을 몰고 왔다. 얇고 큰 날개는 빛을 반사하여 반짝거렸다. 귀에 거슬리는 그들의 날갯짓 소리는 온 하늘에 가득했고, 우박이 떨어지는 소리를 내면서 집과 땅에 부딪혔다."[4] 이런 일이 끝나기도 전에 그들의 돈줄이 되었던 밀과 귀리는 그해에 완전히 망가졌고, 채소가 심긴 정원도 사라졌으며, 젖소들이 먹을 풀도 남아나지 않았다고 썼다.

웨스트민스터 신학교의 레이몬드 딜라드(Raymond Dillard) 교수는 요엘서에 나오는 이 문단을 설명하면서 오늘날에도 커다란 메뚜기 떼가 어떤 지역을 황폐하게 만들기도 한다고 적고 있다. 한번 농작물이 망가지면 먹을 것도 귀해지고, 굶주린 사람들의 면역력이 감소해서 질병에 더 쉽게 노출된다. 먹을 것이 귀해지면 여분이 없으므로 타격을 입은 지역에서는 장사를 할 수도 없게 되어 가격은 오르고 경제 상황도 악화된다. 일단 메뚜기들이 죽으면 사체(死體)들이 티푸스 같은 전염병의 원인이 된다. 딜라드는 그 곤충 떼가 "심지어 바다에서 1,200마일이나 떨어진 곳에서 발견되기도 한다. 매우 큰 규모로 확장되기도 하는데, 1889년에 홍해를 가로지르는 한 곤충 떼는 2,000제곱마일이 넘는 대규모였다. 한 무리의 곤충 떼는 1마일에 최대 1억 2천 마리까지 포함하는 것으로 측정된다"고 말했다.[5] 메뚜기 떼의 크기가 어림잡아 델라웨어 주의 크기와 맞먹는다고 상상해 보라! 게걸스럽게 먹어 치우는 이 많은 곤충들 때문에 단 한 주먹의 초목도 남아나지 않았다. 사실 햄프턴 키슬리(Hampton Keathley)가 지적한 것처럼, 요엘 선지자가 이야기하는 메뚜기들은 이스라엘 백성이 하나님께 제물로 드리는 곡식까지도 먹어 치웠다. 그것은 "그들이 희생제사도 멈추어야 했고 하나님과의 관계도 매우 나빠졌다"는 의미였다.[6] 다른 말로 하자면 선지자 요엘의 설명은 매우 중요한 모든 것이 엉망이 되어 버렸다는 것을 뜻한다.

가족을 잃는 것은 우리에게 이와 비슷한 느낌을 주기도 한다. 버림

받아 완전히 황폐해진 상태 말이다. 우리는 발가벗겨지고 아무짝에도 쓸모없는 밀밭이 되어 버린 느낌이 든다. 우리가 알던 가족이 떠나고, 뿔뿔이 흩어지고, 사라져 버렸다. 가족이 떠난 것뿐만이 아니다. 우리 중 많은 사람에게 이혼이란 우리가 자란 집과 이웃, 친구와 학교를 떠난다는 의미였다. 또 우리 중 어떤 이들은 이혼으로 인해 심지어 자신의 교회조차 잃기도 했다. 왜냐하면 다른 사람들이 우리 가족에게 기대했던 이미지에 들어맞지 않았기 때문일 수도 있고, 우리의 영적인 상태를 염려하던 사람들이 우리를 비난한다고 느꼈거나 심지어는 비난하는 소리를 들었기 때문이다. 요엘의 비유를 사용하자면, 풀무치들이 와서 우리 가족을 갉아먹은 셈이다. 그리고 다른 메뚜기들은 친구들과의 우정과 어린 시절에 살던 집을 먹어 버렸다. 또 많은 황충들이 우리 교회까지 삼켜 버렸다.

그러나 요엘서에는 더 많은 이야기가 나온다. 계속 읽어 내려가 보자. 요엘이 단 한 장만 기록한 것은 아니다. 백성들은 파괴되고 굶주리고 절망했지만, 하나님은 자기 백성을 그런 상태로 내버려두지 않으셨다.

2장에서, 하나님은 이런 약속을 해주신다.

내가 전에 너희에게 보낸 큰 군대
곧 메뚜기와 느치와 황충과 팥중이가 먹은 햇수대로
너희에게 갚아 주리니

너희는 먹되 풍족히 먹고
너희에게 놀라운 일을 행하신 너희 하나님 여호와의 이름을
찬송할 것이라.
내 백성이 영원히 수치를 당하지 아니하리로다.(욜 2:25-26)

얼마나 멋진 약속인가! 하나님은 우리가 메뚜기 떼가 지나간 황량한 땅에 남아 있는 것으로 근근이 생계를 유지할 것이라고 약속하시지 않는다. 우리가 풍족히 먹고 배부를 것이라고 말씀하신다. 마치 주일학교 아이들이 "예수님은 나를 데리고 잔칫집에 들어갔어요"라고 찬양하는 것과 같다. 잔칫집 식탁에는 먹을 것이 넘쳐난다. 우리가 도저히 다 먹지도 못할 정도다. 하나님은 우리를 그 식탁에 초대하셔서 우리가 배가 불러 더 이상 먹을 수 없을 정도로 마음껏 먹으라고 하신다. 하나님은 축복에 인색하신 분이 아니다. 하나님은 그 잃어버린 세월을 온전히 회복시켜 주시고, 우리가 온전히 만족할 수 있는 곳으로 데려다 주시겠다고 약속하신다. 이것이 바로 답답해 보이는 상황 속에서 우리가 붙들 수 있는 소망이요 생명줄이다.

당신의 삶에서는 그런 회복이 어떻게 나타날지, 혹은 언제 일어날지 나로서는 알 수가 없다. 우리 중 어떤 이들은 부모님과 형제들과의 깨어진 관계가 개선되어 좀더 결속력이 강하고 깊은 새로운 관계로 나아가게 될 것이다. 또 다른 사람들은 사랑하는 가정을 이루어 훌륭한 결혼 생활을 누림으로써 말로 다할 수 없는 큰 기쁨을 얻을

것이다. 그러나 어떤 사람들은 천국에 갈 때까지 기다려야 할지도 모른다. 그곳은 모든 어그러진 것이 바로 세워지고, 모든 상처가 치유되며, 모든 눈물을 닦아 주는 곳이다.

나와 이야기를 나눈 어떤 사람은 그의 부모의 이혼 선언이 자신에게는 9. 11 테러가 일어난 것과도 같았다고 표현했다. "우리는 안전한 집에 앉아서 텔레비전을 보고 있었어요. 무슨 이상한 징조도 없었지요. 그런데 갑자기 쾅! 하는 소리가 들렸어요. 텔레비전에서 뒤돌아서서는 잠시 생각해 봅니다. '난 지금 이걸 본 게 아니야. 이건 실제 일어난 일이 아닐 거야.' 그러나 뒤돌아서서는 그 장면을 몇 번이고 반복해서 바라봅니다." 그는 아직도 자기 삶에 회복이 일어나길 기다리는 중이다. 그는 하나님이 메뚜기 떼가 훑고 지나간 황폐한 상황으로부터 잔치 자리에 데려가 주시기를 기대하고 있다. 그러나 그는 하나님이 자기가 하는 도시 청소년 사역을 통해 불성실과 거짓의 벽을 허무는 지속적이고 무조건적인 사랑의 힘을 그에게 가르쳐 주셨다는 사실을 잘 알고 있다. 그는 이 원칙을 자기 아버지와의 관계에도 적용하려고 애쓴다. 언젠가는 아버지가 가족을 버리게 된 진짜 사연을 그에게 털어놓게 되리라고 기대한다.

이 사람처럼, 그리고 이 책을 위해 내가 취재했던 대부분의 사람들처럼, 나 역시 아직도 치유되는 중이고 그런 가운데 불모의 땅을 뚫고 나온 작은 새싹을 바라보고 있다. 여전히 아빠와 완벽한 관계를 맺지는 못하지만 가끔 통화를 한다. 그때마다 조금씩 덜 어색해지고 덜 긴장하게 된다. 쉽지 않았고 이것이 금세 이루어지지는 않았지만 메뚜기 떼에게 마지막 한 마디를 빼앗기지는 않을 것이다!

우리가 아직도 메뚜기 떼가 지나간 들판에 서 있다면, 우리는 하나님이 우리가 어디에 있는지 아신다는 것을 기억해야 한다. 하나님이나 그분의 사자(使者)를 만난 성경의 위대한 인물들을 생각해 보라. 자기 장막에서 천사들을 영접한 아브라함(창 18장), 하나님의 사자들이 오르락내리락하는 사다리를 본 야곱(창 28:10-22), 불타는 가시덤불에서 하나님을 본 모세(출 3장), 가브리엘의 방문으로 기도 응답을 받은 다니엘(단 9장), 가브리엘 천사로부터 특별한 메시지를 전해 받은 마리아(눅 1:26-38) 등을 말이다. 우리가 읽은 본문 중 어느 단락에서도 천사가 길을 잃거나 묻지 않았다. 하나님은 모세가 길을 가다가 우연히 발견하기를 기대하며 그냥 아무 산이나 골라 열 개의 덤불을 태우신 것이 아니었다. 어떤 천사도 "아, 당신이 여기 있었군요. 당신을 찾으러 이곳저곳을 다 돌아다녔습니다!"라고 말하지 않는다. 다니엘에게 하나님의 말씀을 전하러 오는 길에 멈춰서 전쟁을 해야 했던 가브리엘조차도 다니엘을 어디에서 찾을 수 있는지 정확히 알고 있었다. 하나님은 우리가 어디에 있는지 확실하게 아신다. 지리학적으로, 영적으로, 정서적으로 그곳을 알고 계신다. 메뚜기 떼가 삼켜 버린 당신의 벌거벗은 마음도 하나님께는 놀라울 것이 없고 어떤 것도 하나님의 관심 밖으로 벗어날 수 없다.

오래된 흑인영가 중에 이런 구절이 나온다. "어느 누구도 내가 겪은 어려움을 알지 못한다." 어떤 사람들은 사실 아무도 자신의 깊은 어려움을 모른다는 것을 다행으로 여긴다. 우리는 벌거벗은 우리 영혼의 고뇌를 다른 사람들에게 내보이는 것을 좋아하지 않는다. 여러 그리스도인 모임에서 얼굴에 미소를 띠고 아무 문제도 없는 척 살아가는 것은 아주 유혹적일 수 있다. 그러나 이렇게 하는 것이야말로 천박한 기독 신앙이요 진리를 덮어 버리는 것이다. 만약 교회에서 멋지게 옷을 차려입은 유명한 사람들의 삶을 들여다본다면, 그들에게도 우리처럼 깊은 상처와 흉터가 있다는 것을 알 수 있을 것이다. 삶은 그런 것이다. 그렇다고 슬픔이 늘 그렇게 나쁜 것만은 아니다. 나는 깊은 슬픔 없이는 마음 깊은 곳으로부터 우러나오는 기쁨과 평화도 가능하지 않다고 믿는다.

밧줄을 시험하기

나는 몇 년 전에 여성들이 모이는 야외활동 동호회에 참여했다. 여성들을 위한 수업에서 새로운 기술을 배울 수 있는 기회라 무척 흥미로웠다. 내가 가장 좋아한 활동은 바다에서 카약(kayak)을 타는 경기였다. 우리는 남자들이 하는 것처럼 힘을 쏟아붓지 않으면서도 노를 저어 앞으로 나아가는 법을 배웠다. 남자들의 우람한 상체의 힘보다 여자들의 하체에 쏠려 있는 무게중심이 카약을 안정적으로 정박시키기 좋다는 것도 알게 되었다. 심지어 나는 하루 일정으로 열린 암벽 타기 수업에도 참석하였다. 그 수업은 고소공포증이 있던 나에게는 정말로 만만찮은 수업이었다.

이미 다른 많은 수업에 참여했던 나는 그곳의 교관들이 최고 수준이라는 것을 알고 있었다. 그러나 여전히 12미터가 넘는 암벽을 기어오르려니 손에는 땀이 나고 다리가 후들거렸다. 교관들은 잘 준비된 사람들이었다. 교관들이 각 사람에게 시킨 첫 번째 작업은 마음의 준비를 하고, 안전벨트를 몸에 꽉 조인 후 약 3미터쯤 올라가는 것이었다. 그런 다음 교관들은 손을 놓으라고 했다. 이렇게 해서 안전벨트를 점검하고 밧줄이 몸에 꽉 조이는지, 밑에서 사람이 밧줄을 잘 잡고 있는지 시험한다. 또 우리가 떨어질 경우 어떻게 해야 하는지도 가르쳐 주었다. 그럴 경우 손과 발을 뻣뻣하게 움츠리지 말고, 마치 스파이더맨 자세처럼 큰 대(大)자로 뻗어야 한다는 것도 알게 되었다. 그래야 절벽 단면에 얼굴이 가장 먼저 닿는 것을 방지할 수 있기 때문이다. 우리가 할 일은 떨어지는 것이었다. 공포 속에서도 괜찮다는 것을 배우는 일이었다. 우리가 살아남으리라는 사실, 밧줄이 우리를 잡고 있고 밑에 있는 사람이 절대로 우리가 땅에 떨어지지 않도록 할 것임을 우리는 배워야 했다.

일단 떨어지는 연습을 잘 마치고 나니 우리는 편안해졌다. 우리 손끝이 닿을락 말락 한 작은 암벽 턱에 도달하거나, 겨우 발끝을 디딜 만한 홈을 찾아 몸을 늘어뜨려 일단 그곳에 닿기만 하면, 그다음에 우리가 가고 싶은 곳으로 옮겨 갈 수 있었다. 손잡이를 놓치거나 손가락과 발가락만으로는 똑바로 지탱할 수 없다면 우리는 떨어질지도 모른다. 그러나 그래 봤자 짧은 거리다. 그러면 우리는 곧바로 다시 기어오르면 된다. 두려움과 통제력을 완전히 상실하는 경험을 하고, 결국 모든 것이 괜찮아진다는 사실을 발견하는 것이 절대적인 자신감으로 암벽을 오를 수 있는 유일한 방법이었다.

바로 이것이 우리가 하나님께 갖고 있는 확신이다. 손잡이를 놓쳐 미친 듯이 빙빙 돌며 떨어지는 시기도 있을 것이다. 그러나 우리는 장비도 없이 산을 오르는 그런 미친 사람들이 아니다. 우리는 한쪽 끝에서 우리를 꽉 잡고 계시는 하나님의 밧줄에 안전하게 매여 있다. 우리가 추락할 때는, 발을 땅에 단단히 박고 강한 팔에 힘을 주어 줄을 풀고 조이기를 반복하신다. 첫 번째 시험 등반에서 3미터 가량 올라갔을 때 내가 그랬던 것처럼 우리는 그냥 손을 놓고 밧줄을 시험해 볼 수 있다. 하나님은 절대로 우리를 바닥에 떨어지게 내버려두시지 않는다.

호레이쇼 스패포드(Horatio Spafford)는 그 유명한 찬송인 "내 평생에 가는 길"의 가사를 썼다. "내 평생에 가는 길 순탄하여 늘 잔잔한 강 같든지"라는 가사는 얼마나 큰 확신과 힘을 주는 구절인가. 그러나 다음 구절은 우리의 현실을 이야기한다. "큰 풍파로 무섭고 어렵든지."

스패포드 부부는 외아들을 잃는 슬픔을 겪었고 1871년의 시카고 대화재로 경제적으로도 파산할 지경에 이르렀다. 그는 부자였지만 거의 모든 재산이 부동산이었다. 그래서 문자 그대로 자기 재산이 재가 되어 날아가는 것을 지켜보아야 했다. 이 두 가지 비극을 겪은 가족은 제정신을 차릴 수가 없었고, 스패포드는 자기 가족에게 쉼이 필요하다는 결론을 내렸다. 그래서 아내와 네 딸들을 원양 여객선에 태워 유럽으로 보냈다. 아직 처리할 일이 남았던 스패포드도 곧 그들과 합류할 예정이었다. 그러나 가족이 바다를 여행하는 동안 비극은 또다시 그들을 덮쳤다. 스패포드 가족을 태운 배가 다른 배와 충돌한 것이다. 스태포드는 아내로부터 비통한 전보를 받았다. "혼자 살아남았음." 네 명의 딸 모두가 2백여 명의 다른 승객들과 함께 사망한 것이다.

스패포드는 영국으로 가는 배에 올랐다. 그곳에 아내가 기다리고 있었다. 욥처럼 그 역시 자신의 평판에 또 다른 타격을 입게 되었다. 친구들과 자기를 모르는 다른 사람들마저도 그가 하나님에게 무슨 죄를 지었기에 이렇게 많은 것을 잃게 되었는지 수군거렸다. 그러나 배의 선장이 스태포드를 불러 충돌이 일어난 곳이라고 추정되는 지점에 와 있다는 이야기를 들려주었을 때, 스태포드의 마음은 절망이 아닌 소망으로 가득 찼다. 그는 "내 영혼, 내 영혼 평안해"라고 적었다. 이 슬픈 사건이 일어난 지 5년 후에 태어난 그의 딸 버써는 후에 이렇게 기록했다. "아버지가 그토록 비통한 시간에 그런 글을 적을 수 있었던 것은 그가 무섭게 싸워 승리를 이루어 냈기 때문이다."[7]

만약 하나님의 밧줄이 얼마나 강한지 시험해 본 사람이 있다면 그건 바로 스패포드였을 것이다. 비틀거리고 빙빙 돌며 무기력하게 추락하면서도, 그는 자기가 하나님께 붙들려 있고 결국 안전하게 꽁꽁 묶여 있다는 것을 발견했다. 매우 험난한 싸움이었지만, 그는 결국 승리를 쟁취했다.

전도서는 우리에게 "울 때가 있고 웃을 때가 있으며…슬퍼할 때가 있고 춤출 때"가 있음을 상기시킨다(전 3:1, 4). 스패포드가 발견한 것처럼, 기쁨과 평안은 종종 어려움과 슬픔 뒤에 따라 나온다.

이 책의 첫 장에서 우리는 하나님이 우리의 가장 깊은 슬픔을 살피신다는 것을 아는 지식에서 나오는 기쁨에 대해 살펴보았다. 다윗은 시편 31:7에서 "내가 주의 인자하심을 기뻐하며 즐거워할 것은 주께서 나의 고난을 보시고 환난 중에 있는 내 영혼을 아셨으며"라고 말한다. 다윗은 계속해서 하나님의 자비로운 공급하심과 놀라운 사랑, 피난처가 되어 주심과 위대한 선을 행하심을 이야기한다. 그는 이런 고백으로 그 장을 마무리한다. "여호와를 바라는 너희들아, 강하고 담대하라"(24절). 우리의 슬픔을 하나님이 아시므로 우리는 기뻐할 이유가 있다. 왜냐하면 그분은 창조주 하나님이시고, 메뚜기 떼가 휩쓸고 간 세월을 다시 회복시켜 주실 테니까.

마른 뼈에 다시 생기가 돌다

회복시키시는 하나님의 능력이 미치지 못하는 슬픔과 비참함이란 없다. 주님은 약간은 별스러운 선지자를 통해 이러한 사실을 강력하게 드러내셨다. 에스겔 선지자는 아주 괴상한 표징이며 환상이라고 설명할 수밖에 없는 계시를 받았다.

에스겔서는 에스겔이 바퀴 안에 바퀴가 있는 것 같은 이상한 환상을 보는 것으로 시작한다. 그것은 일종의 회전 운동을 하는 물체로서, 네 가지 사람의 형체를 띤 불덩어리로 만들어졌다. 이들은 각각 네 가지 얼굴을 지녔는데, 사람과 사자, 황소와 독수리의 얼굴이었고 날개 역시 네 개였다(겔 1:15-28). 그리고 그것은 점점 더 괴상망측해졌다.

에스겔은 책을 먹으라는 지시를 받았다(겔 3:1-2). 사실이다. 그런 다음 하나님은 에스겔에게 흙벽돌을 가져와서 예루살렘 성읍의 모형을 세우라고 말씀하셨다(겔 4:1-3). 에스겔은 인분으로 불을 피워서 빵을 구웠다(겔 4:9-15). 칼로 자기 수염과 머리카락을 잘라 그 털의 삼분의 일을 불로 태우고, 삼분의 일은 성읍 둘레를 돌면서 칼로 내려치고, 또 삼분의 일은 바람에 날려 흩어지게 하였다(겔 5:1-4). 이 모든 일이 있은 후, 하나님은 에스겔이 일종의 끔찍한 표징이 될 것이고 하나님을 섬기는 데 매우 큰 희생을 치르게 될 것이라고 하셨다. 하나님이 에스겔의 삶의 기쁨인 아내를 죽게 하신 것이다(겔 24:15-18).

하나님은 에스겔에게 쉬지 말고 하나님의 말씀을 이스라엘 백성에게 전하라고 명하셨다. 그런데 에스겔이 사람들의 이목을 집중적으로 받게 되자, 그는 우리가 상상할 수 있는 이유들로 오해를 받았고, 그래서 외로웠다. 그러나 하나님은 에스겔에게 몇 가지 놀랄 만한 환상을 보여 주셨다. 에스겔서의 마지막 부분에는, 에스겔이 환상 속에서 마치 새 예루살렘처럼 보이는 하나님의 성읍을 방문하는 것이 세밀하게 묘사되어 있다(겔 40-48장). 그는 하나님의 영광이 성읍에 가득하며 모든 출입구마다 흘러넘치는 것을 보았다. 하나님의 영광 안에서 어려운 교훈을 주시고 때로 괴상한 요구를 하시는 하나님을 보아 온 에스겔에게 이 환상은 얼마나 격려가 되었을까. 또한 이 환상은 하나님의 말씀을 전하기 위해 헌신한 이 선지자에게 얼마나 황송하고도 감동적인 사건이었을까.

에스겔서에 나오는 이야기는 대부분 주일학교 교과과정에는 빠져 있다. 그러나 우리에게 친숙한 내용이 하나 있는데 바로 마른 뼈에 대한 이야기다.

하나님은 사람 뼈가 가득한 광야에 에스겔을 데리고 가셨다. 그 뼈들은 그 전날 격전이 벌어진 전장에서 죽은 자들의 시체가 아니라, 사막에서 바짝 말라 버린 뼈들이었다. 수백 년 전에 보물을 훔쳐 내려다 실패한 사람이 있었다는 것을 보여 주는 아주 위험한 모험에 대한 영화 "인디애나 존스"에나 나올 법한 해골이었다. 존 길의 주석에서는 이 본문을 이렇게 설명한다. "그 뼈들은 바짝 말라 있었다. 오랜 시간 비바람에 노출된 채로 거기에 놓여 있었다. 살은 뼈에서 다 떨어져 나갔고 골수도 완전히 말라 버렸다. 그러므로 인간적인 견지에서 보자면 그 존재가 다시 생명을 얻게 될 가능성이나 희망 따위는 전혀 없었다."[8] 그의 표현이 약간 고풍스럽기는 하지만, 나는 이 설명을 좋아한다. 그것은 말라 버리고, 비바람을 맞고, 살 조각이라곤 하나도 없고, 골수조차 남지 않은, 다시 살아날 소망이 없는 상태인 것이다.

바싹 마르고 허옇게 변한 뼈들 앞에 서 있는 선지자에게 하나님은 간단한 질문을 하셨다. "인자야, 이 뼈들이 능히 살 수 있겠느냐?"(겔 37:3). 메뚜기 떼가 휩쓸고 간 들판은 이에 비하면 아무것도 아니다. 마른 뼈들로 가득한 골짜기라고? 우리는 정말로 그 뼈들이 다시 살아나리라 기대하는가?

에스겔 선지자의 확신은 재미있기도 하고 격려가 되기도 한다. 하나님의 질문에 에스겔은 그것이 어떻게 가능한지 보여 달라고 하지 않고 무엇이든 하실 수 있는 하나님을 의지하면서 간단하게 대답했다. "주 여호와여, 주께서 아시나이다!" 마치 에스겔이 이렇게 말하는 것 같다. "하나님, 저는 의심스러워요. 하지만 하나님은 더 기묘한 일도 많이 하셨다는 것을 알고 있어요. 그러니 이 질문은 저를 놀리시려는 질문 같아요."

하나님은 이 뼈들에 살과 근육이 다시 생기고 정말로 다시 살아날 것이라고 에스겔을 통해 말씀하셨다. "내가 예언을 할 때에 덜컹거리는 소리가 들렸다. 뼈들이 움직여서 서로 한데 모이더니 뼈끼리 이어졌다. 나는 계속 지켜보았다. 힘줄과 살이 뼈들 위에 나타났고 살갗이 덮였다. 그러나 아직 그들 안에 생기가 없었다"(겔 37:7-8, 메시지 성경). 이것으로 끝나지 않았다. 하나님은 살은 있으나 생명이 없는 뼈들에게 생기를 불어넣으라고 에스겔에게 다시 말씀하셨다. "그래서 나는 하나님이 명하신 대로 예언했고, 생기가 그들 가운데 들어가 그들이 살아났다!

그들은 발을 딛고 일어나 매우 큰 군대가 되었다"(겔 37:10, 메시지 성경).

하나님은 이스라엘 백성에게 희망이 없을 때 이 말씀을 주셨다. 하나님은 이스라엘 백성이 이 절체절명의 상황에서 구원을 얻고, 그들에게 하나님의 생기를 불어넣어 주실 것이라는 사실을 알기를 바라셨다. 그리고 하나님은 그 약속을 지키셨다. 하나님은 구약 백성을 포로 된 상태에서 구원하셨고 십자가에서 그분의 생명을, 오순절에는 성령을 이스라엘 백성과 우리에게 주셨다.

하나님은 에스겔과 이스라엘에게, 마른 뼈들로 가득한 골짜기에도 희망이 있다는 말씀을 주셨다. 나를 포함한 우리 대부분은 우리 삶에 한두 번쯤 마른 뼈들이 쌓여 있는 것 같은 느낌을 받았을 것이다. 말라비틀어지고 사막에 내팽개쳐져서, 생명도 없고 회복될 소망도 모두 고갈되었다고 느끼는 것이다.

우리 영혼이 얼마나 고갈되어 있든지, 우리의 상황이 얼마나 절망적으로 보이든지, 생명이 돌아오도록 하려면 하나님이 그저 몇 말씀만 하시면 된다. 우리는 마치 시체가 즐비한 마른 땅에서 일어난 군대처럼 땅을 박차고 일어서서 움직일 준비를 하면 된다.

그것은 우리 스스로 해 내야 하는 것이 아니다. 우리 자신의 힘만으로는 이렇게 할 수 없다. 오직 하나님만이 생기를 잃어버린 마음에 새로운 생명을 불어넣어 주실 수 있다. 우리가 하나님을 앙망할 때 하나님은 우리 안에 이 일을 행하신다. 하나님은 어려운 시기를 겪은 우리를 풍요의 땅으로 옮겨 주신다. 다른 선지자는 이렇게 말한다.

"두려워하지 말라. 내가 너와 함께 함이라. 놀라지 말라. 나는 네 하나님이 됨이라. 내가 너를 굳세게 하리라. 참으로 너를 도와주리라. 참으로 나의 의로운 오른손으로 너를 붙들리라"(사 41:10). 하나님의 오른손은 능력과 영광의 손이다. 그 손으로 하나님은 우리를 안전하고 확고하게 붙드실 것이다. 우리의 마음, 우리의 가족, 우리의 삶이 회복되도록 이끄실 것이다.

시편 기자는 하나님의 회복시키시는 능력을 확신했다. "우리에게 여러 가지 심한 고난을 보이신 주께서 우리를 다시 살리시며, 땅 깊은 곳에서 다시 이끌어 올리시리이다. 나를 더욱 창대하게 하시고 돌이키사 나를 위로하소서"(시 71:20-21). 진정한 위로가 되는 구절들이다. 시편 기자는 하나님이 자기 인생을 언제나 장밋빛으로 만들어 주시거나 모든 슬픔을 막아 주시리라는 허황된 기대에 매여 있지 않았다. 그가 겪은 어려움은 "여러 가지 심한" 고난이었다. 그러나 그는 이런 고난이 오래가지 않을 것을 알았다. 하나님이 자신을 풍요와 기쁨이 넘치는 곳으로 다시 데려가실 것이라고 믿었다. 이것이 부활의 언어다. 그는 삶이 회복되는 모습, 마치 에스겔의 환상에 나온 마른 뼈들처럼 한 사람이 일으켜 세워지는 모습을 묘사한다. 찰스 스펄전은 이렇게 썼다. "하나님은 우리가 아주 낮은 자리까지 내려가게 허용하신다 하더라도, 우리가 부끄러움을 당하지 않도록 수위를 조정하실 것이다. 또한 때가 되면 우리를 다시 들어 올리실 것이다. 우리가 무덤까지 내려갈 때조차 더 이상 낮은 곳으로 떨어지지 않게 하시는 하나님의 자비하심이 우리의 발걸음을 인도하여 우리를 더 나은 땅으로 이끄실 것이다. 이 모든 것은 하나님의 구원의 능력에서 온다. 힘 없는 하나님이라면 몰라도 전능하신 여호와 하나님은 절대 우리를 잊지 않으신다."30)

나는 이 마지막 구절을 아주 좋아한다! 우리는 우리에게 만족과 완전함, 성취감을 주는 여러 신들을 찾아 헤맨다. 우리는 그럴듯해 보이는 우상들의 엉뚱한 요구에 굴복하고 우리처럼 부족한 것이 많은 잡신들을 만족시키려고 열심히 달려가는 것이다. 때로 이 우상은 우리의 근심거리다. "우리 부모님의 이혼 때문에 내가 관계를 잘 못 맺는 바보가 되면 어쩌지?" 때로는 분노의 신이 있는 사당에 들어가 경배하기도 하고, 두려움과 절망의 신이 있는 사원에 제물을 바치기도 한다.

전능하신 여호와 하나님은 그런 종류의 신들과 다르다. 출애굽기 15:11에서 모세와 이스라엘 자손은 이렇게 묻는다. "여호와여, 신 중에 주와 같은 자가 누구니이까?" 대답은 이것이다. "신들 중에 주와 같은 자 없습니다!"(시 86:8). 위대하시고, 광대하시며, 능력 많으신 하나님만이 가짜 신에게 매여 있는 우리의 삶을 구원하시고 회복시키실 수 있다.

새 옷을 입고
노래하고 웃으며

어떤 사람들은 고통에 무감각해지려고 한다. 마치 아주 강력한 진통

제를 과다복용한 환자처럼 되고자 한다. 그러면 살을 에는 듯하거나 칼로 찌르는 것 같은 통증을 호소하지 않아도 되겠지만, 우리를 통증에서 해방시켜 주는 약은 우리가 다른 어떤 것도 느끼지 못하도록 만든다. 통증이 없는 상태는 참으로 어려운 타협이다. 더는 비참해지지 않을 수도 있겠지만 진정으로 행복한 것도 아니다. 불교가 고통에 대해 말하는 것과 비슷해진다. 그저 아무것도 원하지 않으면 된다. 그렇지만 무언가를 갈망하기를 멈춘다면, 기쁨과 행복, 구원 같은 좋은 것들도 기꺼이 포기해야만 한다.

하나님은 우리의 회복을 위해 다른 계획을 갖고 계신다. 하나님은 갈망하기를 멈추라고 요구하시지 않는다. 대신 다른 무엇, 바로 하나님을 갈망하라고 말씀하신다. 그리고 하나님을 찾을 때 우리가 원하는 다른 모든 것을 찾을 수 있게 될 것이라고 약속하신다. "그런즉 너희는 먼저 그의 나라와 그의 의를 구하라. 그리하면 이 모든 것을 너희에게 더하시리라"(마 6:33).

이스라엘 왕, 다윗은 이렇게 표현했다. "주께서 나의 슬픔이 변하여 내게 춤이 되게 하시며 나의 베옷을 벗기고 기쁨으로 띠 띠우셨나이다. 이는 잠잠하지 아니하고 내 영광으로 주를 찬송하게 하심이니, 여호와 나의 하나님이여, 내가 주께 영원히 감사하리이다"(시 30:11-12). 다윗에게는 이런 말을 할 자격이 있었다. 하나님께 자기 마음을 쏟아 놓는 그의 시를 통해 인생이 실망과 상심으로 가득 찼을 때 느낀 절망과 고뇌를 자유롭게 이야기한다. 밧세바와 저지른 죄로 인해 어린 아들이 죽었을 때(삼하 12:13-19), 아들 암논이 배다른 누이인 다말을 강간했을 때(삼하 13:1-22), 다말의 오라비인 압살롬이 그 일에 대한 복수로 암논을 죽였을 때(삼하 13:23-33), 압살롬이 아버지 다윗에게 반역한 뒤 다윗의 부하들이 압살롬을 살해했을 때(삼하 18:1-18) 그 심정을 모두 시로 적었다. 정말 역기능적인 가족의 이야기가 아닐 수 없다. 이런 상황 속에서 다윗은 베옷을 찢고 울부짖으며 허송세월을 보낼 수도 있었다. 그러나 이런 끔찍한 가족 관계를 경험하고도 다윗은 하나님께 찬양을 올렸다. 그리고 하나님이 이 슬픔을 기쁨과 환희로 바꿔 주실 것이라고 확신 있게 말했다.

작은 위로도 되지 못했던 욥의 친구들조차 하나님의 자상한 배려와 회복시키시는 능력을 욥에게 상기시켰다. "웃음을 네 입에, 즐거운 소리를 네 입술에 채우시리니"(욥 8:21). 달콤하고도 부드러운 말이다. 하나님은 적당히 하시는 법이 없다. 단순히 통증을 완화시키는 데 그치지 않으신다. 고통을 기쁨과 노래, 웃음과 함성으로 바꾸신다. 우리가 허락하기만 한다면 하나님은 우리 마음속에 이런 변화를 일으키실 것이다.

그렇다면 어떻게 우리는 회복될 수 있을까? 그것은 하나님께 우리의 고통을 내어 드리는 것으로 시작된다. 고통에 대해 하나님과 이야기하고, 그것을 시인하며 하나님이 돌보시도록 내놓는 것, 하나님이 그 고통 속에서 선함과 완전함을 가져다주실 것이라고 믿는 것이다. 이렇게 해 보지 않은 사람들도 있을 것이다. 고통을 그냥 가슴에

묻어 두거나 꼭 쥐고서는 무럭무럭 자라게 하고, 화가 나거나 자기 연민이 생길 때면 꺼내서 들여다보기도 했을 것이다. 그러나 이제 이 고통을 내버려야 한다. 바람에 날려 버리라는 게 아니다. 하나님께 그 고통을 올려 드리라는 말이다. 하나님은 신뢰할 수 있는 분이기 때문이다. 하나님은 우리의 고통을 잊어버리시거나 한쪽에 밀어 놓으시거나 부주의하게 다루시지 않는다. 하나님은 부서지고 망가진 쓰레기를 취해 영감을 주고 기쁨을 주는 조각품으로 변화시키는 전위 예술가와 같다. 우리의 고통을 단번에 모두 드리면 하나님은 그것으로 선한 일을 하시리라 믿는다.

지금 당장은 상상하기 어렵겠지만, 우리의 슬픔이 영원히 지속되지는 않을 것이라고 주님은 약속하셨다. 우리가 다시 웃으며 기뻐할 그날을 간절히 기대해도 좋다. 그런 날이 올 것이다. 우리가 가능하리라 생각했던 그 어떤 날보다도 더 좋은 날이 될 것이다!

지금 한번 시간을 내어 어떻게 당신이 회복될지 깊이 생각해 본 후 종이 한 장을 꺼내어 적어 보라. 슬픔이 지나가고 기쁨이 찾아온다면 어떤 느낌이 들지, 슬픈 마음의 짐을 지지 않고 춤을 추는 것은 어떤 기분일지 상상해 보라. 그리고 기억하라. "저녁에는 울음이 깃들일지라도, 아침에는 기쁨이 오리로다"(시 30:5).

7장

통계 수치를 넘어서다

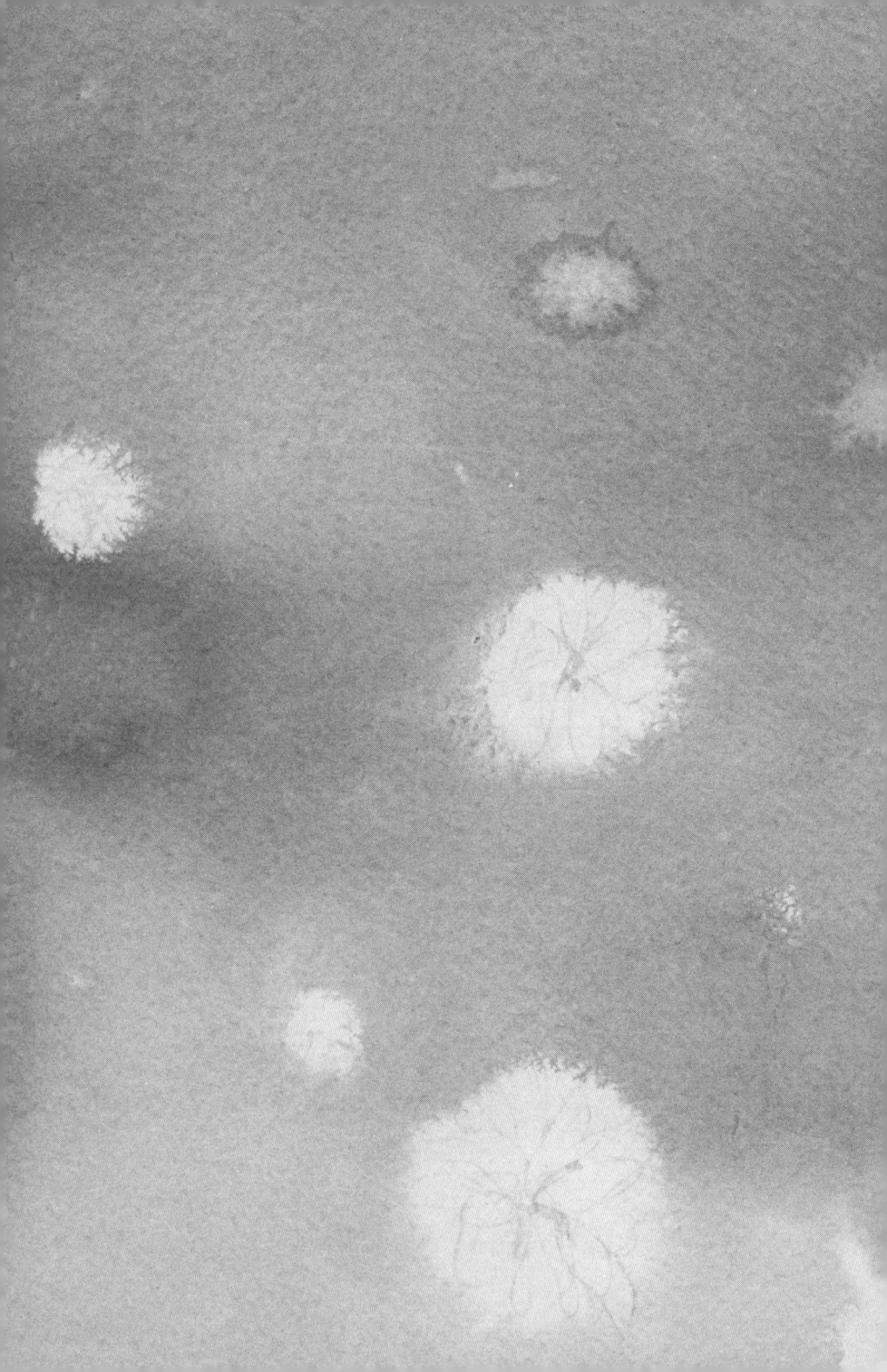

몇 년 전에 나는 부모님이 이혼했거나 이혼 수속 중인 아이들을 위한 주일학교 교사로 섬겼다. 교재를 정하고 모임 시작 준비를 마치자, 우리가 어디서 모이는지 부모님들과 아이들에게 알릴 수 있도록 교실 앞에 붙일 표지판이 필요했다. 그런데 문제가 생겼다. 그 교실의 이름을 정해야 하는데 우리 안에서 의견 일치를 보지 못했다. 어떤 아이들은 "무지개 아이들"처럼 보편적인 이름으로 하자고 했는데, 그들은 이런 이름이 이 교실의 진짜 속성을 드러내지 않으면서도 뭔가 소망을 주고, 아이들로 하여금 특별히 선발된 느낌을 갖게 한다고 생각했다. 또 다른 아이들은 단순하고 직접적으로 "이혼 가정의 자녀 교실"이라고 하자고 주장했다. 우리는 첫 번째 수업이 시작될 때까지도 이름을 정하지 못했다. 그래서 무기명 투표를 했고 "이혼 가정의 자녀"라는 이름으로 정했다. 아이들은 모호한 이름 뒤로 숨고 싶지 않았던 것이다.

나는 이 아이들이 내린 결정과, 이에 대해 몇몇 어른들이 보인 우려에 대해 생각해 보았다. 이혼 가정의 자녀로 자라 교회에 다니는 X세대와 Y세대에 속한 우리 같은 사람들은 대체로 종교적인 분위기의 모임에서는 자기 가족 이야기를 거의 하지 않는다. 대개의 경우 우리는 무시를 당하거나 때로는 개밥에 도토리 신세가 되었기 때문이다. 이혼한 부모의 자녀에게는 꼬리표가 붙기 때문에 비밀로 하고 지내는 편이 나았다(그렇지만 내가 가르치는 주일학교 수업에 참여하는 어린아이들은 그런 꼬리표를 아직 이해하지 못했거나, 실제로 예전과는 세대 차이가 나기도 했다). 이런 꼬리표가 따라 붙는 이유는 각종 통계 수치가 난무하기 때문이다. 이혼 가정의 자녀가 또래의 다른 아이들에 비해서 가출도 많이 하고, 학교도 중퇴하고, 술과 약물에 찌들어 있고, 자살을 기도하고, 혼외 관계에서 아이를 낳고, 절대 결혼하지 않거나 이혼을 하고, 복지 혜택에 기대어 살고, 일찍 죽는다는 결과가 이곳저곳에서 보고되고 있다. 어떤 잡지에서는 심지어 이혼 스트레스가 아동의 성장 발육 부진을 초래한다는 결론을 내리기도 했다(분명히 말하지만 내 키가 작은 것은 본래 타고난 것이다).[1]

통계 수치가 좋은 정보를 주고 도움이 되는 것은 사실이지만, 부정적인 면도 있다. 그 통계 수치로 인해 우리를 어떤 틀에 끼워맞추거나 심지어는 어쩔 수 없는 운명처럼 취급하는 것은 위험하다. 우리는 과연 영원히 관계 맺는 데 어렵고, 위기에 봉착하고, 일찍 삶을 마치도록 운명 지어진 것일까? 그래, 좋다. 날카롭게 잘 드는 칼로 내 손목을 긋지 않아도, 내가 일찍 죽는 것을 바꿀 수 없다는 것이로구나. 그렇다면 과연 우리에게 소망이 있는가? 만약 소망이 있다면 어디서 찾을 수 있을까? 어떻게 소망을 우리 손에 쥘 수 있으며 현실로 만들 수 있을까?

소망은 강력한 힘이다. 소망은 어려운 시기에 우리를 지탱해 준다. 상황이 완벽해 보이지 않을 때 한 걸음을 내딛게 해주고 우리 얼굴에 미소를 잃지 않도록 도와준다. 다른 각도에서 보자면, 소망이 결핍된 상태 역시 모든 면에서 강력하다. 잠언에서는 "소망이 더디 이루어지면 그것이 마음을 상하게 하거니와"라고 했다(잠 13:12). 절망감은 항해에서 바람을 없애 버리는 것과 같다.

내가 주디스 월러스타인의 「우리가 꿈꾸는 행복한 이혼은 없다」를 처음 읽었을 때, 나는 나의 항해에 바람이 빠져 있는 것 같았다. 그 책은 내가 이혼 가정의 자녀에 대해 읽은 첫 책이었기 때문에, 처음으로 수많은 통계 수치를 보게 되었다. 그리고 일반 가정에서 자란 사람과 비교해 볼 때 이혼 가정의 자녀인 우리가 삶을 다른 식으로 대한다는 것도 이해하기 시작했다. 특히, 이미 4장에서 나누었던 한 이야기가 내 관심을 끌었다. 월러스타인은 두 명의 아가씨, 리사와 베티나를 비교한다. 리사의 부모님은 이혼했다. 리사는 계속 남자친구를 바꿔 가며 만났고, 결국 결혼을 하지 않고 배신당할 위험을 겪지 않기로 마음먹었다. 그러나 월러스타인은 리사가 만들어 놓은 보호막의 이면을 이렇게 해석했다. "리사가 그렇게 결정한 것은 친밀한 관계에 대한 무관심에서 온 것이라기보다는, 오히려 자기가 도달할 수 없는 신뢰와 사랑에 대한 두려움에 근거한 것이다."[2]

리사는 친구 베티나의 결혼식에서 신부 쪽 들러리를 섰다. 베티나는 결혼 생활을 잘 유지하는 부모님 슬하에서 자랐다. 월러스타인은 리사의 제안에 따라 베티나를 취재했다. 사랑에 대한 베티나의 기대는 리사와는 사뭇 달랐다. 그녀는 이렇게 말했다. "나는 나와 사랑을 주고받을 만한 좋은 사람을 만나리라는 것을 한 번도 의심해 본 적이 없어요."[3] 두 아가씨를 구분 지은 가장 큰 차이점은 바로 소망이었다. 베티나의 소망은 스스로를 격려하고 자신감을 주었지만, 리사의 깨어진 소망은 낭만을 한갓 보잘것없는 것으로 여기게 만들었다.

매트 대니얼스(Matt Daniels)는 전통적인 결혼 제도(한 남자와 한 여자의 결합-역주)를 입법화하려고 시도한 제안자들 중의 한 사람이다. 그는 결손 가정 출신으로서 전형적인 가족의 중요성을 주창하는 데 모든 열정을 쏟아 왔다. 남편과 아버지가 되는 것이 어떤 의미인지 자신에게 본이 되어 준 사람이 없었던 점을 예로 들면서, 1995년에 이루어진 자신의 결혼을 "믿음의 행위"라고 고백했다.[4]

부모님이 이혼할 당시 마크는 고등학생이었다. 부모님이 아이들에게 이혼하겠다는 이야기를 했을 때, 마크는 부모님이 농담을 하는 줄 알았다. 부모님이 진지하게 이야기한다는 것을 깨닫고 나서야 마크는 배신감을 느꼈다. 부모님은 교회에 다니면서 두 가지 규칙을 자식들에게 강조했다. 결혼 전에 성관계를 갖지 말 것과 이혼하지 말라는 것이었다. 그런데 마크는 부모님의 이혼에 배신감을 느꼈을 뿐 아니라

아버지가 나중에 결혼한 여자와 이미 불륜을 저지른 것이라고 의심하게 되었다.

자식들에게 누누이 설교해 왔던 규칙을 부모님이 깨뜨리는 것을 보면서 마크는 환멸을 느꼈다. 그는 간단히 말해 소망을 잃었다. 마크는 그 후로 파티만 쫓아다니며 노는 아이가 되었다. 자신을 삼켜 버린 절망감에 빠져들었다. 고등학교 때는 자기가 놀고 있던 파티가 경찰에 의해 해산되기도 했다. 그는 가능한 한 최대로 즐기면서 대학 시절을 보내기로 의도적으로 마음먹었다. 이제 그는 과거를 뒤돌아보면서, 엉망진창으로 취해 있던 그 당시에 하나님이 자기 목숨을 구해 주셨다는 것을 깨닫는다.

대학을 졸업하고 2년 후, 마크는 예수님께 자기의 삶을 기꺼이 드렸다. 파티만 쫓아다니던 생활방식도 버렸다. 지금은 확신과 소망을 갖고 인생과 관계를 바라본다. 내가 이야기를 나눈 다른 이혼 가정의 자녀처럼, 마크 역시 결혼에는 노력과 희생이 따르고 의사소통이 필요하며 하나님이 반드시 결혼 관계의 중심에 계셔야 함을 알게 되었다. 최근에 약혼을 한 마크는 곧 이런 지식을 현실에 적용할 기회가 생길 것이다.

마크는 내가 취재한 이혼 가정의 자녀 중에 가장 소망이 있는 사람이었다. 나는 독신자, 기혼자, 오래전에 부모님이 이혼한 사람, 최근에 가정이 깨져서 여전히 날카로운 통증을 느끼는 사람 등, 여러 부류의 사람들과 이야기를 나누었다. 그들 대부분이 여전히 삶의 어떤 영역에서 몸부림치고 있었는데, 대개 그 이유는 부모님의 결혼이 깨졌거나 그들이 한쪽 혹은 양쪽 부모와 어려운 관계를 겪는 데서 비롯되었다.

연구 결과처럼 우리 중 많은 사람들이 이제 어른이 되어 자신만의 낭만적인 애정 관계를 만들어 갈 때 새로운 도전에 직면하게 되었다. 어떤 사람들은 실망에 실망을 거듭하다가 소망이 너무 깊이 묻혀 버려 완전히 사라진 것처럼 보이기도 했다. 다른 이들은 단지 하루하루 근근이 살아가는 법을 배웠다. 인생은 다 그런 것이라고 여기고는 미래에 대해 너무 많이 기대하지 않는다. 이렇게 하면 우리의 기대를 충족시켜 주지 않는 미래에 대해 실망하지는 않겠지만, 그 과정에서 소망의 즐거움도 만끽할 수 없다.

그렇다면 우리는 결혼과 인생에서 성공할 기회가 적다고 말하는 통계 수치에 매이지 않고 어떻게 소망 안에서 살 수 있을까? 나는 월러스타인의 책에 나온 리사의 답이 틀렸다고 생각한다. 리사는 결혼을 하지 않음으로 자기가 세상을 통제하고 배신과 실망을 피할 수 있을 것이라고 생각했다. 그러나 실제로 리사는 연애하면서 배신과 실망을 경험했을 따름이다.

사실 우리는 세상을 완벽하게 통제할 수 없다. 좋은 사람들에게 나쁜 일이 일어나기도 하고, 때로는 가장 잘 정돈된 삶이 어떤 예고도 없이 무너져 버릴 수도 있다. 사람들이 우리를 배신하고, 경제 상황은 오르락내리락한다. 건강하기도 했다가 쇠약해지기도 한다. 이에 대한 해답은 우리의 삶을 주의 깊게 통제하는 것이 아니라 하나님을 신뢰하는 것이다. 오직 하나님만이 미래를 통제하실 수 있다. 상황을 통제하려는 욕망, 또 우리 자신이 우리 운명의 주인이 되고자 하는 욕구를 내려놓기란 어려운 일이다. 우리의 통제력이 외부 세력에 미치지 못하는 경우가 너무나 많다. 그러나 무한하시고 전능하신 하나님은 모든 것을 통제하신다. 통제하고 싶은 마음을 내려놓으려면 하나님을 신뢰해야 한다. 아, 진짜 어렵다! 그러나 뒤집어 보면, 우리의 상황이 어떠하든지 간에 우리는 선한 일을 행하시는 하나님을 의지할 수 있다.

앞 장에서 우리는 하나님의 회복시키시는 능력을 살펴보았다. 그것은 단기적인 소망이다. 우리는 영원히 황폐한 채로 살지 않을 것이다. 이번 장에서는 좀더 멀리 있는 소망, 하나님이 우리를 위해 갖고 계신 장기적인 소망을 파헤쳐 보겠다. 이 소망이야말로 우리가 진실로 기댈 만한 것이다. 우리가 장기적으로 하나님께 소망을 둘 수 있음을 깨닫는다면, 우리는 든든한 삶의 기초를 세운 것이다. 바로 그것이 하나님이 우리에게 약속하신 바다.

당신은 무엇을 소망하는가? 당신의 상상 속 한 귀퉁이에 어떤 불가능한 꿈이 숨어 있는가? 만약 모든 것이 완벽하다면 삶이 어떠할 것 같은가? 이런 질문들에 대답하기 어렵다면, 친한 친구나 친척들에게 도움을 요청해 보자. 그들은 당신을 향해 어떤 꿈을 갖고 있는가? 당신이 기꺼이 해 보려고만 한다면 무엇을 할 수 있는지 그들이 알고 있는가? 큰 꿈을 꾸라. "보이는 소망이 소망이 아니"라는 것을 기억하라(롬 8:24). 다른 말로 하자면, 뭔가 큰 일, 기적만이 가능하게 하는 어떤 것을 생각해 보라[만약 그래도 이렇게 하는 것이 어렵다면, 존 엘드리지(John Eldredge)의 「욕망으로의 여행」(*The Journey of Desire*, 좋은씨앗 역간)을 읽어 보라고 권하고 싶다].

미래에 대한 당신의 꿈이 마음속에 자리하고 있다면 이제 한 걸음 뒤로 물러서라. 그 꿈은 어디에 자리 잡고 있는가? 그 꿈이 제대로 이루어지지 않는다면 당신은 누구에게 책임을 물을 것인가? 당신의 부모, 배우자, 친구, 상사 중 누구인가? 아니면 혹시 하나님인가?

유일하고 진정한 소망의 근원은 하나님이다. 시편 기자는 이렇게 말했다. "어떤 사람은 병거, 어떤 사람은 말을 의지하나 우리는 여호와 우리 하나님의 이름을 자랑하리로다"(시 20:7).

당당하게 기다리기

미가 선지자는 쇠락하고 부패한 구약 시대에 살았다. 유다와 이스라엘 모두 우상을 섬기고 있었고, 가난한 자들을 착취하고 부도덕한 행위를 일삼았다. 다른 선지자들처럼 미가 역시 불순종하는 사람들에 대한 심판과 회개하는 사람들에게 주시는 은혜에 대해 명쾌한 메시지를 전했다. 앞부분에서는 자신의 환상을 펼쳐 보이는데, 참으로 암

담했다. 그렇지만 그는 소망의 이유를 찾아냈다. 미가서 마지막 장에서 그는 다시 오실 메시아에 대해 확신하고 있다. 그는 언젠가는 하나님이 자기 백성을 구원하시고 의와 진리를 회복시키실 것이라고 믿는다. "오직 나는 여호와를 우러러보며 나를 구원하시는 하나님을 바라보나니 나의 하나님이 나에게 귀를 기울이시리로다"(미 7:7). 다른 번역에서는 이렇게 표현했다. "그러나, 나는 포기하지 않겠다. 하나님이 무슨 일을 하실지 옆에서 떠나지 않고 기다릴 것이다. 모든 것을 올바르게 만들어 주실 하나님을 기다린다. 내게 귀 기울이시는 하나님만 의지하련다"(메시지 성경).

당신은 하나님이 부모님, 배우자, 자녀들과의 관계에 어떤 일을 하시는지 보기 위해 떠나지 않고 옆에서 기다리고 있는가? 모든 것을 바르게 하시고 당신의 기도를 들으실 것에 대해 소망하며 기대하는가? 이는 그저 무미건조한 믿음의 훈련이 아니다. 미가가 하는 말에는 아주 즐거운 기대감이 있다. "나는 희망을 가지고 주님을 바라본다."

나를 낭만주의자라고 부를지도 모르겠지만, 내 머릿속에는 19세기 한 어부의 아내의 모습이 떠오른다. 오늘날에도 해안마을에 있는 집들은 종종 지붕 위에 난간이 있는 망대가 있는 것이 특징이다. 지붕 위에 올라서면 바다에서 돌아오는 남편을 기다리는 아내는 배가 항구로 들어오는 모습을 더 잘 볼 수 있다. 남편이 탄 배가 돌아오기를 꾸준히 지켜보던 아내, 마침내 낯익은 배가 해안 가까이 들어오는 모습을 발견한다. 만선으로 돌아온 배는 물속에 좀더 가라앉았고 떠날 때보다 더 낡고 더러워진 상태다. 배가 들어오고 사람과 짐을 내리려면 시간이 걸린다는 것을 알고 있지만, 마음이 들뜬 어부의 아내는 바빠지기 시작한다. 더 이상 기다릴 수 없게 되자, 아내는 머리를 손질하고 볼 화장을 하고 밀가루 범벅이 된 앞치마를 벗어던지고는 서둘러 집 밖으로 나간다. 손으로 햇볕을 가리고 유심히 길을 쳐다본다. 부두에서 언덕을 올라와 집으로 향하는 사랑하는 남편을 첫 눈에 알아보려고 기다리며 아내는 집 밖에 서 있다. 소망 속에서 바라보던 아내, 그 아내가 기다리던 바로 그날이 온 것이다.

상상 속의 어부의 아내처럼, 우리도 우리 삶에서 하나님의 복을 간절히 기대할 수 있다. 우리가 하나님을 만나고자 뛰어나간다면, 하나님은 반드시 그곳에 계실 것이다. 하나님의 사랑을 아는 지식이 확고하고 흔들리지 않는다면, 우리는 하나님이 마련해 놓으신 기쁨을 억누를 수 없을 것이다.

미가서 7:7의 후반부는 가장 어려운 부분이다. 적어도 내게는 그렇다. "나를 구원하실 하나님을 기다린다"(새번역-역주). 나는 기다리는 것을 싫어한다. 줄이 길게 늘어서 있다면, 나는 그냥 다른 곳으로 가거나 나중에 다시 온다. 배달하는 데 2주일이나 걸린다고요? 농담이겠지요, 그렇죠? 심지어 신호등이 초록불로 바뀌기를 기다리는 동안에도 책을 꺼내서 한두 문단 정도 읽는다. 혹은 스마트폰을 꺼내어 방금 도착한 메일을 재빨리 확인한다.

너무나 자주 나는 이런 똑같은 조급증으로 하나님을 대한다. 나는 하나님의 계획을 빨리 앞당기고 싶어 한다. 하나님이야 영원을 소유한 분이시지만, 내 시간은 유한하다. 하나님이 좀더 서두르실 수는 없나? 이런 나의 조급증은 종종 내 영혼에 경각심을 불러일으킨다. 내가 만약 무언가를 서두르고 있다면, 내가 진정으로 하나님께 소망을 두지 않고 다른 사람이나 인생의 다른 상황에 소망을 둔다는 표지다. 내 소망을 완전히 하나님께 두고 있다면 나는 인내심을 가지고 기다릴 수 있다. 하나님의 계획은 절대적인 최선이며 하나님이 생각하시기에 가장 완벽한 때에 그 계획을 이루실 것을 알기 때문이다.

소망으로 가는 길

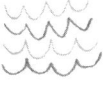

로마서에서 바울은 소망으로 가는 길을 제시한다. 참으로 듣기 좋은 소식 아닌가? 마지막에 멋진 선물이 기다리고 있는 보물 지도, 이론적으로 보물 지도는 언제나 흥미진진하게 들린다. 모험이 있고 부귀영화가 있는 곳, 캐러비안 섬의 생활은 조니 뎁만 내 편이라면 만사형통이다(영화 "캐러비안의 해적"에서 조니 뎁은 해적선의 선장 역을 맡았다 - 역주). 그런 모험이라면 당연히 환영한다. 물론, 실제로 로버트 루이스 스티븐슨(Robert Louis Stevenson)이 쓴 「보물섬」과 같은 다른 해적 이야기를 읽어 본다면, 현실은 다르다는 것을 알 수 있다. 더럽고 욕지거리를 하는 해적들에게 납치되어 배의 주방에서 노예로 일해야 하고, 대포에 맞고, 배신당하고, 반란을 겪고, 배가 침몰하거나 섬에 고립되기도 한다. 이런 현실을 알고 나니, 보물은 그냥 환상 속에 남아 있는 편이 더 나을 뻔했다!

안된 말이지만, 소망으로 가는 바울의 보물 지도도 나을 게 없다. 그는 로마서 5:3-5에서 우리가 갈 길을 안내한다. "우리가 환난 중에도 즐거워하나니 이는 환난은 인내를, 인내는 연단을, 연단은 소망을 이루는 줄 앎이로다. 소망이 우리를 부끄럽게 하지 아니함은 우리에게 주신 성령으로 말미암아 하나님의 사랑이 우리 마음에 부은 바 됨이니." 이해가 되는가? 환난은 인내로 우리를 이끌고, 인내는 연단 곧 성품을 형성하고, 성품은 마침내 다행히도 소망으로 인도한다.

이혼 가정의 자녀로서 우리는 우리가 마땅히 받을 몫 이상의 고통을 겪었다. 때로 사람들은 자기의 잘못된 선택의 결과로 고통을 겪는다. 그렇지만 우리가 겪는 고통은 부당했다. 우리 스스로 그 고통을 유발하려 하지도 않았지만, 불행을 막기 위해 우리가 할 수 있는 것은 하나도 없었다. 고통은 정말 의미 없고 가치 없고 쓸모없지 않은가? 아니, 더 이상 그런 상태로 남아 있을 필요는 없다. 바울이 제시한 지도를 생각해 보자. 환난은 인내를 낳는다고 하였다. 누군가 인내하는 사람이 있다면 그건 바로 이혼 가정의 자녀일 것이다. 우리는 새로운 환경에 적응하고 어려운 상황을 극복하며, 그냥 포기하고 주저앉고 싶을 때 당당하고 용감해지는 법을 배웠다. 바로 이것이 인내의 본질이다. 인내는, 어려움에도 불구하고 특히 일이 잘 안 풀려서 포기를 선언하는 편이 더 쉬워 보일 때조차도 끝까지 지속하는 능력이다. 우리의 환난이 우리 안에 인내를 가져다주었다.

　인내는 성품을 낳는다. 이 책이 이혼 가정의 자녀에 대한 어떤 통계 수치를 입증해 보이거나 어떤 집단으로서 우리에 관한 새로운 정보를 제공하는 책이 아니므로, 나는 자유롭게 내가 아는 사람들을 취재할 수 있었다. 나와 이야기를 나눈 대부분의 사람들은 내 친구들이거나 친구의 친구들이었다. 그들은 무작위로 뽑혀서 정해진 시간에 자기들이 선택한 이야기만 하거나 부모님이 이혼하신 이야기만 나누어 준 낯선 사람들이 아니었다. 나는 그들이 살아가는 모습을 매일매일 보았다. 나는 그들의 친구, 배우자, 자녀, 동료 들을 알고 있다. 그리고 그들 각자의 모습 속에서, 나는 예외 없이 그들의 성품을 본다. 그들은 관계의 가치를 알고 있으며 진실의 필요성을 알고 있다. 그들은 다른 사람에게 깊은 관심을 갖고, 자기 주변의 어려운 사람들에게 손을 내민다.

　나는 그들이 경험한 고통이 그들 안에 인내와 성품을 낳았기 때문에 이런 일들이 가능하지 않았나 생각한다. 그들은 깨어진 관계가 끼치는 악영향들에 둘러싸여 있다. 그들은 최전방에서 거짓말과 속임수의 해악을 경험했다. 깊은 인격적인 아픔이 무엇인지, 그리고 친구들의 따뜻한 치유의 손길이 어떤지 그들은 알고 있다. 그들은 슬픔과 통한의 시기를 거치면서 인내해 왔고, 그래서 깊은 성품을 소유한 남성과 여성으로 자라났다.

마지막으로, 성품은 소망을 낳는다. 실제로 많은 이혼 가정의 자녀들이 결혼에 관심을 쏟는다는 점을 달리 어떻게 설명할 수 있겠는가? 우리야말로 냉소적인 시각으로 정서적인 장벽을 쌓고 비통함과 분노에 찬 외로운 삶을 살아야 마땅할 것이다. 그 대신, 브룩 리 포스터가 쓴 것처럼, "우리 세대는 우리 부모님들이 그러했던 것 이상으로 결혼을 받아들였다. 1990년대 후반에 인구통계학자 파멜라 폴(Pamela Paul)은 흥미로운 사실을 발견했다. 직업여성이나 독립적인 삶을 꿈꾸었던 우리 어머니들과는 달리 X세대들은 좀더 가정에 집중하기를 꿈꾸었다. 머피 브라운(Murphy Brown, 미국 TV 코미디 드라마에 나오는 싱글맘으로, 아버지의 중요성을 무시하고 혼자서 아이를 낳아 기르는 모습으로 비판을 받기도 했다 - 역주)은 신경 쓰지 말라. 우리는 도나 리드(Donna Reed, 미국의 유명한 영화배우이자 네 자녀의 어머니 - 역주)처럼 되고 싶었다. 1999년 국내 시장 조사 기관이 실시한 여론 조사에 의하면, X세대의 57퍼센트가 '좀더 전통적인 수준의 결혼으로 돌아가는 것을 보고 싶다'라고 말했다."[5] 타운홀닷컴(Townhall.com, 미국 공화당의 보수적인 정치 입장을 대변하는 사이트 - 역주)에 글을 쓰는 제니퍼 로백 모스(Jennifer Roback Morse, 결혼을 장려하고 동성 결혼을 반대하는 입장의 "루스 인스터튜트"의 창립자 - 역주)는 이렇게 썼다. "젊은 세대는 이혼 문화에 염증을 느낀다."[6]

젊은 세대가 천진난만해서 그런 것만은 아니다. X세대에 속한 우리들은 결혼을 늦추고 있다. 우리는 너무 순진하지도 않고 더 이상 패기 넘치지도 않는다. 그렇다면 무엇일까? 우리 부모님은 실패했는데 우리는 성공할 것이라는 생각은 어디서 온 것일까? 나는 바로 이 점이 성품이 낳은 소망이라고 생각한다. 우리는 결혼 생활에는 노동이 따른다는 것을 안다. 우리 중에 결혼한 사람들은 어떤 희생을 치르더라도 결혼 생활을 잘 유지하고자 애쓰고 있다. 비록 그렇게 하는 것이 편하지 않고 익숙하지 않더라도 말이다. 우리는 이혼이 아이들에게 상처가 된다는 것을 안다. 그래서 우리 중 자녀가 있는 사람들은 자녀들이 두 명의 부모와 함께 자랄 것임을 확신시켜 준다. 나처럼 미혼인 사람들은 세상에는 결혼을 안 한 것보다 더 안 좋은 일들이 있다는 것을 알고 있다. 또한 그냥 아무나가 아니라 나에게 맞는 바로 그 사람을 만날 때까지 기다릴 줄 아는 인내와 성품을 갖고 있다. 그렇기 때문에, 앞으로 우리는 결혼할 것이고, 견고한 결혼 관계를 세워 갈 것이며, 사랑이 많고 현명한 부모가 될 것이라는 큰 소망을 품고 있다.

환난을 인내함으로써 형성된 성품은 소망에 대한 굳건한 기초를 제공해 주었다. 이 소망은 그림의 떡 같은 가짜가 아니다. "좋은 일이 생기겠지"라고 그저 가볍게 등을 두드려 주는 그런 소망이 아니다. 이 소망은 진정한 소망이다. 특히 우리가 무슨 일을 당하든지 우리를 이끄시는 하나님의 신실하심과 능력과 열정을 아는 지식에 근거한 소망인 것이다.

그리고 이 소망은 우리를 실망시키지 않는다. 하나님의 성품에 근거한 소망, 우리를 창조하고 지키시는 사랑 많고 멋진 하나님을 아는

데 뿌리박은 소망은 절대 실망시키지 않는다. 하나님은 언제나 우리의 바로 옆에 계시고, 우리를 인도하시고 보호하시며, 그분이 원하시는 사람으로 우리를 빚어 가실 것이 확실하다.

그러나 한 가지 중요한 사실은, 소망으로 가는 보물 지도를 우리가 따를 수도 있고 무시할 수도 있다는 것이다. 보물이 있는 곳에 노란 X 표시가 되어 있는 너덜너덜해진 보물 지도를 발견한다고 해서, 모든 사람이 해적 친구들과 보물을 찾아 신비의 섬으로 떠나는 것은 아니다. 이와 마찬가지로 고통을 겪은 모든 사람이 인내를 배우는 것은 아니다. 어떤 사람들은 포기하고, 배를 버리고, 자신이 겪는 고통이 너무 어렵다는 결론을 내린다. 이런 사람들은 자기 인생을 따져 보면서, 자신의 문제를 다른 사람 탓으로 돌리고, 환멸과 자기연민의 구렁텅이 속에 절망적으로 갇혀 버린다. 선택은 우리 몫이다. 우리는 고통에서 인내로 나아가는 길을 따를 것인가? 소망으로 가는 보물 지도를 감히 따라가겠는가?

우리를 향한 하나님의 소망

1963년 8월 워싱턴 DC에 있는 링컨 기념관 앞에서, 마틴 루터 킹 목사는 "나에게는 꿈이 있다"고 목소리를 높였다. 그의 유명한 연설은 동시대의 사람들에게 많은 영감을 주었다. 그의 말은 소망이요 약속이었고, 도전과 격려였다. 그 세대의 투쟁은 이제 역사책 속에 들어가 있고, 다음 세대가 그 자리를 대신하게 되었다. 가족의 분리를 겪고 어머니와 아버지 집을 전전하는 자녀들의 세대가 된 것이다.

우리 세대뿐 아니라 다른 모든 세대에게 하나님은 격려와 소망의 말씀을 주셨다. 성경 전체에서 하나님은 은혜의 그림을 그려 주신다. 하나님은 눈부시게 빛나는 신부에게 구애하는 신랑의 모습으로 우리에게 말씀하신다. 유산을 모두 탕진하고 친구까지 잃은 후 집으로 돌아온 아들을 오래 참음으로 기다리다가 맞아 주는 아버지라고 말씀하신다. 하나님은 우리의 목자로 우리를 인도하시고 보호하시며, 푸른 풀밭과 쉴 만한 물가로 인도하신다는 말씀을 해주신다.

성경을 통해 하나님이 주시는 말씀은 바로 하나님이 우리를 위한 큰 꿈을 갖고 계시다는 사실이다. 하나님은 우리 인생의 혼돈과 온갖 난리법석을 잘 아신다. 어떤 것은 우리가 초래하기도 했고, 어떤 일은 우리 주변에 있는 사람들로부터 기인한 것이다. 또 어떤 것은 우리에게 필요하다는 것을 아시고 하나님이 우리 문 앞에 가져다 놓으신 것도 있다. 하나님은 우리 인생과 영혼의 먼지 나는 구석구석을 모두 알고 계신다. 또한 우리를 향한 꿈을 갖고 계신다.

예레미야 29:11에서 하나님은 말씀하신다. "너희를 향한 나의 생각을 내가 아나니 평안이요 재앙이 아니니라. 너희에게 미래와 희망을 주는 것이니라." 잠깐 시간을 갖고 생각해 보자. 하나님은 우리의 미래를 향한 꿈을 갖고 계신다.

우리를 향한 하나님의 꿈이 어떠할지 상상할 수 있겠는가? 그것은 작은 꿈이 아닐 것이다. 시민 평등권 운동(civil rights movement)이 한창일 때, 마틴 루터 킹 목사는 말하길, 자기의 꿈은 흑인과 백인 아이들이 함께 뛰놀고, 친구가 되어 손에 손을 잡고 걷는 것이라고 했다. 당시에는 불가능한 꿈, 너무 크고 너무 야무진 꿈처럼 보였다. 1963년에 한 목사가 인종 때문에 나뉜 미국을 향해 이런 대담한 꿈을 꿀 수 있었다면, 하나님이 우리를 향해 갖고 계신 꿈은 과연 어떠할까.

예레미야 선지자가 이 예언을 했을 때, 그는 우리의 상상만큼 유명한 사람이 아니었다. 하나님의 백성들은 무자비한 적에게 사로잡혀 고향으로부터 먼 곳으로 쫓겨나 있었다. 이런 때에는 하나님이 적을 무찌르시고 빠른 시간에 고향으로 돌아가게 하실 것이라고 자신 있게 말하는 선지자라야 인기가 있었을 것이다. 사람들은 그런 이야기를 듣고 싶어 했다. 하지만 해방과 복수는 듣기에는 좋으나 거짓된 소망이었다. 현실에 뿌리내린 것이 아니었다. 예레미야가 하나님에게서 받은 메시지는 무척 달랐다. 그는 백성들이 꽤 오랫동안 노예로 묶여 있을 것이니, 그 상황에 익숙해지고, 정착하여 농작물을 심고, 그들이 있는 바로 그곳에서 평범한 삶을 살아내야 한다고 백성들에게 전했다. 외부 환경은 가까운 미래에는 달라지지 않을 것이라고 했다. 그러나 노예로 살면서도, 그 어려운 상황 속에서도, 하나님이 그들을 위해 계획하신 미래와 소망이 있다는 것을 백성들이 알기를 바라셨다.

우리의 상황은 변하지 않을 것이다. 우리는 부모님이 이혼하기 전의 상황, 한 가족으로 살았던 때로 돌아갈 수는 없다. '좋은 이혼'의 신화는 예레미야 시대에 조금 더 유명한 선지자들이 유포한 거짓된 소망과 별반 다르지 않다. 이혼은 우리의 현실을 바꾸어 놓았지만, 그렇다고 우리에게 소망이 없는 것은 아니다. 예레미야가 예언했던 사람들처럼 하나님은 우리를 향한 소망과 우리를 위해 계획하신 미래를 갖고 계신다. 그 미래에는 죽음이 우리를 갈라 놓을 때까지 이어지는 멋진 결혼이 포함되어 있지 않을까? 좋은 부모 역할과 건강한 결혼이 어떤 모습인지 우리를 통해 자녀들이 배우게 될 수도 있겠고, 우리 삶에 상처 입은 사람들을 받아들이고 그들에게 온전함과 치유의 공간이 되어 주는 교회를 포함할 수도 있다.

매튜 헨리는 예레미야의 이 구절에 대해 이렇게 썼다. "우리는 때때로 하나님이 하시는 일은 모두 우리에게 적대적이라며 두려움에 떤다. 그러나 하나님의 백성들에게는 악한 것처럼 보이는 것조차 선한 것이다. 하나님은 그들의 두려움을 채워 주시거나 그들의 환상을 만족시켜 주시지 않고, 하나님이 약속하신 결말, 즉 사람들에게 가장 최선이 될 믿음에 대한 소망을 주실 것이다."[7)]

하나님의 꿈은 우리의 두려움을 훨씬 능가하지만, 또한 우리의 상상을 초월한다. 바울은 에베소 교인들에게 이렇게 썼다. "우리가 구하거나 생각하는 모든 것에 더 넘치도록 능히 하실 이에게"(엡 3:20). 바울은 자기가 매우 잘 알고 있던 하나님을 이렇게 묘사했다. 하나님은 우리가 생각하는 가장 화끈하고도 훌륭한 꿈들조차 훨씬 앞지르는 분이라는 것이다.

물론 하나님이기 때문에 그분은 우리의 미래가 어떻게 될지 분명히 알고 계신다. 그러므로 하나님의 꿈은 단순히 그렇게 되기를 바라는 수준이 아니다. 그분의 꿈은 앞으로 어떤 일이 일어날지 알고 그 일을 즐거운 마음으로 학수고대하는 것이다. 마치 크리스마스 전날, 자녀들의 크리스마스 선물을 준비해 놓고는, 아이들이 아침에 계단을 뛰어내려와 새 자전거, 예쁘게 미소 짓는 아기 인형, 흔들목마를 보면서 얼마나 즐거워할까, 그 아이들의 얼굴을 상상하며 잠이 드는 아빠의 꿈과도 같다. 아빠는 상자에 무엇이 들어 있는지 알고 있다. 조심스럽게 포장하고 리본으로 묶어서 완벽하게 마무리한 상자 속에 무엇이 들어 있는지 안다. 아이들이 침대에 누워 선물 꾸러미의 꿈을 꾸는 동안, 아빠는 자기가 준비한 모든 것을 생각하며 어느덧 잠이 든다. 자기가 사서 숨겨 놓았다가, 바로 이 특별한 날을 위해 아이들이 금세 찾을 수 있도록 나무 아래 놓아 둔 선물의 꿈을 꾸면서 말이다.

그러나 크리스마스 아침에 이 선물에게 어떤 일이 벌어질지 어느 정도는 아이들에게 달려 있다. 아이들은 침대에서 벌떡 일어나 자기들을 위해 무슨 선물이 놓여 있는지 보려고 흥분해서 계단을 뛰어내려갈까? 아니면 이 모든 것에 지루해하거나 매달아 놓은 양말에는 숯 덩어리나 들어 있겠지 하며 그냥 침대에 누워 있을 것인가? 당신은 어떨지 모르겠지만, 나는 그 선물을 뜯어 보고 싶다! 나는 하나님이 나를 위해 준비해 놓으신 엄청나게 좋고 풍성한 선물을 보고 싶다.

하나님은 우리를 향한 고귀한 소망을 갖고 계신다. 소망이 우리를 실망시키지 않는 것과 마찬가지로, 우리 역시 소망을 실망시키고 싶지 않다. 우리의 미래를 위해 큰 꿈을 꾸는 누군가는 진지한 대접을 받아야 한다. 그러므로 어서 포장지를 뜯어서 열어 보라!

우리의 보물

1세기 로마에 사는 신앙인들을 위해 바울이 제시한 보물 지도처럼, 우리도 우리의 보물 지도를 이곳에서 밝혔다. 1장과 2장에서 우리는 가족을 잃은 슬픔, 부모님을 의지할 수 없고 신뢰할 수 없는 아픔으로 고통을 겪은 사실을 드러냈다. 3장에서 5장까지는 하나님이 모든 상황 속에서 우리를 사랑하시고 도우시고 보호하신다는 것을 배우며 인내하는 법을 알게 되었다. 6장에서는 환난과 인내가 우리가 현재 겪는 고통의 절박함 너머를 바라보는 성품을 형성하였다는 점과 무너진 우리 가족의 잔해로부터 하나님이 다시 세우실 회복을 기다리는 인내를 계발하였다는 점을 이야기했다. 그리고 이번 장에서는 X 표시가 되어 있는 지점, 즉 우리의 소망으로 가는 보물 지도를 따라왔다.

길과 보물, 이 모두는 하나님 안에서 찾을 수 있다. 바울은 그의 제자 디모데에게 편지를 쓰면서, 예수님을 "우리의 소망"이라고 묘사했다(딤전 1:1). 찬송가 작사가 아이작 왓츠(Isaac Watts)도 "예부터 도움 되시고 내 소망 되신 주"라고 표현했다. 하나님 그분이 바로 우리의 소망이시다. 그분이 우리 소망의 근원이시고, 우리 소망의 보증, 우리 소망을 이루시는 분이다. 진실로, 예수님을 모시고 그분을 아는 것보다 더 나은 소망이 있을까?

신약성경 히브리서에 보면 구약성경에 나온 이미지와 제사의식을 예수 그리스도와 접목시킨다. 히브리서 기자는 독자들을 위해 예수님이 대제사장 역할을 하시고 희생 제물이 되신 것을 묘사하였고, 유대교에서 회심한 자들에게는 구약성경에 나오는 그들의 조상이 나중에 예수님 안에서 완성될 하나님의 약속을 믿는 믿음으로 구원받았다는 점을 분명히 했다. 그는 독자들에게 전체적인 구원의 역사, 성경의 모든 이야기가 예수 그리스도라는 인물에 집중되어 있다는 것을 알리고 싶었다. 히브리서 기자는 독자들이 믿음과 인내 안에서 부지런하게 소망을 이루어 갈 것을 격려하였다(히 6:11).

우리가 이렇게 견뎌 내는 것은 "앞에 있는 소망을 얻으려고 피난처를 찾은 우리에게 큰 안위를 받게 하려 하심이라. 우리가 이 소망을 가지고 있는 것은 영혼의 닻 같아서 튼튼하고 견고"하다(히 6:18-19).

초기 그리스도인들처럼, 우리도 안전하고 확실한 영혼의 닻이 되시는 하나님께 소망이 있다. 우리 중 어떤 사람들은 부모님의 이혼이라는 난파를 당하여 바다에서 길을 잃고 몇 년씩이나 표류하는 삶을 살았다. 우리 힘으로 해안에 이르려고 용감하게 애를 썼지만, 분노의 거친 파도에 밀려 바다에 더 깊이 빠지고 슬픔의 강한 조류에 쓸려 가기도 했으며, 두려움과 좌절의 암초에 부딪치기도 했다. 우리가 우리 힘으로 대양(大洋)과 싸우는 노력을 중단하고 우리의 닻을 예수님께 내릴 때, 우리는 "큰 안위를 받을" 수 있다.

나는 성경 안에서의 여정과 하나님의 성품을 향해 가는 여정이 당신의 영혼에 닻을 제공해 주기를 소망한다. 이는 단번에 배우거나 끝낼 수 있는 원리들이 아니다. 우리 부모님의 이혼으로 그들의 결혼 관계는 끝났지만, 우리는 새로운 현실에 직면하게 되었다. 시간이 흐르면서 새로운 도전과 갈등이 우리의 삶에 등장할 것이고, 그러면 우리는 확신과 평안을 주시는 하나님의 말씀이라는 강한 성으로 계속해서 달려가야 할 것이다. 하나님은 거기서 우리를 기다리실 것이다.

8장

마침내
자유를
얻다

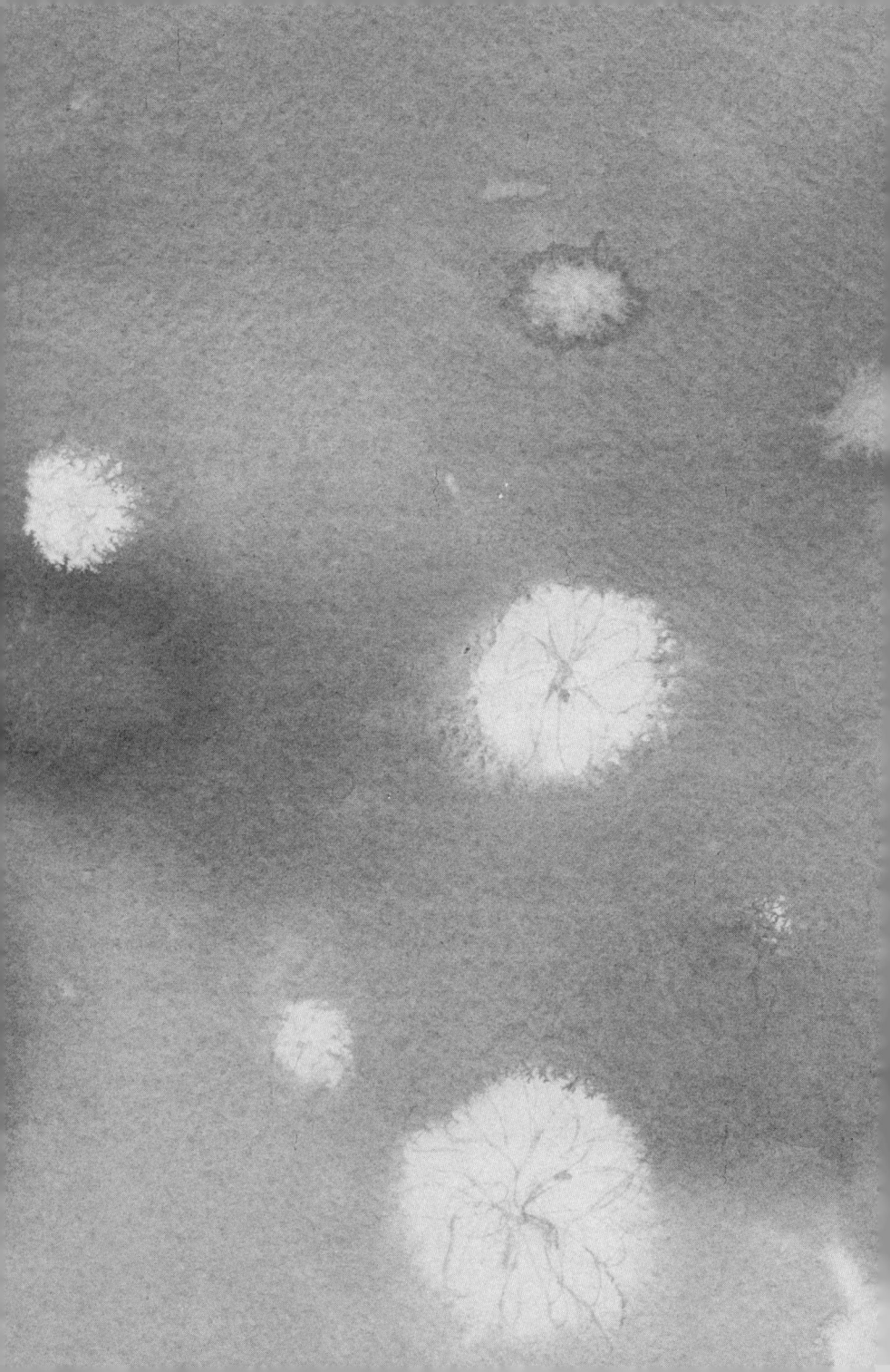

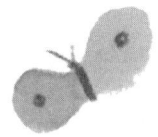

내가 자랄 때, 엄마는 한 번도 식기세척기를 쓴 적이 없었다. 아니, 그보다는 전기 식기세척기를 사용한 적이 없다고 하는 편이 낫겠다. 사촌과 내가 종종 말했던 것처럼, 우리 집안에서 아이들은 값싼 노동력이었다. 엄마가 주방장이요 허드레꾼이었다면, 아이들인 우리는 식기건조기였다. 가족 중 다른 누구보다도 더 뜨거운 물에 손을 담글 수 있었던 엄마가 그릇을 닦으면, 나는 그 그릇을 마른 행주로 닦아서 정리하는 일을 하곤 했다. 저녁마다 되풀이되는 그 일을 하면서, 엄마와 나는 함께 노래를 부르든지 이야기를 하면서 시간을 보냈다. 오늘날까지도 어떤 노래를 들으면 싱크대 가득 비눗물 묻은 그릇들이 쌓여 있는 모습이 떠오르기도 한다.

내가 집을 떠난 후에 그릇을 말리는 일은 남동생들 몫이 되었다. 엄마는 드디어 식기건조기를 간절히 바라기 시작했다. 남동생들은 노래를 잘 부르지 못했다. 그중 한 명은 유치원에 다니는 동안 전혀 노래를 부르지 않으려 했다. 또 남동생들은 수다를 잘 떨지도 않았다.

8장 마침내 자유를 얻다 __ 213

엄마는 나에게 학교에서 어땠는지 묻곤 했는데, 운동장에서 무슨 일이 있었는지, 점심 식사 후에 누가 아팠는지, 다음 체험 학습은 언제인지 묻고는 만날 똑같은 나의 장황한 이야기를 들어 주곤 했다. 하지만 엄마가 똑같은 질문을 남동생들에게 하면, 둘 다 "재미없었어요"라는 대답만 했다. 그 다음 질문, "그래? 그럼 학교에서 무슨 일 있었니?"라고 물어 보면, "아무 일도 없었어요"라고 둘이 합창을 했다. 남동생들은 그릇을 행주로 닦아 말리는 시간 동안 말싸움하는 것을 더 좋아했고, 젖은 행주를 가지고 서로 때리고 각자 몇 개나 더 그릇을 닦아야 하는지 엄마와 협상을 벌이기도 했다. 물론 노래를 부른다거나 이야기를 나누는 법은 전혀 없었다. 그렇게 하는 것이 집안일에서 놓여날 수 있는 현명한 방법이었는지도 모르겠다. 왜냐하면 지금까지도 나는 집에 가면, 남자들이 거실에서 휴식을 취하고 있는 동안 엄마를 도와 부엌에 붙어 있기 때문이다. 그리고 엄마와 나는 여전히 설거지를 하면서 수다 떠는 것을 좋아한다.

내가 20대였던 어느 날이었다. 나는 엄마와 부엌에 서서 마른 행주로 젖은 그릇을 말리고 있었고, 엄마에게 내가 그 주간에 씨름하던 영적인 진리에 관해 이야기하고 있었다. 무엇이 그런 깨달음을 자극하였는지 지금은 기억나지 않지만, 그 대화는 기억난다. 당시 아빠는 8년 동안이나 나에게 연락을 하지 않던 때였다. 물론 그의 침묵이 영원하지 않으리라는 것을 그때는 알지 못했다. 나는 내가 아주 많이 상처를 받았다는 것, 어떤 설명조차 하지 않고 나와 연락을 끊은 아빠에게 무척 화가 났다는 것은 알고 있었다. 그러나 또한 아빠와 나의 관계에 대해서 깨닫게 된 것도 있었는데, 바로 내가 아빠를 용서해야만 한다는 것이었다. 내가 그를 용서할 수 있어서도 아니고, 그를 용서하는 편이 나아서도 아니었다. 나는 반드시 아빠를 용서해야만 했다. 그날 부엌에서 나는 엄마에게 이런 이야기를 했다. 나는 하나님이 그간 내가 저질렀던 일과 앞으로 내가 저지를 모든 일을 이미 용서하셨다는 것을 알고 있었다. 나는 엄마에게 말했다. "등을 돌리고 뒤돌아선 채로, 이 한 가지 일 때문에 아빠를 용서하지 않는다는 건 하나님 얼굴에 침을 뱉는 것이겠죠? 하지만 지금 당장은 아빠를 용서할 수 없기 때문에 마음이 힘들어요. 그래야 한다는 건 알겠지만, 지금 당장은 그렇게 할 수가 없어요."

위선자와 왕

내가 용서의 문제로 씨름한 것은 아주 실제적인 영적 의미를 지니고 있었다. 우리는 용서를 좀 가볍게 여기는 경향이 있다. 실제로 용서를 하든지 안 하든지, 적어도 다른 사람을 용서하는 것에 대해서만큼은 오히려 쉽게 생각한다. 만약 우리가 선택할 수 있다면, 만약 다른 사람이 용서받을 만한 가치가 있거나 그렇게 하는 편이 우리 자신의 성장에 보탬이 된다면, 우리는 용서할 수 있다고 생각하고 싶어 한다. 그런데 하나님은 말씀 속에서 아주 다양한 용서의 모습을 보여 주신다.

예수님은 우화나 이야기를 통해 가르치기를 좋아하셨는데, 우리의 일상적인 삶의 현장에서 거룩한 삶을 사는 원리들을 보여 주시기 위해서였다. 교훈적인 설교보다 쉽게 배우고 적용할 수 있는 이야기들이었다. 마태복음 18:21-35에 나오는 예수님의 이야기는 제자 베드로의 질문으로 시작되었다. "주여, 형제가 내게 죄를 범하면 몇 번이나 용서하여 주리이까. 일곱 번까지 하오리이까?"(마 18:21)

베드로는 자기의 명예를 위해, 자기가 얼마나 관대한지 보이려고 아주 진지하게 질문을 했다. 당시 다른 선생들은 자기 제자들에게 세 번 용서하라고 가르쳤다.[1] 3이란 숫자는 적절하고 완전하고 성경적인 숫자였다. 실제로 몇 퍼센트의 사람들이 같은 일에 대하여 누군가를 연달아 세 번 용서할 수 있겠는가? 그보다 우리는 "스트라이크 세 개니까 넌 이제 아웃이야!"라고 말하기가 더 쉬울 것 같다. 이 무렵 베드로는 당시 종교 지도자들이 사람들에게 부과해 놓은 건방지고 인위적인 규율들을 예수님이 깨뜨리신다는 것을 알고 있었다. 또한 그와 동시에 예수님이 모든 사람에게 당시 대부분의 설교자들이 가르치는 것보다 훨씬 높은 도덕적 기준을 따르게 하시는 것도 알고 있었다. 용서야말로 도덕성의 시금석이 되었다. 그러므로 베드로는 예수님이 일정 기준 이상의 용서를 요구하실 것이라고 생각했고 기준이 되는 세 번을 두 배로 늘리고 거기에 또 한 번을 보탰다. "주님, 일곱 번은 어떨까요? 멋진 해결책 아닌가요?"

그런데 예수님의 대답은 베드로가 기대했던 것이 아니었다. "일곱 번뿐 아니라 일곱 번을 일흔 번까지라도 할지니라"(마 18:22). 베드로는 근사치에도 가지 못했다. 예수님은 이어서 우리가 용서에 대해 어떻게 접근해야 하는지 좀더 분별할 수 있도록 깜짝 놀랄 만한 답변을 해주셨다.

예수님은 베드로에게 말씀하셨다. 옛날 옛적에, 왕에게 큰 빚을 진 남자가 있었다. 왕은 그에게 빚을 갚으라고 했지만, 그 사람은 빚을 갚을 능력이 없었다. 왕은 그 사람과 가족을 감옥에 가두고 그의 모든 소유를 팔라고 명령했다. 이 처분을 듣자, 남자는 왕 앞에 무릎을 꿇고 애원하며 빚을 갚을 때까지 시간을 주십사 간청했다. 남자의 간청에 감동한 왕은 그를 풀어 주었을 뿐만 아니라 그의 모든 빚까지 탕감해 주었다!

만약 이야기가 여기서 끝이라면, 우리는 왕이 도량이 넓으니까 그렇게 했겠지 하며 그냥 우리 일상을 살았을 것이다. 그러나 예수님의 이야기는 이어졌다.

왕궁을 떠난 후, 그 남자는 자기에게 약간의 빚을 진 다른 동료 종을 만났다. 남자는 자기에게 관대하게 대했던 왕의 모범을 따르지 않고, 자기 친구에게 당장 돈을 갚으라고 닦달을 했다. 친구가 약간의 시간을 달라고 했으나 그는 거부하고 친구를 감옥에 가두었다. 자기의 인색함을 그대로 드러내었다. 이것을 본 다른 종들이 왕에게 가서 이 일을 보고했다. "당신께 와서 자비를 구해 왕께서 빚을 탕감해 주셨던 사람을 기억하시지요? 그 악당 같은 놈이 돈을 갚지 않는 다른 친구를 감옥에 처넣었어요. 그가 당신께 졌던 빚에 비하면 코딱지만 한 액수인데도 말이에요."

다시 한 번 말하지만, 예수님이 또 이쯤에서 이야기를 끝내셨다면, 우리는 그저 그 남자를 나쁜 놈이라고 비난하고 우리 식대로 살아갔을 것이다. 그러나 예수님은 아직 이야기를 마치지 않으셨다.

가치 없는 사람에게 아량을 베풀었다는 사실을 알게 된 왕은 그 남자를 불러 몹시 화를 냈다. "악한 종아, 네가 빌기에 내가 네 빚을 전부 탕감하여 주었거늘 내가 너를 불쌍히 여김과 같이 너도 네 동료를 불쌍히 여김이 마땅하지 아니하냐?"(마 18:32-33). 그리고 나서 예수님은 아주 무시무시한 결론을 말씀하신다. "주인이 노하여 그 빚을 다 갚도록 그를 옥졸들에게 넘기니라. 너희가 각각 마음으로부터 형제를 용서하지 아니하면 나의 하늘 아버지께서도 너희에게 이와 같이 하시리라"(34-35절).

당신의 신학적 관점에 따라, 마지막 구절들은 이런 의미를 지닐 수도 있다. 즉 다른 사람을 용서하기를 거부하는 것은 구원을 잃을 위험 속에 자기 자신을 방치한다는 의미일 수도 있다. 그러나 여기서 예수님은 구원이 아니라 용서에 대해 가르치시는 중이다. 하나님이 은혜를 거두시도록 우리가 원인 제공을 할 수도 있다는 것이 핵심이 아니라, 하나님은 우리가 용서를 아주 진지하게 여기기를 바라신다는 것이다.

만약 우리가 죄를 회개하고 우리의 과거와 미래의 잘못들까지 용서받은 예수님의 제자라면, 우리는 엄청난 빚을 탕감받은 첫 번째 종인 셈이다. 그런 우리가 다른 사람을 용서하지 않는다면, 우리는 모든 면에서 그 야비한 종처럼 좀스럽고 어리석은 사람이다. 자기는 산더미 같은 빚에서 면제되었으면서도 친구한테서는 단 몇 푼까지 악착같이 받아 내는 꼴이니 말이다.

예수님이
용서하셨기 때문에

우리는 얼마나 깊숙이 우리가 잘못되었는지 안다. 1장에서 우리는 하나님이 우리가 겪는 고통을 얼마나 잘 아시는지 살펴보았다. 하나님은 우리의 상처로부터 얼굴을 돌리시지도 않고, 그 상처들이 마치 존재하지 않는 척 가면을 쓰라고 요구하시지도 않는다. 그러나 용서에 관해 우리가 자주 겪는 문제는 우리가 고통을 과소평가한다는 것이 아니라 우리의 죄를 얕잡아본다는 사실이다.

내가 부엌에서 그동안 내가 범한 잘못들과 앞으로 저지를 모든 잘못들을 하나님에게서 다 용서받았다고 이야기했던 것은 절대적으로 맞는 말이었다. 그렇지만 사실 나는 내가 저지른 잘못이 얼마나 큰지 거의 깨닫지 못하고 있는 것 같다. 그 대신 내가 범하지 않은 잘못에 대해서만 생각하려고 한다. 마약에 손을 댄 적도 없고, 누군가를 살해한 일도 없으며, 세금을 포탈한 적도 없으니, 나는 꽤 괜찮은 사람 아닌가! **에헴**. 나를 하나님의 현미경에 비춰 보기 전까지는 말이다. 나는 누군가를 뒤에 숨어서 증오했고, 내 앞에서 알짱거리는 운전자에게 욕을 퍼부었으며, 옷이 가득 찬 옷장 앞에 서서 입을 옷이 없다고 불평했다. 이런 일들이 내게는 별것 아닌 것처럼 보이지만, 하나님께는 결코 하찮은 일이 아니다. 이스라엘 백성이 하나님이 주신 먹을거리에 대해 불평했을 때 무슨 일이 벌어졌는지 한번 살펴보라!(민 21:4-9) 이 사건을 보면서 나는 내 옷장에 대한 생각을 고쳐먹게 되었다.

하나님은 내 죄를 상대평가하시지 않는다. 하나님은 나를 내려다보시며, "그래, 크리스틴은 토막 살인자가 아니잖아. 그게 중요한 거지"라고 말씀하시지 않는다. 대신 하나님은 예수님이 완성하신 의와 거룩함의 잣대로 내 죄를 평가하신다. 그 기준에 따르면 나는 절망적이고 비참한 죄인이다. 하나님이 비추시는 빛, 그 빛 아래서 내 죄를 본다면 갑자기 새로운 그림이 펼쳐진다. 갑작스럽게 나는 도무지 갚을 길 없던 큰 빚을 탕감받은 그 종이 되어 버리는 것이다.

골로새 교회를 향해 바울은 이렇게 강권한다. "누가 누구에게 불만이 있거든 서로 용납하여 피차 용서하되 주께서 너희를 용서하신 것같이 너희도 그리하고"(골 3:13). 바울은 하나님이 우리를 어떻게 용서하셨는지 생각해 보라고 권고한다.

첫째로, 하나님은 우리를 완전히 용서하셨다. 우리는 일부분만 용서받은 게 아니다. 하나님은 우리의 덜 심각한 죄만 용서하시고, 진짜

심한 것은 숨겨 두셨다가 우리에게 화가 나실 때면 꺼내서 보여주시는 분이 아니다. 하나님은 과거를 깨끗이 잊으신다. 이사야 1:18에서 하나님은 말씀하신다. "오라, 우리가 서로 변론하자. 너희의 죄가 주홍 같을지라도 눈과 같이 희어질 것이요 진홍같이 붉을지라도 양털 같이 희게 되리라."

어떤 것을 빨간색에서 하얀색으로 바꿔 보려고 한 적이 있는가? 그건 쉬운 일이 아니다. 몇 주 전에 나는 달리기를 했다. 발가락에 약간 상처가 있어서 욱신거렸지만 그냥 달렸다. 집에 돌아와 운동화를 벗어 보니 그 작은 상처에서 피가 나 양말의 발가락 있는 부분이 전부 빨간 피로 얼룩져 있었다. 그 양말은 달리기할 때 좋은 양말이라 버리고 싶지 않아서, 나는 얼룩을 빼 보려고 애를 썼다. 전문가의 조언에 따라 먼저 물로 헹구고 식초를 뿌려 두드린 다음 강력한 세제를 뿌려 놓았다. 그래도 얼룩이 남았다. 마지막으로 다른 세제에 몇 시간 담가 두었더니 그제야 얼룩이 거의 사라졌다. 찾으려고 해야 보일 정도가 된 것이다.

얼룩 제거제가 대부분의 역할을 해주었다. 그러나 하나님은 깊게 침투한 우리 죄의 얼룩을 씻기시고 눈처럼 깨끗하게 해주시겠다고 말씀하신다. 하나님은 우리에게 남아 있는 희미하고 누런 얼룩 자국을 보시지 않는다. 우리에게 어떤 얼룩도 없었던 것처럼, 가장 깨끗하고 환하게 밝은, 전혀 더럽혀지지 않은 사람으로 우리를 바라보신다. 하나님은 우리를 완전히 용서하신다.

우리를 완전히 용서하신다는 사실에 하나 더 덧붙이자면, 하나님은 심지어 우리가 용서를 구하기도 전에 용서하셨다. 로마서 5:8은 말한다. "우리가 아직 죄인 되었을 때에 그리스도께서 우리를 위하여 죽으심으로 하나님께서 우리에 대한 자기의 사랑을 확증하셨느니라." 하나님은 우리가 행동을 수정하고 우리에게 가치가 있다는 것을 증명해 보일 때까지 기다리시지 않았다. 예수님은 우리가 아직 죄인 되었을 때 우리를 위하여 죽으셨다. 우리는 이런 용서를 받을 자격이 없었고 어떤 노력으로 용서를 얻은 것도 아니다. 사실 우리는 원수 되었을 때 하나님과 화목하게 되었다(롬 5:10). 이 구절은 은총을 받을 자격이 있는 사람들을 묘사한 것 같지 않다.

서글프게도 우리는 자주 예수님이 베푸셨던 것과 같은 용서에 턱없이 모자란다. 우리는 용서를 구하지 않는 사람은 용서할 필요가 없다는 말을 들으며 살았다. 다른 사람들이 우리에게 용서를 구해야 하고, 그들이 용서받을 자격이 있음을 우리에게 보여 줘야 한다는 식으로 배워 왔다. 그렇지만 우리가 이런 식으로 하나님께 용서를 받은 것이 아니다. 하나님은 우리가 원수였을 때 평화를 위한 길을 내셨다.

하나님이 우리에게 용서하기를 요구하신다는 사실을 깨닫는 것이 중요하다. 그렇지만 우리더러 어리석어지라고 하시지는 않는다(사실 하나님은 우리가 어리석은 자가 되지 않기를 바라신다). 만약 당신 동생이 물건을 훔치는 나쁜 습관을 갖고 있다면, 그를 몇 번이라도 용서하라. 그렇지만 당신의 지갑이 있는 곳에 동생을 혼자 두지는 말라! 그 동생이 약한 부분에서 그를 시험에 들게 하는 것은 옳지 않다.

또한 하나님은 당신에게 순진하게 되라고 하시지 않는다. 트리시는 다섯 살 때 부모님이 이혼하셨다. 몇 년 동안이나 트리시는 아버지와 전혀 연락을 하지 않고 지냈다. 하지만 마침내 아버지가 이따금 전화를 걸기 시작했는데, 점심 식사를 함께 하자거나 커피를 마시자고 했다. 트리시는 아버지를 알아 갈 기회를 갖게 되어 기뻤지만, 아버지가 그저 가끔씩만 주변을 맴도는 것 같아서 싫었다. 게다가 아버지가 여전히 다른 자식들과는 만나려고 하지 않는다는 사실에 기분이 좋지 않았다.

트리시가 결혼을 하고 첫아이를 임신할 때까지 아버지와의 관계는 이런 식으로 이어졌다. 할아버지가 될 것이라는 생각 때문인지 트리시의 아버지는 아버지 노릇을 하려고 했다. 갑작스럽게 트리시의 아버지는 그녀의 인생에서 더 큰 역할을 하고 싶어 했다. 아버지의 부재가 자기 인생에 얼마나 큰 고통을 가져왔는지 알고 있었던 트리시는, 아이들을 할아버지의 변덕에서 보호해야겠다고 마음먹었다. 트리시는 아버지를 앉혀 놓고 만약 손주들의 삶에 함께하고 싶다면 기본적으로 지켜야 할 규칙이 있다는 사실을 이야기했다. 지속적인 관계를 맺겠다고 약속하는 것이 가장 중요했다. 마음이 내킬 때만 모습을 보였다가 몇 달이고 또 사라져 버리는 일은 금지였다.

25년 전에 내팽개친 딸이 은혜와 용서를 베푸는 것을 본 아버지에게 이 모든 일이 어떤 영향을 끼쳤을지 트리시는 희망적으로 생각한다. 큰딸과의 관계가 개선되기 시작하자, 트리시의 아버지는 또 다른 자식들과도 관계를 맺기 시작했다.

트리시는 아버지가 자기 삶에 들어오는 것을 받아들였다. 또한 자기가 아버지를 사랑하고 용서했다는 사실을 알려 주었다. 그러나 자기에게는 아이들을 보호해야 할 책임이 있다는 것과 아버지가 손주들과 관계를 맺으려면 자기 부부가 세워 놓은 일정한 규칙을 따라야 한다는 것을 분명히 알았다. 아버지를 용서했다는 것이 자신의 어린 자녀들이 가끔씩 등장하는 할아버지의 변덕에 휘둘려야 한다는 의미는 아니었다.

예수님은 어떻게 용서하셨나

예수님이 육체로 오신 하나님이라는 사실을 안다 해도, 예수님이 다른 사람을 용서하신 것은 매우 놀랍다. 적어도 내게는 그렇다. 십자가에 달려 고난을 당하실 때 예수님이 하신 말씀을 생각해 보라. "아버지, 저들을 사하여 주옵소서. 자기들이 하는 것을 알지 못함이니이다"(눅 23:34). 당신이 완전히 결백할 때, 그것도 완전히 결백하다고 불릴 만한 사람이 오로지 당신뿐일 때, 당신에게 명백한 잘못을 저지른 사람을 용서하려면 겸손이 요구된다. 내 권리는 의식적으로 한쪽으로 밀어 놓고, 의도적으로 복종하려는 자세를 갖추어야 한다.

십자가에 달리기 몇 시간 전에 자신을 대적하는 자들을 위해 예수님이 탄원하신 것을 살펴보면 이와 같은 사실을 알 수 있다. 예수님은 제자들과 만찬을 즐기셨는데, 요한은 이렇게 썼다. "유월절 전에 예수께서 자기가 세상을 떠나 아버지께로 돌아가실 때가 이른 줄 아시고 세상에 있는 자기 사람들을 사랑하시되 끝까지 사랑하시니라"(요 13:1). 예수님이 베드로에게는 새 낚싯대를, 야고보와 요한에게는 "우레의 아들들"이라고 쓰인 티셔츠를, 또 다른 제자들에게는 각자의 구미에 맞는 선물을 골라 가방에 담아서 전달하신 것이 아니었다. 대신 예수님은 수건을 두르고 제자들의 발을 씻기셨다.

발을 씻기는 것이 우리에게는 이상하게 들린다. 그러나 사람의 발이 주요한 교통수단이었던 문화에서는 이런 행위가 손님을 잘 접대한다는 중요한 표지였다. 이 일은 냄새도 나고 더러운 일이었다. 먼지 나고 진흙탕인 길을 오래 걸으면 발은 땀에 젖고 냄새가 나기 마련이다. 일반적으로 가장 천한 노예가 손님의 발을 씻기는 일을 맡았다.

이것은 예수님이 하실 일이 아니었다. 또한 스승과 제자 사이에서 예스럽고 친숙한 의식도 아니었다. 제자들은 깜짝 놀랐다. 스승이요 주님이신 그분이 자기들의 발을 씻기게 할 수는 없었다. 베드로는 예수님이 절대로 자기의 발을 씻기시면 안 된다고 당당히 말했다. 그것은 품위가 없는 일이고 뭔가 뒤바뀐 일이었다. 그러나 예수님은 "내가 너를 씻어 주지 아니하면 네가 나와 상관이 없느니라"고 하셨고(요 13:8), 베드로는 마침내 동의했다.

이 이야기는 많은 그리스도인들이 들어 본 이야기다. 우리는 예수님이 제자들의 발을 씻기셨다는 것을 안다. 어떤 교회에서는 특히 부활절을 앞둔 목요일에 세족식을 하기도 한다. 그러나 우리가 간과하기 쉬운 것은 예수님이 이렇게까지 자기를 낮추실 수 있었던 이유다.

요한은 만찬이 이미 진행 중이었다고 설명한다. 사탄은 이미 유다가 예수님을 배반하도록 유혹했다고 말한다. 그런 다음 핵심적인 요점을 말해 준다. "예수는 아버지께서 모든 것을 자기 손에 맡기신 것과 또 자기가 하나님께로부터 오셨다가 하나님께로 돌아가실 것을 아시고"(요 13:3).

예수님은 당당하게 인생 길을 걸으실 수 있었다. 바리새인들의 비난을 받고 끔찍한 죽음의 육체적 고난도 겪으면서도 자기를 매일매일 낮추셨고, 심지어는 자기를 따르는 자들의 더러운 발도 씻기셨다. 왜냐하면 예수님은 당신이 어디서 와서 어디로 가는지 아셨기 때문이다.

만약 우리가 이런 확신을 갖는다면 우리의 삶이 어떻게 달라질까? 우리는 어디에서 왔는가? 우리는 하나님의 형상을 따라 창조되었고(창 1:26), 하나님의 자녀요(요일 3:1), 하나님이 만드신 작품이다(엡 2:10). 우리가 창조된 곳이 하나님의 손보다 더 나은 곳이 있을까?

몇 년 전에 할머니는 우리 가족의 계보를 추적하기 시작했다. 취미로 시작하신 일이었는데, 귀중한 이야기와 사진, 수십 권이나 되는 족보를 발견하는 계기가 되었다. 할머니의 많은 이야기를 듣고 나니 나도 자극을 받아서 우리 집안의 과거에 대해 파헤치기 시작했다. 1600년대에 미국으로 건너온 조상에 대해 살펴보던 중, 다른 사람이 모아 놓은 가계도를 발견했다. 가계도에 따르면, 우리 조상의 뿌리는 유럽 역사의 샤를마뉴(Charlemagne) 시대로 거슬러 올라간다. 그는 신성 로마 제국의 첫 번째 황제로, 중세 이후 모든 왕족의 선조다. 이런 사실을 발견하고 나니, 내가 뭔가 고귀한 사람이 된 것처럼 느껴졌고 서명을 할 때 좀더 신중하게 하게 되었다. 나는 왕과 왕비의 후손이니까. 왕족의 피가 내 혈관에 흐르고 있으니까. 하나님의 사랑을 받는 자녀인(엡 5:1) 우리는 왕족으로서 화려한 필체로 서명할 수 있다. 우리는 왕 중의 왕이신 하나님의 자녀 아닌가!

그러면 우리는 어디로 가고 있는가? 우리의 목적지는 천국이다. 믿음장이라고 불리는 히브리서 11장을 보면 구약의 성인들이 등장한다.

> 이 사람들은 다 믿음을 따라 죽었으며, 약속을 받지 못하였으되 그것들을 멀리서 보고 환영하며 또 땅에서는 외국인과 나그네임을 증언하였으니 그들이 이같이 말하는 것은 자기들이 본향 찾는 자임을 나타냄이라. 그들이 나온 바 본향을 생각하였더라면 돌아갈 기회가 있었으려니와 그들이 이제는 더 나은 본향을 사모하니 곧 하늘에 있는 것이라. 이러므로 하나님이 그들의 하나님이라 일컬음 받으심을 부끄러워하지 아니하시고 그들을 위하여 한 성을 예비하셨느니라(히 11:13-16).

예수님은 제자들에게 이와 거의 흡사한 말씀을 하셨다. "내 아버지 집에 거할 곳이 많도다. 그렇지 않으면 너희에게 일렀으리라. 내가 너희를 위하여 거처를 예비하러 가노니 가서 너희를 위하여 거처를 예비하면 내가 다시 와서 너희를 내게로 영접하여 나 있는 곳에 너희도 있게 하리라"(요 14:2-3).

우리는 하나님의 손에서 나와 하나님이 우리를 위하여 예비하신 곳으로 간다. 우리가 거시적인 관점으로 인생을 바라보기 시작한다면, 우리가 동의하지 않는 것이나 우리가 겪는 불의들이 갑자기 상대적으로 작아 보인다. 천국을 생각한다면 우리 귀에 거슬리는 말이 뭐가 있겠는가? 우리 부모님이 우리 삶에 초래한 모든 상처와 고통은 영원과 비교해 보면 아무것도 아니다.

실천 단계

신학적으로는 용서해야 한다는 것을 알고 있지만, 우리는 자주 개인적인 수준에서는 용서를 하지 못한다. 내가 엄마와 부엌에 있던 그날, 나 자신을 발견한 이야기를 해 보겠다. 나는 용서의 필요를 분명히 인식하고 있었고 당시 나 스스로의 힘으로는 용서할 수 없다는 것도 확실히 알고 있었다. 그렇다면 어떻게 이 난관을 뛰어넘어 용서의 길을 찾을 것인가?

첫 번째 단계는 용서의 신학을 이해하는 것이다. 우리가 어느 정도

살펴보기는 했지만, 성경은 기나긴 용서와 화해의 이야기다. 그래서 이 책에서는 하나님이 이 주제에 대해 말씀하셔야 하는 것의 표면만 겨우 훑었을 뿐이다. 좀더 깊이 들어가려면 몇 시간(혹은 며칠이나 몇 주) 동안 주제별 성경사전이나 색인을 찾아 가며 창세기에서 요한계시록까지 용서에 관해 살펴볼 수도 있을 것이다.

두 번째 단계는 조금 더 고통스럽다. 거기에는 회개가 포함된다. 불행하게도 회개에 대한 우리의 정의는 굉장히 희석되었다. 어떤 유명인사가 마약과 같은 실수를 저지를 때마다 그들은 재빠르게 자기 잘못을 시인하고 곧이어 중독 치료 센터가 공개적인 속죄를 해준다. 잘못된 행동이나 정치적인 망언으로 연예인이 곤경에 처하더라도 이런 행위를 너무나 자주 중독 탓으로 돌린다. 이와는 달리, 회개는 비난에 대해 술책을 부리지 않고 수용하는 것이다. 진정으로 내 탓이라고, 내가 죄인이라고 인정하는 것이다. 나는 원한이나 용서하지 않는 마음을 붙들고 있었던 죄인이다. 회개에는 또한 바뀌려는 헌신이 요구된다. 고백했던 잘못된 행동에서 뒤돌아서거나 새로운 생활방식과 사고방식으로 전환하는 것을 의미한다.

세 번째로, 우리는 의식적으로 우리의 원한을 내려놓고 우리에게 영향을 끼친 상처에 대해 분노할 권리를 포기해야 한다. 바울은 빌립보 교회를 향해 이렇게 썼다. "너희 안에 이 마음을 품으라. 곧 그리스도 예수의 마음이니 그는 근본 하나님의 본체시나 하나님과 동등됨을 취할 것으로 여기지 아니하시고 오히려 자기를 비워 종의 형체를 가지사 사람들과 같이 되셨고"(빌 2:5-7). 예수님은 겸손의 모델이시지만 겸손은 우리의 본성에 위배된다. 바울은 한때 자기가 훌륭한 유대인이었다고 자랑했다(고후 11:21-28). 그는 점수를 따려고 노력했지만, 그가 으스댈 만한 자격은 하나님의 아들, 죄가 없으시고 우주의 창조자이신 예수님과 비교해 볼 때 아무것도 아니었다. 예수님은 자랑하실 만한 자격이 충분히 있었다. 하지만 우리를 위해 자기를 낮추셨고 겸손의 궁극적인 본이 되어 주셨다. 우리는 우리가 상처 받고 화를 낼 권리가 있다고 느낄지도 모른다. 또 우리의 말이 맞을 수도 있다. 그러나 겸손은 우리의 합법적인 권리조차, 더 나은 것, 더 고귀한 어떤 것을 위해 내려놓으라고 한다.

우리가 포기해야 할 것이 하나 더 있는데, 이것이 네 번째 단계다. 우리는 기대를 포기해야 한다. 좀더 명확하게 말하자면, 우리가 부모님과 완전무결한 관계를 맺을 수 있다는 생각을 내려놓아야 한다는 것이다. 부모님이 우리에게 상처를 줄 때, 만약 우리가 화해를 한다면 모든 것이 이전 상태로 돌아갈 것이라고 생각하려는 유혹을 받을 것이다. 참 멋진 환상이기는 하지만, 그것은 비현실적이기 때문에 용서를 하는 과정에 해로울 수도 있다. 모든 것이 이전처럼 되어야 한다는 우리의 꿈이 어긋나고 현실로 이루어지지 않을 때, 우리는 다시 한 번 상처를 받고 용서라는 것이 과연 할 만한 가치가 있는지 의심하게 될 것이다.

그렇다고 우리가 냉소적이 되어야 한다는 말은 아니다. 아무것도 바라지 않고 평생 동안 부모님에게 상처를 받으라는 말도 아니다. 관계가 이전과 결코 똑같지 않을 것이기 때문에, 사려 깊지 않은 말과 생각 없는 행동으로 깨어졌던 예전의 관계보다 더 낫고 강한 관계를 맺을 수 없다는 뜻도 아니다. 그것은 우리가 하나님과 맺는 관계에서도 마찬가지다. 우리는 에덴동산에서 살았을 때의 죄 없는 상태의 인류로 결코 돌아갈 수 없을 것이다. 그렇지만 우리는 바로 그 자리에서 우리를 불쌍히 여기시는 하나님의 은혜와 용서를 입는다. 하나님의 사랑은 어떤 면에서 처음 사랑보다 더 부드럽고 달콤하다. 왜냐하면 우리가 비참하게 실패했음에도 불구하고 베풀어 주신 사랑이기 때문이다.

미안하게도 마법과 같은 다섯 번째 단계는 없다. 마지막으로, 용서는 선택이다. 다른 사람이 우리에게 끼친 해악에도 불구하고, 그들이 용서받을 자격이 없음에도 불구하고, 우리가 전에 누렸던 관계를 되찾을 수 없다 할지라도 우리가 용서하기로 선택하는 것이다. 1단계에서 4단계는 그런 선택을 할 수 있는 지점으로 우리를 이끌어 준다. 그러나 결국 우리는 용서할 것인지 아니면 우리의 상처에 매달릴 것인지 반드시 선택해야만 한다.

때로 우리는 상황을 복잡하게 만들려고 한다. 해답이 복잡하다면, 그 해답을 적용하지 못하는 것은 우리 잘못이 아니다. 우리에게는 책임이 없다. 우리는 죄와 자기연민, 용서하지 못하며 자기 중심적이거나 그 밖의 다른 수렁 속에서 뒹굴 수도 있다. 우리는 마치 하나님을 사랑하고 이웃을 사랑한다면 모든 율법과 계명을 지킬 것이라고 하신 예수님의 말씀을 듣고도, "누가 나의 이웃입니까?"(눅 10:29)라고 물은 바리새인과도 같다. 바리새인은 일을 복잡하게 만들고 싶어 했다. 누가 이웃으로서 자격이 있는지, 어떤 사람은 아닌지 분류표를 만들고 누구를 사랑해야 하는지, 누구는 그냥 지나쳐도 되는지 구분하려고 했다.

그렇지만 해답이 간단하다면 우리에게는 변명의 여지가 없다. 우리는 우리가 아는 것들을 적용할 책임이 있다. 사랑하고 용서하고 소망을 품고 신뢰하라. 이런 것들은 어려운 개념이 아니다. 적용하기가 힘들 뿐이다. 우리가 해야만 한다고 아는 것을 순종하기가 어려운 것이다.

용서는 무척이나 사심 없는 행위다. 우리 스스로를 보호해야 한다는 본능에 역행하는 것이다. 또한 큰 위험도 감수해야 한다. 내가 용서를 한다고 상대방이 그것을 받아들일지 장담할 수도 없다. 그들이 용서를 귀한 선물로 생각할지도 보장하지 못한다. 그들은 예수님의 비유에 나오는 감사하지 않는 종과 같을지도 모른다. 우리의 용서를 자기 호주머니에 대충 쑤셔넣고는 마음은 바뀌지 않은 채로 돌아갈 수도 있다. 뒤돌아서서는 다시 일곱 번씩 일흔 번 우리에게 상처를 줄지도 모른다. 이런 현실에 비춰 본다면 우리가 누군가를 용서할 때 좀더 신중하게 한도와 조건을 설정해야 할 것만 같다. 마치 자동차 광고에서 45초 동안 빠르게 면책 조항을 읊은 것처럼, "나는 당신을 용서합니다"라는 말도 그런 한도와 조건 이후에 따라 나와야만 한다.

알렉산더 포프(Alexander Pope, 영국의 시인-역주)는 문학 비평에서 "과오는 인지상사요, 용서는 신의 본성이니라"(To err is human, to forgive is divine)라고 썼다. 그의 성찰은 사실이다. 잘못을 범하는 것은 인간으로서 우리의 본성이다. 하와가 금지된 과일을 한 입 베어 물고 남편에게 건네자 그가 사양하지 않고 받아들였던 그 순간부터, 인류는 죄를 짓는 쪽으로 흔들리며 질주해 왔다. 서로에게 상처를 입히고, 하나님을 대적하고, 자기 자신을 파괴한다. 이것이 우리가 하는 짓이고 우리의 본모습이다. 부인해 봤자 소용없고 피해 가려고 애써도 소용없다. 우리는 절대적으로, 완전히 죄인이다. 이와는 반대로 하나님의 본성에는 용서가 있다(물론 그 밖에도 여러 가지가 있다). 하와가 과일을 따먹었어도 하나님은 놀라지 않으셨다. 하나님은 하와와 아담이 유혹을 받으면 어떻게 할지 정확히 아셨다. 하나님이 흙으로 아담을 만드시고 아담의 갈비뼈를 취해 하와를 창조하셨을 때, 하나님은 당신의 백성을 구속하고 용서와 화해를 제공하실 계획을 이미 갖고 계셨다. 하나님이 행하신 모든 일, 심지어 공의와 징벌조차도, 구원을 향한 하나님의 광대한 계획 속에 이미 들어와 있었다.

용서는 진실로 하나님의 속성이다. 우리에게 잘못을 저지른 사람을 용서할 때, 우리가 그릇 행하는 사람을 받아들이는 엄청난 위험을 감수할 때, 우리는 바로 하나님의 발자취를 따르는 것이다. 하나님도 우리에게 모험을 하셨다. 우리도 우리에게 잘못을 저지른 사람에게 그와 같은 모험을 할 수 있을까?

9장

'우리 아버지'에게서
벗어나기

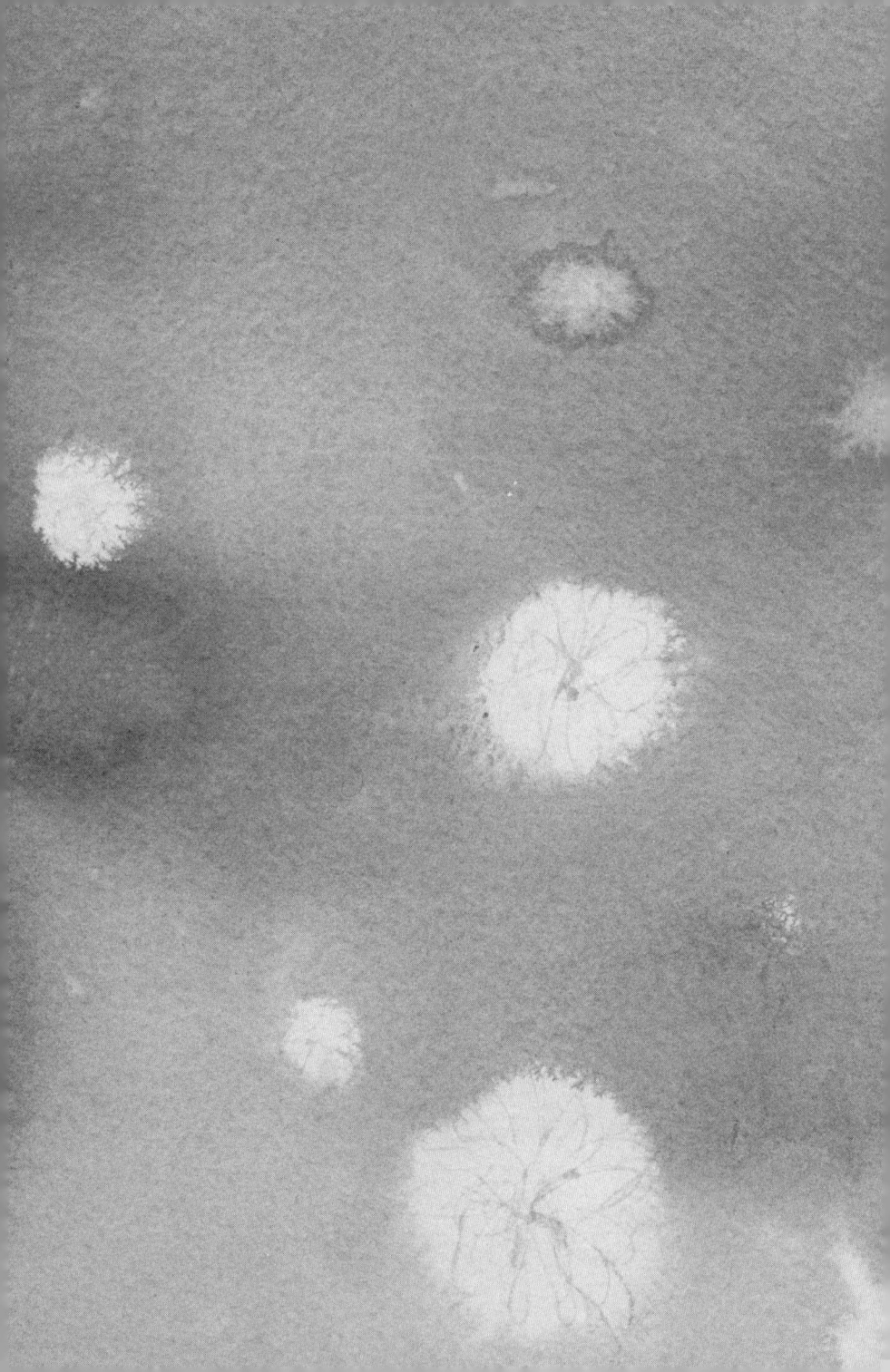

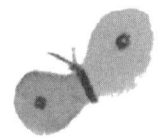

여섯 살 때 나는 일리노이 디케이터(Decatur)에 있는 한 교회 지하에서 플라스틱 의자에 앉아 있었다. 그러고는 청소년부 리더 한 명이 어떤 선교사에 관한 이야기를 읽는 것을 들었다. 나는 선교사 이야기책을 무척 좋아했다. 멀리 있는 곳에서 하나님을 알게 된 사람들, 또 그들이 커다란 위험 속에서 하나님을 따르기 시작했다는 이야기가 좋았다. 그 이야기는 필리핀의 한 소년에 관한 이야기였던 것 같은데, 그 소년의 할아버지는 주술사였다. 선교사가 그 마을에 가서 하나님을 전하자, 소년은 신앙을 갖게 되었다. 그러나 소년의 할아버지는 소년의 새로운 믿음 때문에 그를 죽이겠다고 협박했다. 결론적으로 할아버지와 거의 대부분의 마을 사람들이 예수님을 따르게 되었고, 소년은 해를 당하지 않고 무사할 수 있었다.

이 이야기의 중간 부분쯤에 복음에 대한 명확한 설명이 나와 있었다. 우리가 하나님께 불순종한 죄인이라는 것, 하나님이 우리의 죄를 위해 아들을 보내서서 죽게 하셨다는 것, 우리는 죄를 깨닫고 하나님이 우리를 용서해 주시고 구원해 주시길 간구해야 한다는 것이었다. 간단한 설명이었지만 여섯 살짜리도 충분히 이해할 수 있는 복음이었다. 청소년부 리더가 예수님을 구세주로 받아들일 사람이 있는지 물었을 때, 나는 손을 들었다. 몇 분 후에 나는 칸막이 문 뒤에 있는 콘크리트 마룻바닥에 어떤 교사와 함께 무릎을 꿇고는 내 죄를 고백하며 하나님이 내 삶에 들어오시길 간구했다.

나이가 어렸지만, 그리스도를 향한 나의 헌신은 진실했다. 다른 대부분의 초신자처럼 나는 열심히 성경을 읽었고, 내가 아는 모든 사람에게 열정적으로 전도했다. 예수님에 관한 좋은 소식을 사람들에게 이야기했다. 자라면서 나는 꾸준히 신앙을 유지했다. 그리고 엄마와 새아빠가 나를 기독교 학교에 보내 주어서 하나님과 세상 속에서 하나님이 하시는 일에 관한 이해를 넓힐 수 있었다. 반항을 하고 싶은 10대가 되자, 부모님은 나를 공립학교에 보냈다. 갑작스럽게 나의 반항심, 유별나고 싶은 욕망은 그리스도인이 되는 것으로 드러났다. 나는 친구들을 캠퍼스 선교단체 모임에 초대하고 어디에나 성경을 들고 다닌다는 이유로 교장실에 불려가기도 했다. 나는 내가 하는 일들이 완전히 합법적이라고 자신만만하게 이야기했고, 교장 선생님도 나를 막을 수 없었다. 만약 교장 선생님이 나를 막으려고 애쓰고 싶어 하면, 나는 이런 사례에 대해 기꺼이 무료 변론을 맡아 줄 법률 회사가 널렸다고 주장했다(물론 나는 어떤 회사도 알지 못했지만, 그런 회사가 많다는 것은 확신했다). 나의 강한 저항은 먹혀들었고, 교장 선생님은 뒤로 물러섰다.

진짜 현실적인 믿음의 위기는 20대에 찾아왔는데, 남자친구와 헤어진 후 우울증에 빠졌을 때였다. 슬픔에 잠겨서 나는 하나님에 관해 알고 있었던 모든 것에 의문을 품기 시작했다. 나는 믿음이 너무나 깊게 나에게 뿌리박혀 있어서 하나님의 존재에 대해 질문조차 할 수 없다는 사실을 즉각적으로 깨달았다. 하나님이 존재하지 않았다고 상상하는 것은 내가 존재하지 않았다고 상상하는 것과 흡사했다. 너무도 터무니없는 개념이라서 그런 생각은 할 수조차 없었다. 오히려 내 고민은 C. S. 루이스가 아내 조이를 잃고 표현했던 것과 비슷했다. 루이스는 자기가 하나님을 믿지 않게 될까 봐 두려워하지 않았다. 그는 "진짜 위험한 것은 하나님에 관해 매우 끔찍한 것을 믿게 되는 것이다. 내가 두려워하는 결론은 '그래서 결국 하나님은 없다'라는 것이 아니라, '바로 이것이 진짜 하나님의 모습이다. 더 이상 너 자신을 속이지 말라'라고 하는 점이다."[1]

인생의 어두운 시기를 지나면서 나는 하나님과 씨름을 했다. 하나님이 진짜로 어떤 분이신지 발견하려고 했다. 그분은 내 삶에 관심을 갖고 개입하시는 사랑의 하나님이신가? 혹은 이신론자들이 말하듯이, 하나님은 시계공처럼 세상을 만들고 돌아가게 한 뒤에 뒤로 물러나서는 무심하게 관찰하는 분인가?

하나님의 성품에 대해 이 책에서 말하는 많은 부분은 내가 배운 것이다. 단지 들었거나 가르침을 받은 것이 아니라, 씨름을 하는 몇 달 동안 실제로 배웠다. 밤새 하나님의 천사와 씨름하여 축복을 받아 낸 야곱처럼(창 32:22-32), 나는 깊은 우울의 늪과 영적인 무감각 상태를 견뎌 냈다. 마침내 하나님은 그분의 성품과 사랑에 대한 확신을 내게 부어 주셨다.

아마도 이번 장이 가장 쓰기가 어려운 것 같아서 당신에게 먼저 이야기한다. 이번 장은 이혼 가정의 자녀가 경험하는 믿음의 장벽에 관한 내용인데, 사실 나는 이런 장벽을 단지 표면적으로만 겪었을 뿐이다. 빈민가에서 겨우 한 달 살고는 가난에 대한 논문을 쓰는 부자 꼴이다. 위에서 언급한 내용들 때문에 내가 하나님에 대해 의심하게 된 것은 아니다. 내가 하나님에 대해 의심하는 것은 전반적으로 믿음의 관점에서 비롯되었다. 반면에, 내가 읽은 것과 대화를 나눈 사람들로부터 알게 된 사실은, 이혼 가정의 자녀에게 실제적인 믿음의 장벽은 직접적으로 가족의 상황에서 발생한다. 어떤 장벽은 부모님이 잘못해서 생긴 것이지만, 슬프게도 많은 장벽들이 교회의 잘못에서 비롯되었다.

아버지 하나님

엘리자베스 마쿼트의 「당신의 아이가 울고 있다」는 이혼 가정 자녀의 내면의 삶과 영성을 탐구한다. 이 책의 근간을 이루는 연구에서, 그녀는 이혼 가정의 자녀가 신앙을 잘 갖지 않는다는 사실을 알아 냈다.

반면에 신앙을 가진 아이들은 개신교 신자가 되는 경향이 있다는 것도 발견했다.[2] 이렇게 되는 이유 중 하나로 마쿼트는 이런 결론을 내렸다. 바로 하나님에 대해 이야기할 때 사용하는 "아버지라는 단어" 때문이라는 것이다. 하나님에 대해 이야기할 때 아버지라는 단어를 사용하는 것은 많은 이혼 가정의 자녀가 믿음을 갖는 데 걸림돌이 된다. 하나님이 우리 아버지라는 말을 들으면, 우리는 즉각적으로 내버림, 상실, 불성실 같은 단어를 떠올린다. 자기 아버지가 가족을 떠나거나 다른 여자와 바람이 난 것을 지켜보았거나, 아버지가 자기들을 위해 시간을 내줄 수 없을 것이라고 두려워해 온 아이일 경우, 아버지라고 불리는 하나님도 그럴 것이라고 생각할 수 있다. 그런 사람이라면 하나님이 우리 곁에 계시고, 우리를 언제나 사랑하시며, 우리를 결코 내버려두지 않으실 것이라고 어떻게 말할 수 있겠는가? 만약 그가 우리 아버지라면, 그렇다면, 우리는 아버지와의 관계에서 무엇을 기대해야 하는지 아는데, 그건 썩 좋은 것을 기대할 수 없다는 것이다.

물론 하나님은 우리 육신의 아버지와는 다르다. 그렇지만 우리는 자주 혼란을 겪는다. 우리는 우리 주변에서 보는 것에 근거하여 하나님을 판단하기 시작한다. 어떤 면에서 우리는 진실과는 정반대인 하나님의 이미지를 만들기 시작한다. 우리는 하나님을 어떤 이미지로 규정할 수 없다. 하나님은 오류를 범하고 변하기 쉬운 우리에게 제한받지 않으신다. 반대로 우리가 하나님의 형상으로 만들어졌다는 사실이 문제가 되기도 한다. 만약 우리가 도덕적인 거울을 들여다본다면, 우리가 보는 것은 그다지 아름답지 않다. "거울아, 거울아! 우리 중에 가장 죄를 많이 지은 사람은 누구니?" 그러면 언제나 이런 대답이 돌아온다. "바로 너지!" 만약 우리가 하나님의 형상으로 창조되었다면, 아마도 하나님은 그렇게 멋진 분이 아닌 것 같다. 우리 자신의 삶을 봐도 그렇고, 우리 주변 사람들, 특히 우리를 실망시킨 사람들의 삶을 보면 더더욱 이런 생각이 든다.

그러나 우리 안의 하나님의 형상은 이미 에덴동산에서 깨지고 부서졌다. 아담과 하와가 선악과를 따먹고 죄가 이 세상에 들어왔다. 우리는 우리가 그래야만 했던 방식으로는 더 이상 하나님의 형상을 드러내지 못한다. 성경은 계속해서 우리에게 거룩하고 순결하라, 서로 사랑하라고 말한다. 그와 동시에 우리 안에는 선한 것이 없고 우리가 하는 선한 일들도 더러운 누더기에 불과하다는 사실을 일깨워 준다. 우리는 하나님의 형상으로 창조되었으나 그 형상을 아주 미천하게 보여 줄 뿐이다. 우리가 최상의 상태일 때에도 하나님의 완벽한 사랑과 거룩하심을 사라져 가는 희미한 불빛처럼 겨우 드러낼 뿐이다.

다른 한편으로, 교회에서 하나님에 대해 이야기할 때 사용하는 아버지라는 단어는 우리를 믿음으로 이끌 수도 있다. 마쿼트가 신앙을 갖게 된 이혼 가정 자녀 대부분이 개신교 신자라고 말한 것은 두 가지 요인 때문이다. 한 가지 이유는 개신교 교회들이 좀더 이혼 가정을 환영해 왔기 때문이다. 그러나 또 다른 요인은 개신교 교회들이 하나님에 대해 아버지라는 단어를 더 많이 사용하는 경향이 있기 때문이다.

우리 중 어떤 이들은 우리 육신의 아버지와 비슷한 하나님께 다가가는 것이 마땅치 않겠지만, 어떤 사람들은 우리에게는 없었던 아버지로 하나님을 끌어안고 싶어 한다. 만약 우리가 성경에서 말하는 실제 하나님의 모습을 받아들인다면, 우리가 항상 바라던 아버지, 완벽한 삶을 사는 아버지를 만나게 된다. 이 땅의 아버지에게서는 찾을 수 없는 부분을 지금 우리는 하늘의 아버지에게서 찾을 수 있다. 이런 식으로 하나님께 접근하는 사람들에게, 우리 아버지로서의 하나님의 역할은 커다란 위안이며 위로요 기쁨이 된다.

모든 사람을 환영해요 어느 정도는

교회, 특히 개신교에서는 하나님에 대해 아버지라는 단어를 사용하는데, 좀더 나은 아버지 상(象)이 필요한 사람들에게는 환영할 만하다. 반면에 교회가 이혼 가정 자녀의 믿음에 걸림돌이 될 수도 있다. 폴의 부모님이 이혼했을 때, 그는 자기 가족만 잃은 것이 아니었다. 뒤돌아보면 폴이 자란 교회는 건강하지 못했다. 당시 그 교회는 가족의 신앙 공동체였고, 폴은 그곳에서 하나님을 알고 경험했다. 그러나 그의 부모님의 결혼이 위기에 처하자 상황은 달라졌다. 마침내 부모님이 이혼을 하자, 잘못된 소문과 사람들의 빈정거림으로 폴의 엄마는 교회에서 나가게 되었다. 엄마의 오랜 친구들도 엄마를 멀리했다. 영적인 가족이었던 사람들이 그들을 쳐내고 등을 돌렸다.

슬프게도 그 교회는 지난 30년 동안 우리 사회에 널리 확산된 이혼이라는 현실을 제대로 다루지 못했다. 너무나 자주 교회는 이 주제에 대해 철저히 침묵해 왔다. 그 단어를 언급하는 것만으로도 전염이 될 수 있다고 두려워하거나, 주저하지 않고 어느 곳에서나 비판을 일삼았다. 이 중 어떤 반응도 옳지 않다. 이런 반응 때문에 이혼 가정의 자녀는 그들 스스로 가정과 같은 곳이 되어야 한다고 말한 공동체에서 밀려나는 것을 느끼게 된다.

우리 가족은 어떤 교회에 10년 동안 등록하지 않은 채 다녔다. 사실, 우리 가족은 등록을 할 수가 없었다. 우리 엄마가 이혼을 하고 재혼을 했다는 이유로 교회 일원이 되는 자격을 얻을 수 없었다. 엄마의 이혼이 수년 전에 일어난 일이라는 것도 상관하지 않았고, 엄마의 첫 번째 남편이 믿는 사람도 아니었으며 바람을 피운 사실도 개의치 않았다. 엄마가 이혼을 하는 과정에서 자기도 잘못이 있다는 것을 오래전에 회개하고 하나님의 용서를 구했다는 것도 상관이 없었다. 어느 것도 중요하지 않았다. 엄마가 만약 알코올 중독에서 회복되었거나, 마약 중독에서 깨끗해졌거나, 심지어 몸을 판 여자였다면, 지내기가 좀더 쉬웠을지도 모른다. 이런 것들은 모두 용서받을 만한 죄들이고 좋은 간증거리였다. 그러나 그 교회에 따르면, 엄마는 이혼녀였고,

그것은 절대 회복할 수 없는 죄였다. 이곳에는 그런 사람에게 환대와 구원이 없었다. 그곳에서 우리는 절대로 선해질 수 없었다. 과거의 죄를 회개한다거나, 좀더 나은 삶을 산다거나, 예수님의 몸의 한 부분이 되는 기회를 결코 얻지 못했다.

불행히도 우리의 경험은 유별난 것이 아니었다. 각기 다른 교회와 교단들은 이혼에 대한 성경의 금지 명령을 각기 다르게 해석하고 적용한다. 그리스도인들이 성경적으로 허용된 이혼의 기준들에 동의하지 않을 수도 있겠지만, 하나님 앞에 무릎 꿇고 이전에 지은 죄를 회개하고 하나님의 은혜를 경험한 동료 죄인들을 환영해야 한다는 것은 분명하다. 우리는 그리스도인을 용서받은 사람과 평생 낙인이 찍힌 사람이라는 두 부류로 나누어서는 안 된다.

그렇다면 성경은 무엇을 말하는가

우리가 그 교회에 다니기 시작했을 무렵, 나는 성경의 어떤 부분을 좋아하지 않기로 마음먹었다. 나 스스로 그 구절을 찾은 것인지, 주일학교에서 배웠는지, 설교를 듣다가 발견했는지는 모르겠다. 그러나 나는 마태복음 5장에서 음행한 경우를 제외하고는 이혼당한 여자는 간음한 여자라는 예수님의 가르침이 마음에 걸렸다. 나는 토마스 제퍼슨이 독립선언문을 작성했을 때의 심정으로, 반대하는 구절을 까만 펜으로 지워 버렸다. 아마 열한 살이나 열두 살쯤이었던 것 같은데, 그때는 아직 아빠의 부정(不貞)을 알지 못했을 때였다. 또한 "그래서는 안 된다"라는 말 외에는 이혼에 관해 아무것도 가르치지 않는 교회에 다니고 있었다.

우리 부모님은 아이들에게는 사생활의 권리가 있다고 생각하지 않았다. 우리 방에 부모님이 돈을 들이셨으니, 가끔 들어와서 우리 방을 둘러볼 권리가 있다고 주장하는 분들이었다. 그러니 내가 고쳐 놓은 성경은 금세 발각이 되었고, 나는 하나님의 말씀에 무엇을 덧붙이거나 없애지 말라는 요한계시록 22:18-19의 무서운 설교를 들었다. 부모님은 내가 좋아하지 않는 성경 구절이라고 그렇게 간단히 무시할 수 없다는 것을 알기를 바라셨다. 내가 어떤 부분을 좋아하지 않는다면, 혹시 내가 그것을 부정확하게 이해한 것은 아닌지 좀더 연구를 하든가, 혹은 하나님의 율법을 지키지 못해 단순히 죄책감이 생긴 것은 아닌지 좀더 나 자신을 들여다봐야 했다.

나는 엄마와 아빠가 이혼하게 된 정황을 어느 정도는 알고 있었다. 또한 몇 년 동안이나 우리 엄마를 이혼하고 재혼한 여인으로 정죄를 하거나 무죄하다고 말하는 목사들과 교회들의 다양한 해석을 놓고선 씨름했다. 어떤 쪽에서는 이혼 후에 재혼을 하는 것이 정당화 될 수 없다고 생각했다. 비록 그 사람들이 내 앞에서 직접 그렇게 말하지는 않았더라도, 이런 생각을 가진 그들은 엄마가 새아빠와 재혼한 것이 타당하지 않다는 결론을 내렸다. 특히 내 남동생들마저 서출로 만든다는 생각이 들자 내 마음은 편하지 않았다. 다른 한 편에서는 우리 아빠가 불신자였고 외도를 했기 때문에 재혼이 괜찮다고 생각했다. 본래 그리스어 성경에 의하면 그런 상황은 남자가 죽은 것이나 마찬가지라고 그들은 이야기했다. 그 말이 엄마에게는 좋은 소식이었겠지만 내게는 좀 이상한 말이었다. 그렇다면 나는 절반의 고아가 된 것인가? 아빠를 더 이상 만나러 갈 수 없다는 말인가? 죽은 사람을 찾아가는 것이니까 내가 여름에 아빠를 방문하는 것은 아빠의 혼과 만나는 것이라고 봐야 하는가? 답이 '아니오'라는 것은 알았지만, 그런 식의 가르침에는 결점이 있음이 분명했다. 적어도 어린아이의 관점에서는 말이다.

게다가 이런 가르침은 설교 강대상에서 나온 것이 아니었다. 물론 당신이 목사님과 미리 약속을 해서 만난다면, 그는 기꺼이 이혼에 대해 성경이 무어라고 말하는지 이야기해 줄 것이다. 그러나 이혼이라는 주제에 대해 설교에서 가르치는 일은 확실히 없었다.

성경은 이혼이라는 주제에 대해 침묵하지 않는다. 아무 이야기도 안 하면서 이혼에 대해 판단하는 것은 정당하지 않다. 이혼이라는 주제에 대한 핵심적인 성경 구절이 몇 군데 있다(부록 2를 보라). 이혼에 대한 성경 구절들을 어떻게 해석할지에 대한 논쟁은 신학자들에게 맡겨 두겠다. 마치 그것이 가능하기라도 한 것처럼 논쟁들을 해결하는 것은 내 의도가 아니다. 다만 이 주제에 대해 교회가 정확한 가르침을 제공해 주기를 요구하는 것이다.

고린도전서 7장에서 바울은 고린도 교인들의 결혼에 관한 질문에 대답한다. 아예 결혼하지 않는 것이 나은가? 그것은 현재의 배우자와 이혼하라는 뜻인가? 불신자와 결혼해서는 안 된다는 것은 현재 믿지 않는 배우자와 이혼하라는 의미인가? 과부는 어떠한가? 그들은 재혼해도 좋은가? 만약 그렇다면 누구와 할 것인가? 고린도는 세상 이치에 밝은 도시였다. 또 교회는 모든 복잡한 문제들의 집합소였다. 근친상간, 이혼, 소송, 식생활의 규범, 혼란스러운 예배 등, 문제의 목록들이 계속해서 생산된다. 고린도 사람들에게 이런 것들은 이론적인 질문만이 아니었다. 그들에게 이런 문제는 진정한 안내가 필요한 실제적인 문제였고, 바울은 인내심을 갖고 순서대로 하나씩 설명한다.

이처럼 오늘날의 교회도 이혼에 대한 질문을 포함하여 단지 이론만이 아닌 문제들에 직면해 있다. 결혼한 그리스도인의 3분의 1이 이혼할 것이다.[3] 이런 와해된 가정의 아이들까지 포함한다면, 어느 주일, 교회 의자에 앉아 있는 어른의 절반 이상이 이혼을 했거나 그 부모가 이혼을 했다고 생각하는 것도 무리는 아니다. 그나마 이 수치는 이혼으로 인해 어떤 식으로든 영향을 받은 다른 사람들은 제외한 수치다. 친척이나 가까운 친구도 이혼을 경험하기 때문이다. 아마도 바울이 살던 시대 이후 어떤 세대보다도 이혼은 오늘날의 교회에 영향을 주는 문제일 것이다. 바울이 그랬던 것처럼, 목사나 교회 지도자들은 이 사안을 이해하고 인내심을 갖고 이 문제를 풀어 가야 할 것이다.

다른 측면

어떤 교회는 이혼한 가족을 너무 빨리 정죄하고 배척한다면, 또 다른 교회는 너무 환영하지 않나 싶다. "있는 모습 그대로 오시오"라는 태도와 "무엇이든 괜찮다"라는 행동 기준 사이에는 분명한 선이 있어야 한다.

"무엇이든 괜찮다"라는 생각은 죄인이 풍성한 은혜를 계속해서 받을 때는 참 듣기 좋은 소리다. 디트리히 본회퍼(Dietrich Bonhoeffer)가 이름 붙인 것처럼, 이런 값싼 은혜는 천박한 것이고 영적 성장을 가로막는다. 그렇지만 용서의 그늘 아래서 원하는 것은 무엇이든 할 수 있다는 말은 우리의 기분을 매우 좋게 만든다. 바울은 로마인에게 쓴 편지에서 하나님의 광대한 은혜에 대해 가르칠 때 이런 반응이 나올 것을 예상했다. "그런즉 우리가 무슨 말을 하리요 은혜를 더하게 하려고 죄에 거하겠느냐. 그럴 수 없느니라. 죄에 대하여 죽은 우리가 어찌 그 가운데 더 살리요"(롬 6:1-2).

교회는 은혜의 장소여야 하지만, 때로 은혜를 가지고 죄를 변명하는 수단으로 삼는 장소가 되기도 한다. 어떤 목사들은 심지어 행복하지 않은 결혼 생활을 하는 사람들에게 이혼을 권유하기도 한다. 이런 일이 랍 에반스(Rob Evans, 미국의 어린이 성경 이야기 찬양 제작자 – 역주) 가족에게 일어났다. "도넛맨"이라는 애칭을 가진 에반스는 어린이들을 위한 성경 이야기를 노래로 만들어서 수많은 CD와 비디오테이프를 발매했다. 그는 미국과 캐나다의 교회를 순회하며 하나님에 대해 가르치고 찬양을 해 왔다. 그러나 에반스가 교회를 다니지 않던 시절, 그에게도 어려운 때가 있었다. "가톨릭 신문"(National Catholic Register)과의 인터뷰에서 에반스는 이렇게 말했다. "내가 여섯 살 때 부모님이 이혼하시기 직전, 펜실베니아 주의 파올리(Paoli)에 있었던 교회는 어머니에게 이렇게 말했어요. 어머니가 다른 사람에게서 '진정한 사랑'을 찾았고 어머니 앞날은 창창하니까, 지금의 상황에서는 이혼이 최선이라는 이야기였죠. 그 교회는 우리 가족이 결합할 수 있도록 애쓰지 않았어요.…그래서 우리는 교회에 가는 것을 그만두었습니다."[4)]

이혼에 대해 흐리멍덩한 관점을 지닌 교회들이 있다. 대수롭지 않은 이유로 이혼을 허용하거나, 심지어는 성경에 나오는 요건 이외에도 이혼을 고려하라고 개개인을 부추기기까지 하는 교회들은 은혜의 의미를 퇴색시킬 뿐만 아니라 이혼 가정의 자녀에게 상처를 입힌다. 이런 교회들은 결혼을 우습게 여기게 하고, 마음대로 처분이 가능한 것쯤으로 만들어 버린다. 이혼 가정의 자녀에게 이혼이란 일어나도 괜찮고, 정상적인 것이며, 가끔 어른들이 서로 잘 지내지 못하면 일어날 수 있는 일이라고 이야기한다. 이런 식의 대답은 가족이 둘로 찢어진 아이나 청소년, 혹은 어른에게도 완전히 불만족스러운 답변이다.

교회가 우리를 더 높은 수준으로 붙잡지 않는다면, 그것이 사업이든 성 정체성이든, 결혼이나 그 밖의 어떤 삶의 분야이든, 교회는 (세상과) 구별되지 못한다. 하나님은 성경을 통해 거듭해서 우리는 구별되었고 거룩하며, 거룩한 삶을 살아야 한다고 말씀하신다. 이 부르심에 교회가 도와주기를 바란다. 우리에게 거룩하게 살라고 요청하고, 우리 삶이 거룩함과 상관없이 정처 없이 떠돌 때 우리를 일깨워 줄 목사들과 교회 지도자들이 필요하다. 기꺼이 양 떼를 돌보고 무리에서 이탈하지 않게 해주며, 우리가 산골짜기를 배회하고 절벽 아래를 내려다보다가 사자 굴로 들어가지 않도록 이끌어 줄 그런 목자가 우리에게는 필요하다.

우리 삶에서 죄를 고백하는 것은 우리의 깨어짐을 인정하는 것이다. 우리는 근본적으로 하나님 앞에서 깨어진 존재다. 하나님과 우리의 관계는 죄로 인해 심하게 왜곡되었고 오직 하나님의 은혜만이 이 관계를 다시 회복시킬 수 있다. 어떤 이혼 가정의 자녀라도 가족이 뿔뿔이 흩어진 깨어짐(결손)에 대해 이야기할 것이다. 우리는 이혼에 대해서 "결손 가정"이라는 용어를 사용하기도 한다. 우리는 단순히 "제대로 일이 잘 풀리지 않은 가정"이나 "딴 사람들과는 다른 가정" 출신이 아니다. 우리는 결손 가정 출신이다. 이혼이라는 사실을 은혜의 양탄자 밑으로 쓸어 넣고, 하나님이 거룩함을 요구하신다는 이야기는 하지 않은 채 모든 사람을 품으려는 것은 이혼 가정의 자녀가 자기 가족을 볼 때 느끼는 결손을 아무렇지도 않은 것으로 여기는 것이다.

이혼 가정의 자녀는
무엇을 해야 하는가?

교회가 사용하는 이런 "아버지 용어"는 우리의 관점이 어떠하냐에 따라 위로를 주기도 하고 혹은 반감을 불러일으키기도 한다. 또한 우리처럼 불완전하고 죄가 가득한 사람들이 모인 교회는 때로 하나님을 따르면서도 엉망진창이 되기도 하고, 살아가면서 상처 난 마음의 흔적이 나타나기도 한다. 이 모든 것은 정말 절망적이기만 할까? 그저 하나님께 못하겠다고 선언하고, 믿음은 불가능한 것이라고 결론을 내려야만 하는가? 물론 내 대답은 완전히 '아니오'이지만, 우리는 어떻게 이런 믿음의 장벽들을 통과할 수 있을까?

우리 같은 이혼 가정 자녀들을 돕는 많은 책들과 상담가들은 이혼 가정 자녀가 부모의 결별을 자기 탓으로 돌리기 쉽다고 지적한다. 만약 그 일이 일어날 당시 우리가 어렸다면, 우리가 좀더 모범적으로 행동했거나 말썽을 덜 부렸으면 부모의 이혼을 막을 수도 있지 않았을까 하고 느낀다는 것이다. 부모님이 갈라설 때 자녀가 이미 독립을 한 상태라면, 자기가 두 분 사이를 중재하지 못했고, 또 집을 떠났다는 것도 어떤 면에서 이 모든 상황을 초래한 것은 아닌지 죄책감을 느낄 수 있다는 것이다. 그런데 그 어떤 책에서도 우리가 하나님을 원망하기 쉽다는 것은 언급하지 않는다.

우리 중 많은 사람이 부모님의 이혼에 대해 하나님을 비난한다. 그릴 수 있다고 생각한다. 하나님이라면 분명히 우리 부모님이 이혼하는 것을 막으실 수도 있었을 텐데 말이다. 만약 하나님이 모든 것을 주관하신다면 이 모든 일은 어쨌거나 하나님 탓이 아닌가? 만약 이것이 어느 정도 하나님 탓이라면, 그렇다면 우리가 하나님에게서 등을 돌리고 하나님께 화를 내고 하나님의 집에 발을 들여 놓지 않는 것도 정당화될 수 있다. 그렇게 하나님이 우리의 희생양이 되어 버린다(레 16:7-22). 우리는 하나님 목에 우리 부모님의 이혼이라는 주홍색 끈을 묶어 놓고는 다시는 나타나지 말라고 광야로 쫓아내 버린다. 다른 한 편으로, 우리는 그 희생양이 죄가 없고 다른 사람들의 죄를 대신 지는 것이라고 잘 알고 있을지도 모른다. 하나님은 우리 죄에 대해 어떤 책임도 없으시다. 우리가 온전히 죄에 대한 책임을 진다. 하나님은 우리 부모님의 이혼에 대해 죄가 없으시다. 옳든 그르든 부모님이 스스로 선택한 것이고, 어떤 죄든 그들 자신만의 것이다.

내가 생각하기로 우리 대다수가 고민하는 더 큰 문제는 교회가 잘못하는 것에 대해 하나님을 비판하는 것이다. 그리스도인들이 우리를 실망시킬 때, 우리는 하나님이 우리를 실망시킨 것처럼 느낀다. 교회는 예수님의 몸이다. 교회가 우리를 무시하고 모욕한다고 느낄 때, 우리는 하나님이 우리를 모욕하고 무시하신다고 느낄 수 있다.

이는 이혼 가정의 자녀에게만 국한된 문제가 아니다. 여러 세대에 걸쳐서 사람들은 교회의 잘못 때문에 하나님과 멀어진다고 했다. 사람들이 종교재판이나 마녀사냥, 십자군에 대해 이야기하는 것을 들어 보면, 이런 일을 아주 오래전에 일어난 일부 교회의 잘못으로 보기보다는 모두 현재 일어나는 일처럼 생각하곤 한다. 교회는 비판적인 사람들, 위선자, 지적으로 덜떨어진 사람들로 가득하다는 소리를 듣는다. 사실 그건 맞는 말이다. 교회에는 깨지고 엉망이고 사랑이 없는 사람들이 많다. 남의 흉이나 보고 불평하고, 자기 자신뿐 아니라 주변 사람들까지 비참하게 만드는 사람들로 가득하다.

그러나 사람들은 우리가 실수하면 하나님께 죄가 있다고 말한다. 어떤 이들은 "만약 하나님이 저런 사람들을 자기 백성이라고 한다면, 나는 그와는 절대 상관하고 싶지 않다"라고 말한다. 우리가 저지르는 말도 안 되는 모든 짓을 참아 주시는 엄청난 인내와 사랑의 하나님을 받아들여야 함을 깨닫지 못한다.

하나님은 우리가 얼마나 그분의 원칙을 잘 지키느냐에 따라 좌우되시지 않는다. 하나님은 스스로 자신을 입증하시는데, 거룩하고 사랑이 많으시고, 보호하고 모든 것을 아시며, 강력하고 신실하며 동정심이 많으시고, 또 이 모든 것 이상이다. 아빠의 세 번째 부인은 학교에서 신학을 공부하는 친구가 있다고 감탄하면서, "글쎄, 대학 4년 동안 그 사람들은 하나님을 공부한단다"라고 이야기했다. 그 공부가 어떻게 그렇게나 오래 걸릴 수 있는지 의아해했다. 나는 그녀에게 "그건 평생에 걸쳐 공부해야 한답니다"라고 말했다.

심지어 평생을 들여도 하나님의 깊은 속성을 측량하기에는 모자란다. 하나님은 동정심이 많고 신실하고 사랑이 많으시다. 우리의 도움과 힘의 근원이시며, 우리를 회복시키고 우리에게 소망을 주시는 분이다.

그런 하나님을 소유하였으니 우리 역시 바울이 말한 것처럼 담대히 말할 수 있다.

우리가 사방으로 우겨쌈을 당하여도 싸이지 아니하며, 답답한 일을 당하여도 낙심하지 아니하며, 박해를 받아도 버린 바 되지 아니하며, 거꾸러뜨림을 당하여도 망하지 아니하고…그러므로 우리가 낙심하지 아니하노니 우리의 겉사람은 낡아지나 우리의 속사람은 날로 새로워지도다. 우리가 잠시 받는 환난의 경한 것이 지극히 크고 영원한 영광의 중한 것을 우리에게 이루게 함이니, 우리가 주목하는 것은 보이는 것이 아니요 보이지 않는 것이니 보이는 것은 잠깐이요 보이지 않는 것은 영원함이라(고후 4:8-9, 16-18).

당신이 받은 위로

1장에서 우리는 하나님이 주신 위로를 살펴보았다. 하나님은 우리가 받은 그 위로를 다른 사람에게 전할 것을 기대하신다. 바울은 하나님을 이렇게 불렀다. "찬송하리로다. 그는 우리 주 예수 그리스도의 하나님이시요 자비의 아버지시요 모든 위로의 하나님이시며 우리의 모든 환난 중에서 우리를 위로하사 우리로 하여금 하나님께 받는 위로로써 모든 환난 중에 있는 자들을 능히 위로하게 하시는 이시로다"(고후 1:3-4). 우리는 주변에서 뿔뿔이 흩어진 가족이나, 이혼이라는 벼랑에서 흔들리는 부부를 볼 수 있다. 엄마와 아빠가 함께 살지 않기 때문에 마음이 무너지는 아이들도 있다.

나는 자기 부모의 이혼 때문에 고민하는 어린이들에 대해서 전에는 한 번도 생각해 보지 않았다. 그런데 우리 교회에서 내게 그런 아이들의 주일학교 교사를 맡아 달라고 요청했다. 우리가 그 어린이들이 감당하는 문제들을 모두 해결해 주는 척할 수는 없지만, 그 아이들이 교회에 이런 공간이 있다는 사실에 감사한다는 것은 알고 있다. 사람들은 그 아이들의 가족에게 일어난 끔찍한 일에 대해 알게 되었고, 이 아이들은 교회에서 자신들의 두려움과 분노, 걱정을 나눌 수 있었다. 그 주일학교를 섬겼던 사람들 모두 이혼 가정의 자녀들이었다. 우리 역시 그 아이들처럼 복잡한 상황에 처해 보았다. 그러나 교회에는 우리 마음을 짓눌러 왔던 것을 이야기할 만한 공간이 없었다.

이 책을 우리가 함께 탐구하는 과정을 통해, 당신이 당신을 향한 하나님의 깊은 사랑을 깨달아 치유와 소망을 경험했기를 바란다. 그렇지만 이것이 나의 유일한 소망은 아니다. 나는 우리 모두가 어려움을 겪는 다른 가족의 대변자와 중보자가 되길 기도한다. 우리가 안정적인 결혼 생활을 해서 다른 사람에게 배우자를 사랑하고 존경하도록 격려했으면 좋겠다. 그리고 성경적인 기준을 붙잡고 인생을 살기를 바란다. 아무 소리도 내지 못하는 이혼 가정의 자녀를 대신해서, 우리가 겪은 마음의 아픔 그리고 우리가 예수님 안에서 찾은 멋진 치유와 소망에 대해 목소리를 높이길 기도한다. 또 나는 우리 교회와 지역 사회에서 이혼의 영향을 받은 가족들에게 다가갈 수 있는 길을 모색해 보기를 기도한다. 이런 일을 하면서 우리는 우리 가족을 강타한 이혼의 비극에서 놓여나게 될 것이다. 그 비극이 다른 사람에게는 소망을 주고 하나님께는 영광이 되는 그 무엇으로 바뀌게 될 것이다.

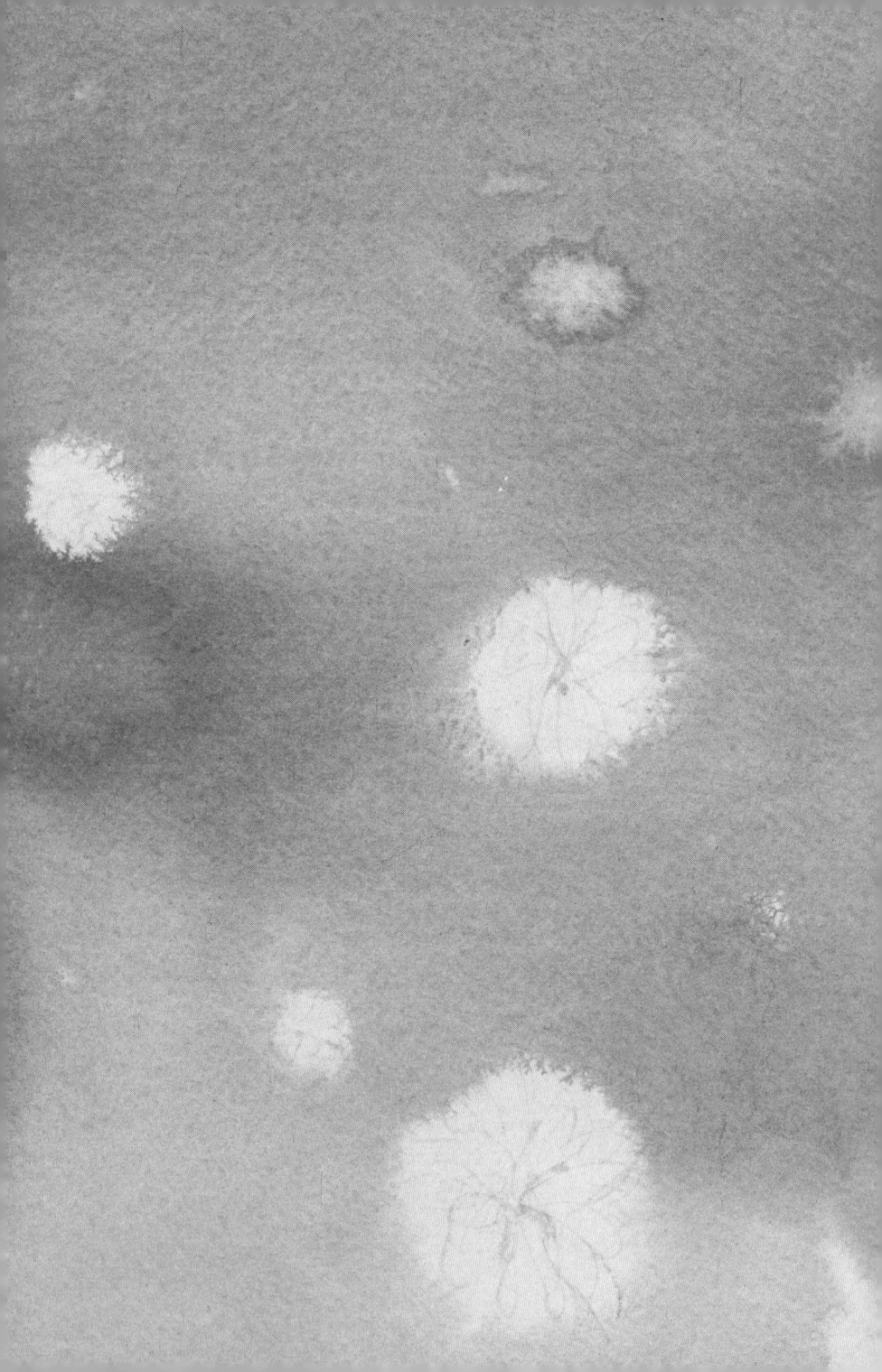

부록1

부모를 위한 제안

이 책을 집어 드는 사람들 가운데에는 이혼 가정의 자녀가 아닌 사람들도 있을 것이다. 어떤 독자들은 이혼 수속 중인 부모이거나 이혼을 고려하고 있거나 이미 이혼한 부모일 것이다. 다른 이들은 이혼 가정 자녀의 조부모, 이모나 삼촌, 배우자나 친한 친구일 수도 있다.

가장 먼저 나는 이혼 가정의 자녀들이 하나님의 사랑을 발견해 가는 여정에 당신이 동참했다는 이야기를 하고 싶다. 부모님과 조부모님, 다른 일가친척과 사랑하는 사람들의 따뜻한 관심이 없다면, 이 여정은 훨씬 더 힘들 것이다. 이 책을 선택하고 우리 삶의 핵심적인 경험을 알아 가기로 한 당신의 관심에 감사드린다.

또한 앞 장을 다 건너뛰고 이 부분으로 온 것이 아니라는 가정 하에, 여기까지 읽어 온 것을 축하드린다! 이 책에서 어떤 내용은 당신에게 고통을 가중시켰을 수도 있다. 어떤 내용은 아마 난생 처음, 부모의 이혼에 따라나올 수밖에 없는 깊고도 거대한 슬픔을 당신에게 드러내기 때문에 고통스럽기도 했을 것이다. 우리를 사랑하는 사람으로서, 우리가 그런 일들을 겪어 왔다는 사실을 아는 것이 당신을 힘들게 할 수도 있다. 우리 주변의 사람들이 우리에게 상처를 입힌 사실을 폭로했기 때문에 마음이 아프기도 하다.

당신이 이 책을 읽기는 쉽지 않았을 것이라고 생각한다. 그러나 단지 슬픔에 매이지 않고 하나님이 우리 삶에 가져다주신 소망과 치유에 대한 통찰력을 얻었기를 바란다. 나는 이 책이 어떻게 하면 이혼 가정의 자녀에게 위로의 근원과 격려가 될 수 있는지 당신이 볼 수 있도록 도움이 되었으면 한다.

당신이 만약 이혼을 고려하고 있는 부모라면, 나는 진심으로 결혼 생활을 유지하기 위해 할 수 있는 모든 것을 다 해 보기를 권한다. 신체적인 폭력이나 과격한 갈등이 존재하는 경우를 제외하고, 아이들은 헤어진 가정보다는 행복하지 않은 가정에서 더 나은 삶을 산다는 연구 결과들이 있다.[1] 만약 이 책을 읽으면서 아무것도 알게 되지 않았다면, 바로 지금 당신의 이혼이 아이들에게 끼치는 끔찍한 결과를 알아야만 한다. 물론 하나님은 아이들의 마음을 치유하실 수 있다. 그러나 당신이 아이들의 삶에 아예 그런 고통을 가져다주지 않는다면 얼마나 더 좋겠는가.

만약 당신이 결혼을 그만두기로 한 결정을 합리화하려고 이 책을 골랐거나, 당신의 아이가 장기적으로는 괜찮을 것이라는 점을 알고 싶어서 이 책을 골랐다면, 이 책은 당신을 위한 책이 아닐 것 같다. 진실은 이렇다. 만약 당신이 결혼 생활에서 행복하지 않다면, 당신이 행복하지 않은 것과 아이의 안녕과 복지, 이 두 가지를 저울질해 볼 필요가 있다. 나는 결혼을 해 보지 않았기 때문에 불행한 결혼 생활이 가져오는 깊은 외로움과 아픈 마음을 상상조차 할 수가 없다. 그러나 나는 이혼 가정의 자녀가 됨으로써 느끼는 외로움과 아픈 마음은 충분히 안다. 그것을 이 책에서 조금이라도 보여 주고자 노력했다.

당신이 아이들을 사랑하지 않는다면 이 책을 읽지도 않았을 것이다. 그래서 나는 당신이 당신 자신의 일시적인 행복을 뛰어넘어 아이들을 향한 사랑을 선택하기를 바랄 뿐이다. 만약 당신이 현재 절박하게 불행한 상황이라면 이런 이야기들이 가혹하고 불가능한 소리로 들릴지도 모르겠다. 그렇지만 어떤 연구 결과는 말해 준다. 행복하지는 않지만 결혼 관계를 유지하는 부부의 3분의 2는 5년 이내에 그들의 결혼 관계에서 새로운 행복을 찾았다는 것이다.[2] 다른 말로 하자면, 시간이 좀 지나면 당신의 결혼 관계가 나아질지도 모른다는 말이다.

이미 불행해진 결혼 생활을 위해 애쓰는 것은 쉽지 않을 것이고 또 성공적이지 않을 수도 있다. 만약 당신이 결혼 생활 회복에 실패한다면, 적어도 당신과 당신의 아이들에게 당신이 할 수 있는 모든 것을 다 해 보았다는 것을 알게 해줌으로써 그에 대한 아쉬움이 없게 하라. 우리는 죽음이 갈라 놓을 때까지 우리 부모님이 해로하는 것을 보고 싶지만, 적어도 그들이 결혼 관계와 우리를 가족으로 묶어 준 인연을 함부로 내던지지 않았다는 것을 알고 싶다. 우리는 적어도 당신이 결혼 생활을 유지하고자 최선을 다했고 최후의 수단으로 결혼 관계를 포기했다는 것을 알고 싶다.

당신은 선택의 여지가 없었거나 원하던 바가 아닌 이혼을 지금 수속 중이거나 이미 이혼을 했을 수도 있다. 요즘과 같은 "합의"(no fault) 이혼에서 상대 배우자가 결혼 관계를 종료하고자 선택한다면, 당신이 할 수 있는 것이라곤 거의 없다. 상대 배우자가 결혼 관계를 깨뜨릴 만한 어떤 과실이 있었다는 것을 아무도 증명하지 않아도 된다. 심지어는 예수님을 삶의 주인으로 모시고 시작한 결혼이라 할지라도, 만약 한쪽 배우자가 상대방에게 등을 돌리고 의도적으로 죄를 따라간다면 결혼 관계는 끝나 버릴 수도 있다.

만약 이런 상황에 당신이 놓여 있다면, 당신의 아이들이 겪을 고통에 대해 스스로를 너무 심하게 비난하지는 말라. 우리 역시 그 자리에 있었고, 우리와 마찬가지로 당신 역시 이혼의 희생자였음을 이해한다. 이 책은 예수 그리스도 안에서 발견하는 소망에 대한 책이다. 당신의 아이들에게 하나님이 어떤 분이신지 꼭 알려 주라. 또한 그들에게 하나님을 깊이 경험할 기회가 있다는 것도 분명히 알려 주라. 자주 아이들과 하나님에 대해 이야기를 나누라. 당신의 삶을 하나님이 어떻게 변화시키시는지 아이들에게 보여 주라. 하나님이 어떻게 당신의 상한 마음을 치유하시는지 아이들에게 보여 줄 수 있다면, 아이들이 동일한 소망을 품을 수 있도록 당신이 도와줄 수 있을 것이다.

고통스러운 이혼을 겪은 후 하나님이 어떻게 당신에게 힘을 주시고 치유하셨는지 알려 줄 때 우리는 안심한다. 우리가 얼마나 가까운 사이였든지, 우리가 얼마나 많이 싸웠든지, 우리가 얼마나 서로에게 상처를 주었든지 상관없이, 우리는 여전히 당신을 사랑한다. 결국 당신은 우리의 부모님이니까. 우리의 인연은 우리가 살면서 생활방식의 차이로 서로 상대방의 신경을 건드린다 해도 끊어지지 않는다. 우리는 당신에 대해 깊이 마음을 쓴다. 당신이 상처받는 것을 보면 우리 역시 상처를 입는다. 우리는 당신을 보호하고 싶었기 때문에 이혼이 우리에게 가져다준 고통에 대해서 많은 이야기를 하지 않았다. 우리는 당신이 상처 받은 것을 알았기 때문에 그 상처에 짐을 보태서 당신을 더 어렵게 만들고 싶지 않았다. 만약 당신이 성인이 된 자녀에게 이혼 후 당신의 삶에 하나님이 어떻게 치유와 새로운 생명을 주셨는지 이야기해 준다면, 당신이 하나님의 손 안에 있으니 당신을 걱정하는 마음의 짐을 내려놓아도 된다는 것을 알려 주는 셈이다.

절대로 너무 늦지 않았다

당신은 아마 이미 결혼 관계를 포기한 부모일지도 모르겠다. 다른 사람이 생겨서 혹은 개인적인 야망이나 그 밖의 다른 이유로 말이다. 당신이 너무 많은 실수를 저질러서 당신 아이들이 겪은 상처가 회복되기나 할까 걱정하고 있을지도 모른다.

좋은 소식이 하나 있는데, 당신과 아이들이 함께 사는 한, 그 깨어진 관계를 이어붙이기에 너무 늦지 않았다는 것이다. 아빠가 8년 동안 나와 연락하지 않고, 아빠와 엄마가 이혼한 지 34년이 지난 후에야 아빠와 나는 새로운 관계를 세워 가기 시작했다. 아무렇게나 쌓아 놓은 돌무더기 같은 관계를 정연하고 신속하게 쌓아 올리는 방법은 없다. 먼저 땅을 깨끗하게 치우고, 그 돌무더기 속에서 어떤 것을 쓸 수 있고 어떤 것은 버려야 하는지 분류해야 한다. 땅의 기초를 표시하여 놓은 후, 벽돌 위에 벽돌을 계속 쌓아 올리는 고된 노동을 해야 비로소 어떤 실체가 드러나기 시작한다.

아빠의 침묵이 깨진 후 12년이 흘렀다. 아빠의 격려는 언제나 나를 즐겁게 해주었다. 내 스마트폰에는 삭제하지 않은 메일이 하나 있는데, 내가 쓴 글에 대해 아빠가 "통찰력 있고 감동적"이라고 평하며 "사랑하는 아빠로부터"라고 축하해 준 내용이다. 올해 초 내가 오랫동안 비영리기관에서 해 오던 글 쓰고 자문하는 일을 그만두었을 때, 아빠는 내게 "브라보!"라는 제목의 긴 이메일을 보냈다. 이메일을 통해 아빠는 영화 제작회사를 설립했을 때의 경험, 인맥과 프리랜서들을 기반으로 했던 사업의 경험을 들려주었다. 아빠가 해주었던 이러한 격려의 말들은 우리의 관계 안에 울려 퍼지는 생명의 말들이었다.

얼마나 나쁜 일들이 일어나든지, 얼마나 많은 실수를 저질렀든지, 우리는 부모님을 사랑한다. 우리가 그들의 결함을 알고 있을 때조차도 우리는 가장 좋은 일을 소망하고, 돌무더기 속에서 아름다운 무언가가 탄생하기를 바란다.

　나는 최근에 한 친구와 대화를 나누었는데, 그 친구는 이혼 가정의 자녀로 자기 어머니와의 관계가 완전히 어그러진 상태였다. 이 어머니와 딸 사이에는 깊은 상처가 있었다. 자라면서 경험했던 일을 이야기하는 친구의 얼굴에는 그 상처가 고스란히 나타났다. 그 친구는 자신에게 고통을 주었을 뿐만 아니라 여전히 그런 사실을 인정하려 하지도 않는 어머니에게서 과연 손을 뗄까? 그러나 친구는 어머니날에 어머니를 만나러 갔고, 어머니가 자기를 만나려 하지 않아 얼마나 슬펐는지 이야기했다. 어머니에게 존경을 표하는 그날이 이 상처 입은 딸에게는 이젠 가장 축하하고 싶지 않은 날이 될 수도 있다. 그러나 친구는 어머니와의 관계가 회복되길 갈망한다. 무엇으로도 지나간 일을 바꿀 수는 없으나 친구의 어머니가 거리를 좁히고자 노력한다면 미래는 아주 달라질 것임을 친구는 알고 있다.

　만약 당신이 아이와 어색한 사이인 데다 상황이 대체 달라질 수 있을지 의심스럽다면, 대답은 "가능하다"이다. 한 걸음을 내딛고 당신의 아들, 딸에게 다가가 보라. 커피라도 한 잔 하자고 초대해 보라. 생일에는 꽃도 보내 보라. 돌무더기로 엉망이 된 땅을 먼저 깨끗이 하라. 그러면 새로운 미래를 함께 세워 가게 될 것이다.

생명의 언어

이혼한 부모가 해야 할 것과 하지 말아야 할 목록에는 "당신의 전(前) 배우자에 대해 부정적으로 이야기하지 말라"라는 항목이 들어 있다. 그럴 만한 이유가 있다. 이혼이 결혼의 유대관계는 끊었지만 부모와 아이의 유대를 끊은 것은 아니기 때문이다. 생물학적으로 우리의 유전자 절반은 그 다른 쪽 부모에게서 온 것이다. 당신이 다른 쪽 부모를 비난하면, 우리는 우리 자신을 찌르는 것과 같다. 주근깨나 혀를 말아 올리는 능력뿐 아니라, 우리가 정직하지 않거나 단정치 못한 것, 혹은 대화하면서 당신이 다른 쪽 부모 이름을 거론할 때마다 언급하는 어떤 것이든지 우리가 물려받지나 않았을까 염려하게 된다.

이런 악감정 없는 이혼은 거의 없다. 솔직히 당신이 만약 전 배우자와 좋은 친구 관계이고 그 사람에 대해 나쁘게 말할 것이 없다면, 결혼은 지속되었을 것이다. 그러나 대부분의 경우처럼 당신은 전 배우자에게 화나고 기분 나쁜 그럴 만한 이유들이 있을 것이고 기나긴 불만 목록이 있을 것이다. 만약 아이들이 당신의 말을 들을 기회가 딱 한 번 있더라도 당신이 혀를 꽉 깨물고 침묵한다면, 당신은 당신 자신과 아이들에게 엄청난 선을 행한 것이다.

예수님이 말씀하시는 것을 흉내 내어 경고하고 싶다. "너희는 '당신의 전(前) 배우자에 대해 부정적으로 이야기하지 말라'는 이야기를 들었다. 그러나 내가 너희에게 말하노니, 가능한 한, 특히 네 아이들이 곁에 있을 때는 전 배우자의 좋은 점을 이야기하라. 네 아이에게 처음에 당신이 엄마 혹은 아빠와 결혼한 이유가 있었다는 것을 분명히 알려 주라. 다른 쪽 부모에게서 물려받은 좋은 점들을 인정해 주라."

 엄마와 나는 아빠가 매력적인 사람이라는 것에 동의한다. 까다롭지 않고 영특하고 재치가 있어서, 아빠 주위에는 사람들이 늘 가까이 있었다. 내 유머 감각은 아빠로부터 왔다. 사진에 관한 관심도 마찬가지다. 최근에 새아빠는 내가 전에 찍은 사진들에 감탄하며 거실에 걸어 놓았다. 새아빠는 안경을 이마 위로 올리고 자세히 들여다보면서 "이 사진들 정말 좋구나. 사진 찍는 안목은 정말 네 아빠에게서 물려받았구나"라고 말했다. 아빠에게서 온 좋은 점을 칭찬하는 것은 내 영혼에 생명을 불어넣는 말이다. 엄마와 새아빠가 하는 그런 말들은 특히 나를 기운 나게 만든다.

 할아버지 할머니는 정기적으로 엄마와 새아빠와 남동생들에 대해 내게 물어 보셨다. 그분들과는 아무 상관도 없지만 내 삶에는 무척 중요한 두 남동생의 사진을 보고 싶어 하셨다. 한번은 할아버지가 새아빠에 대해 이런 말씀을 하셨다. "켄(새아빠)은 언제나 네게 좋은 아빠로구나. 그렇지 않니?" 물어 보시는 게 아니라 그렇다는 이야기였다. 나는 동의했다. 내가 보살핌을 잘 받고 있다는 사실이 할아버지를 위로했고, 할아버지가 내 삶의 중요한 관계들을 인정해 주셔서 나 역시 기분이 좋았다.

우리 이혼 가정의 자녀는 자주 우리가 가족을 계속 분리해야만 한다고 느낀다. 이쪽 부모와 있을 때는 저쪽 부모 이야기를 해서는 안 될 것 같다. 서로에게 나쁜 감정이 있다는 것을 안다. 말하기도 곤란하고, 어떤 경우에는 다른 쪽 부모 집에 일어난 일을 이야기할 때 발생하는 결과도 알고 있다. 그래서 우리는 구분하는 법, 우리의 기억과 단어를 골라서 사용하는 법을 배운다. 현재 같이 사는 가족과 관련된 이야기들은 절대 하지 않는다. 만약 가족이 서로에 대해 긍정적인 방식으로 이야기한다면, 우리 생활을 이야기할 때 그렇게 조심할 필요가 없게 되어 우리에게 안도감을 줄 것이다.

그러므로 단순히 아이들 앞에서 전 배우자를 나쁘게 말하지 않는 것을 넘어서, 그 사람에 대해 좋게 말할 방법이 있을지 찾아 보라. 어려운 도전이 될 수도 있지만, 만약 당신이 이 도전에 선뜻 응한다면, 당신은 아이들과 아이들이 전 배우자와 맺는 관계에 생기를 불어넣게 될 것이다.

통제를 유지하기

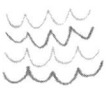

언제 이혼을 했건 한 가지는 분명하다. 이혼에 관련된 아이들은 그들의 세상이 어지럽게 빙빙 돌아서 통제 불능의 상태라고 느낀다는 점이다. 아이들의 삶에서 확실하고 안정적이었던 모든 것이 갑자기 흔들린다. 엄마와 아빠가 더 이상 함께 살지 않는다. 형제자매가 헤어질지도 모른다. 집이 팔릴 수도 있다. 학교를 옮길 수도 있고 가정 경제 사정이 급속히 달라질 수도 있다.

나는 가족의 해체를 경험한 다양한 연령의 이혼 가정 자녀를 취재했다. 그들은 아이들의 삶에서 이혼이 일어나도 좋은 연령 따위는 존재하지 않는다고 확신했다. 어린 소년일 때 부모님의 이혼을 경험한 남자는 부모님의 이혼은 끝나지 않는 죽음과도 같다고 했다. 청소년 시기에 부모님이 이혼한 다른 사람은 이혼은 아이에게 닥칠 수 있는 최악의 비극이라고 말했다. 부모님이 헤어질 때 이미 대학을 졸업했던 다른 사람도 그 일이 자신이 개인으로서 겪은 9. 11테러였다고 했다.

통계적으로 보면 우리가 비행기 추락보다는 자동차 사고로 죽을 확률이 훨씬 높지만, 많은 사람들이 추수감사절을 지내러 할머니 댁에 갈 때 운전하는 것보다 비행기를 탈 경우 더 긴장감을 느낀다.[3] 우리는 왜 사실(fact)을 무시하는 것일까? 비행기 여행이 더 안전함에도 불구하고 왜 운전하는 것보다 우리를 더 무섭게 할까? 그것은 바로 12킬로미터가 넘는 공중에서는 우리에게 통제권이 없기 때문이다. 우리는 비행기 동체에 갇혀서 목적지를 향해 돌진하는 것이다. 비행기가 아래로 추락하기 시작하면 우리는 팔걸이를 꼭 잡는 것 외에는 할 수 있는 게 없다. 출발하기 전에는 쳐다보지도 않았던 위기 상황 지침서를 들여다보고, 기도를 드리는 게 우리가 할 수 있는 전부다. 반대로, 차를 운전할 때는 우리 스스로 통제할 수 있다는 생각이

든다. 뭔가 잘못되면 브레이크를 세차게 밟고 방어 운전을 하면 된다. 환경을 통제하기 위해 뭔가를 할 수 있다. 우리의 상황은 실제로 바뀌지 않았고 사실 더 큰 위험에 처하지만, 상황에 대해 우리가 어느 정도 통제력을 가질 수 있어서 기분이 좀 나은 것이다.

이혼으로 아이들의 세상이 흔들려 붕괴될 때 당신은 부모로서 이와 같은 통제하는 느낌을 아이들에게 줄 수 있다. 이혼을 하지 않거나 과거를 바꿀 수 없을지는 모른다. 그러나 아이들이 통제할 수 있는 어떤 영역을 만들어 줌으로써 아이들의 삶이 어느 정도의 평화를 회복하도록 도울 수 있다.

예전에 교사 일을 하다가 지금은 두 딸을 키우며 집에 있는 친구가 있다. 친구의 딸이 복용하던 어떤 약은 아이에게 늘 허기진 느낌이 들게 했다. 그래서 친구는 먹어도 좋은 간식 그림을 그려서 냉장고 위에 붙여 놓았다. 세 살짜리 아이는 약을 먹으면 비정상적으로 배가 고파져서 아이스크림이나 자기가 좋아하는 음식을 마구 달라고 했기 때문에, 그때마다 안 된다고 하기보다는 냉장고에 붙어 있는 음식 목록 중에서 아이가 선택하는 것을 주는 방법을 택한 것이다. 그 목록에 들어 있는 한, 하루 종일 이 아이는 자기가 원하는 것은 무엇이건 먹을 수 있었다. 친구의 방법은 이 특별한 상황에 대해서 아이에게도 통제할 수 있다는 자신감을 주었고, 친구 자신도 제정신을 유지할 수 있었다.

당신이 이것을 어떻게 적용하느냐는 전적으로 당신 가족의 상황과

현명한 선택을 할 수 있는 아이의 능력에 달려 있을 것이다. 당신 아이의 인생은 그간 많은 우여곡절을 겪었다. 많은 일들이 아이들이 통제할 수 있는 수준 밖에서 일어났다. 절대로 이혼 전과 상황이 같지 않을 것이고 많은 것들이 순식간에, 또 장기적으로 변할 것이다.

엄마와 새아빠는 용감한 분들이었다. 두 분이 만났을 때 나는 네 살이었고, 내가 다섯 살 때 두 분은 결혼했다. 그들은 내게 와서 내가 두 분의 결혼을 허락하는지 물어 보았다. 결혼이라는 결정이 두 분에게 미치는 영향만큼이나 내 인생 모든 부분에 영향을 끼치리라는 사실을 설명해 주었다. 지혜로운 선택이었다. 그렇게 해서 우리는 가족으로 맨 처음부터 잘 엮일 수 있었다. 진짜 놀랄 만큼 용감한 행동이었다! 내 생각에는 그들이 나를 아주 잘 알고 있었다. 그들이 결혼하고 싶어 하고 나도 그들이, 특히 엄마가 행복하기를 바랐기 때문에 동의해야 한다는 생각을 했던 것이 기억난다. 나는 그 상황에서 내가 어떤 힘을 지니고 있다는 느낌이 들었고, 옳은 일을 해야 한다는 책임감도 느꼈다.

두 분이 결혼한 후에, 엄마는 내가 새아빠를 뭐라고 부르길 원하는지, 내가 새아빠의 호적으로 들어올 것인지 아닌지 결정하도록 했다(새아빠의 성(姓)으로 바꾸기를 바라는지 묻는 것이다-역주). 나는 새아빠의 이름을 부르기로 했고 성은 바꾸지 않기로 했다. 그것은 내게 중요했다. 만약 새아빠를 아빠라고 부르고 성을 바꾼다면, 어떤 면에서 아빠를 배신하는 것 같았다. 무슨 일이 일어나도 아빠는 언제나 내 아빠인 것이다. 그러나 중요한 것은, 내가 어떤 선택을 했느냐가 아니라 내가 선택했다는 사실이었다. 큰 틀에서 보자면 이런 것들은 사소한 결정이었다. 엄마는 내가 새아빠를 아빠라고 부르고 법적으로도 나를 딸로 삼을 만큼 새아빠가 나를 사랑할 것이라고 분명히 말했다. 나는 새아빠의 사랑을 확신했고, 그와 동시에 내 감정을 존중하여 선택할 수 있었다.

만약 아이들이 더 이상 어리지 않다면, 어디에서 휴가나 휴일을 보낼 것인지 선택할 자유를 주라. 내가 아는 어떤 이혼 가정 출신의 어른들은 회오리바람처럼 떠돌아다니며 공휴일을 보낸다. 마치 두더지 잡기 게임처럼 어머니 집, 아버지 집, 또 시댁과 처가를 돌아다닌다. "네 번의 크리스마스"(Four Christmases)는 양쪽 모두 부모가 이혼한 부부의 이야기를 다룬 코미디 영화다. 그러나 많은 이혼 가정의 자녀에게 공휴일은 장난이 아니다. 그들 대부분은 양쪽을 오가는 일상을 유지하려고 애쓴다. 그렇게 하고 싶어서라기보다는 그렇게 하지 않을 때의 여파로 고생할 것을 알기 때문이다. 어머니는 울어 버릴 것이고, 아버지는 뿌루퉁할 것이고, 자기가 나타나지 않으면 모든 사람들이 죄책감을 느낄 테니까. 그러니 근사한 저녁 식사 대신, 애피타이저는 아버지 집에서, 식사는 어머니 집에서, 디저트는 시댁이나 처가에서 먹는다.

이혼 가정의 자녀가 본인의 아이를 낳으면 상황은 오히려 더 복잡해진다. 내가 취재한 사람들은 손주가 태어나서 할머니, 할아버지가 병원에 방문할 때, 두 분이 서로 마주쳐서 어색한 장면을 연출하지 않도록 신중하게 조정해야 한다고 했다. 자기 아이들의 생일이나 졸업 축하 파티도 두 분이 잘 어울리지 못하므로 따로따로 열어야 한다고 했다.

당신이 만약 이혼 가정에서 자란 어른의 부모라면, 손자들 앞에서 추태를 부리지 않을 것이라는 신뢰감을 주어서 그들이 통제력을 가질 수 있게 하라. 당신의 자식들이 당신과 휴일을 보내지 않을 수 있고 휴가 때 당신을 찾아오지 않을 수도 있는 자유를 주라. 세 살짜리 꼬맹이에게 냉장고에 간식 목록을 적어 붙여 놓은 엄마처럼, 성인이 된 자식에게 통제의 자유를 줌으로써 그 혜택을 당신이 거둔다는 것을 알 수 있을 것이다. 회오리바람처럼 짧게 두 시간 들렀다 떠나는 대신에 성인이 된 자녀와 좀더 길게 방해받지 않는 시간을 즐길 수 있다. 그러나 자녀가 죄책감 없이 혹은 갈등을 두려워하지 않고 결정할 수 있는 자유가 있다고 느낄 때 당신이 자녀와 맺게 되는 자연스러운 관계야말로 진정한 혜택이다.

진실을 말하기

이혼한 부모가 직면하는 가장 균형을 잡기 어려운 행동 중의 하나는 아이들에게 이혼에 대해서 무슨 이야기를 해야 하느냐가 포함된다. 한쪽 극단에는 이혼을 비밀에 부친 가족이 있다. 아무도 이혼에 관한 이야기는 하지 않고, 모든 것이 괜찮고 정상적인 척하면서 지낸다. 그러니 유쾌하지 않은 이야기는 하지 않는다. 또 다른 극단에는 이런 가족이 있다. 특히 황혼 이혼의 경우, 아무것도 두렵지 않다. 어머니와 아버지는 자식들 앞에서 아무 이야기나 자유롭게 한다. 본인들의 성관계가 얼마나 불만족스러웠는지, 예전에 파티에서 만났던 상대가 얼마나 멋졌는지, 이혼을 진행하는 동안이나 이혼을 한 후에도 이런 이야기를 한다.

우리 가족은 우리 자신에 대해 말해 준다. 우리가 누구인지, 우리가 어떻게 이 모양이 되었는지 설명한다. 그것이 오랫동안 형성된 버릇이든 습관이든, 혹은 우리가 물려받은 신체적 특징이든, 우리가 어디에서 왔고 어디로 갈 것인지 우리는 가족을 보고 안다. 우리 가족의 역사의 많은 부분이 접근 금지 구역이라면, 우리의 이해에는 한계가 생긴다. 내 머릿결이 구릿빛인 사실은 우리 할아버지와 증조할아버지가 어릴 때 빨간 머리였다는 것을 알면 쉽게 이해가 된다. 어떤 의미에서 부모님의 이혼에 대한 사실들은 드러날 수 있다. 그 사실들은 우리가 가족의 역사와 우리 자신에 대한 중요한 정보를 이해하도록 도와줄 수 있다.

그러나 다른 한 편으로, 아이들이 너무 많은 정보, 부모님의 관계에 대한 너무 적나라한 세부사항까지 알게 되기도 한다. 부모가 자녀와 대수롭지 않게 이런 이야기를 나눈다면, 이는 모든 것을 숨기는 것만큼이나 위험할 수 있다. 브룩 리 포스터는 이렇게 썼다. "우리가

20대가 되었다는 것이 우리가 더 이상 부모님의 딸이나 아들처럼 느끼지 않는다는 의미가 아니라는 것을 부모님은 잊어버린다. 그분들의 문제를 세세히 듣는 것, 그분들이 얼마나 비참하게 살았는지를 아는 것은 우리 내면을 갈가리 찢어 놓는다. 그 상실을 우리도 개인적으로 일정 부분 겪는다. 그런 이야기를 듣는 것은 고통스럽다."[4] 이런 일은 한쪽 부모가 결혼이 한때 제공했던 정서적인 지지를 해주는 누군가가 없는 경우 종종 발생한다.

이 양 극단 사이 어딘가에 행복한 중립지대가 있다. 그 중립지대의 한계는 자녀의 나이에 따라 달라질 것이다. 만약 어린아이들이 이혼에 대해 질문을 한다면, 불필요한 세부적인 일은 빼고 그냥 사실만 대답해 줄 수 있다. 아이들이 청소년 시기가 되면 질문은 좀더 복잡할 것이고, 이혼이 무엇인지에 대한 것보다는 왜 하려는 것인지를 묻는 경향이 많을 것이다. 이 시기는 아이들이 어른이 되기 시작하는 중요한 시점이다. 이 시기에 그들이 자신에 대해서, 사람들이 서로 관계를 맺는 방식에 대해서 알게 되는 것들은 나중에 그들이 성공적인 인생을 사는 기초를 형성하도록 도와줄 것이다.

당신의 자녀가 성인이 되었을 때는 그들과 좀더 많은 이야기를 나눌 수 있다. 특히 자녀가 이성과의 사랑을 시작하고 결혼을 생각하기 시작할 때, 그들은 당신이 어떻게 결혼하게 되었는지, 어떤 것이 좋았고 어떤 것이 힘들었는지, 만약 당신이 다시 결혼을 한다면 어떻게 다르게 행동할지 이해하고 싶어 할 것이다.

자녀들이 자라서 질문을 한다면 당신은 얼마든지 당신의 이혼에 대해서 이야기를 나눌 기회가 생길 것이다. 그 질문들이 위압적으로 느껴질 수도 있다. 왜냐하면 옳고 그른 대답이 있을 것 같아서다. 하지만 그렇지 않다. 당신의 자녀들은 더도 말고 덜도 말고, 진실을 알고 싶어 한다. 자녀에게 진실을 알려 준다면, 그들이 당신을 이해할 수 있도록 돕는 것은 물론 그들 자신을 이해할 수 있도록 돕게 될 것이다.

가족 안에 있는 모든 사람

친할아버지, 친할머니가 돌아가신 후, 삼촌이 두 분의 서류들을 정리하다가 편지함을 하나 발견했다. 내가 두 분께 보낸 편지가 많았지만 그중에는 엄마가 보낸 편지도 있었다. 엄마의 편지는 아빠와 이혼한 직후부터 시작해서 내가 열 살쯤 될 때까지 계속되었다. 거기에는 내 학교 친구들, 내가 말하거나 했던 우스운 짓들, 내 숙제 요약 같은 이야기들이 자세히 쓰여 있었다. 또 매년 여름, 내가 할아버지 댁을 방문하는 일정에 대해 주고받은 내용도 있었다. 내가 언제 여행할 수 있을지, 얼마나 오래 머무를지, 너무 많은 선물을 내게 쏟아붓지 말아 주십사 하는 편지도 있었다.

그 편지들을 처음 읽었을 때 나는 감동을 받았다. 특히 내가 어른의 관점에서 그 편지들을 읽은 이후로는 더욱 그랬다. 만약 나라면,

고통스러운 이혼을 겪은 후에 전 배우자의 부모에게 그렇게 오랫동안 이런 자세한 편지를 보낼 용기가 있었을까 의심스러웠다. 엄마가 자원해서 그렇게 한 것은 예전에는 미처 몰랐던 나에 대한 엄마의 사랑을 멋지게 확인시켜 주었다. 엄마는 나를 사랑했기 때문에 계속 아빠 쪽 가족들과 연락을 했고, 내가 그들과 오랜 시간 튼튼한 관계를 맺도록 해주었다.

특히 당신의 자녀들이 어릴 경우에, 전 배우자와 그들의 가족과 대화의 창구를 유지하는 것은 아이들에 대한 당신의 사랑을 보여 주는 길이다. 우리의 가족들과 맺는 끈끈한 관계는 우리가 사랑을 경험하고 사랑을 표현하는 기회를 더 많이 제공한다. 그런 가족들과의 관계가 우리를 다음 세대에게 사랑을 쏟아붓는 생기 넘치는 어른으로 만들어간다. 자녀를 향한 자기희생의 선물이야말로 자라나는 세대에게 사랑의 유산으로 남을 것이다.

가장 좋은 충고

마지막으로 당신의 자녀를 위해 기도하라. 이것이 나나 다른 누군가가 당신에게 줄 수 있는 최고의 조언이다. 당신이 예수님을 따르는 사람이라면, 당신은 당신보다도 더욱, 상상 이상으로 당신의 자녀를 사랑하고 관심을 두시는 하나님을 섬기는 것이다. 또한 모든 능력이 있으시며 언제나 함께하시는 하나님, 당신의 자녀를 언제나 완벽하게 지키실 수 있는 하나님을 섬기는 것이다. 기도는 하나님과 소통하는 끈이다. 기도야말로 당신의 자녀를 보호할 수 있는 가장 좋은 도구다.

자녀를 위해 기도하는 모습을 보여 주라. 우리 엄마가 언제나 즐겁게 해주는 이야기가 있다. 엄마는 어렸을 때, 매년 여름이면 엄마의 할아버지, 할머니의 작은 방 네 개짜리 집에서 일주일을 보냈다. 손자 손녀가 다 가까이에서 살았음에도 불구하고, 그분들은 매년 여름에 당신들 집에 모든 아이들을 불러서 일주일을 함께 지냈다. 손자손녀들이 할아버지, 할머니와만 보내는 특별한 시간이었다. 그렇지만 엄마가 그 일주일에 대해서 가장 기억에 남는 것은, 두 분이 매일 저녁 소파 옆에 무릎을 꿇고 하루를 마감하는 기도를 드렸던 모습이었다. 두 분의 간단한 저녁의 일상은 우리 엄마에게 기도에 대한 헌신, 하나님을 향한 사랑에 본을 보여 주셨다. 우리 증조부모님처럼 당신도 자녀들에게 기도하는 사람의 본이 될 수 있다. 그렇게 함으로써 당신은 하나님의 돌보심과 보호로 아이들을 감쌀 것이고, 자녀들을 평생 보호하게 될 그들이 따라야 할 영적인 본을 보여 줄 것이다.

부모로서 당신은 생명을 창조하여 어른으로 자라게 하도록 선택 받았다. 당신은 하나님의 창조적인 동역자다. 이 일은 심약한 사람들이 할 수 있는 일이 아니다. 그러나 하나님의 은혜로운 도우심으로 당신은 자녀들을 인도할 수 있다. 그리하여 소년 예수처럼 그들도 "지혜와 키가 자라가며 하나님과 사람에게 더욱 사랑스러워"질 것이다(눅 2:52).

부록2
성경은 이혼에 대해 무엇을 말하는가

우리는 이혼이 현대의 발명품이요 20세기의 결과물이라고 생각하는 경향이 있다. 그러나 이혼은 문명 초기부터 존재해 왔다. 성경은 직접적으로 이 주제에 대해 몇 번 언급한다. 아래에 그 구절의 목록을 열거하고, 내용에 대해 간단한 요약을 덧붙인다.

***레위기 21:7, 13-15; 에스겔 44:22** 제사장은 이혼한 여자와 결혼해서는 안 된다. 대제사장은 과부가 된 여자나 처녀가 아닌 여자와는 더더욱 결혼을 금지한다.

***레위기 22:13** 만약 제사장의 딸이 자식이 없이 친정에 돌아오면, 상속을 받는 일원으로서 레위 족속에게 제공된 음식을 먹을 수 있다.

***민수기 30장** 과부나 이혼을 당한 여자의 서원은 그 여자에게 적용된다 (결혼한 여자의 서원은 남편이 무효화할 수 있다. 이와 마찬가지로, 결혼

하지 않은 여자의 서원은 아버지가 파기할 수 있다).

***신명기 24:1-4; 예레미야 3:1** 이혼을 하고 (다른 남자와) 재혼한 여자가 돌아가서 첫 번째 남편과 다시 결혼할 수 없다. 이 경우 두 번째 결혼이 이혼이나 사별, 어떤 것으로 끝났든지 상관없다.

***이사야 50장; 예레미야 3장** 하나님은 이스라엘이 신실하지 않았으므로 이혼하셨다.

***말라기 2:10-16** 하나님은 이혼을 미워하신다.

***마태복음 1:18-25** 예수님은 이혼 가정의 아이가 될 뻔하셨다. 천사가 중재하기 전까지, 요셉은 임신한 약혼녀 마리아와 파혼하려고 하였다.

***마태복음 5:31-32; 19:1-12; 마가복음 10:1-12; 누가복음 16:18** 음행한 이유를 제외하고 아내와 이혼하는 남자는 그 여자를 간음하게 만드는 것이다. 이혼한 여자와 결혼하는 남자는 간음을 행하는 것이다.

***고린도전서 7장** 당신이 믿지 않는 사람과 결혼했다는 이유만으로 이혼하지는 말라. 그러나 믿지 않는 배우자가 헤어지려고 한다면 헤어지라.

감사의 글

이 책을 쓰는 동안 나를 지지해 주고 도와 준 중요한 몇 사람들에게 특별한 감사의 말씀을 전한다.

나의 부모님인 켄과 테리 메이어, 그리고 아빠 빌 스테클리, 그분들은 언제나 나를 격려해 주셨는데, 진심으로 감사드린다. 다른 가족들을 비롯하여 그분들은 우리가 함께했던 삶에 대해서 내가 이 책과 내 블로그(childofdivorce-childofgod.blogspot.com)에 쓸 수 있도록 허락해 주셨다. 내 절친한 친구 로리 스미스는 글쓰기의 영역과 내 삶에서 가장 필요할 때 용기를 주고 인내심을 베풀었다. 친구 캐서린 라슨에게 머리 숙여 감사한다. 그녀는 나를 훌륭한 편집자 앨 수(Al Hsu)에게 소개해 주었다. 앨은 처음부터 이 작업을 신뢰해 주었고 이 책이 나오기까지 내가 처음 해 보는 여행에 안내자로 섬겨 주었다. 길포드 침례교회 식구들은 나를 위해 기도하고 격려하였고, 글을 쓰고 편집하는 과정에서 나를 든든히 붙들어 주었다. 그리고 마이크 맥킨리

(Mike Mckinley) 목사님은 내 글에 이단적인 내용이 없음을 분명히 해 주셨다. DC4K(DivorceCare for Kids, 부모의 별거나 이혼으로 어려움을 겪는 자녀를 돕는 단체-역주)의 린다 제이콥스는 내 개인적인 응원단 역할을 하면서 이 작업을 마무리하도록 열심히 격려해 주었다.

마지막으로, 내게 마음을 열고 자신들의 이야기를 나누어 준 이혼 가정의 자녀들에게 무한한 감사를 보낸다. 자신의 이야기를 기꺼이 나누어 준 여러분 덕분에 이 책이 측량할 수 없을 정도로 풍성해졌다.

역자 후기

관계, 자녀에게 물려주어야 할 건강한 유산

올 초에 친정아버지가 병원에 입원하셨다. 나는 다른 형제들과 당번을 정해서 돌아가며 아버지 시중을 들었다. 자식으로서 마땅히 할 일을 하는 것이라지만, 또 한 번 부모님의 결별을 실감한 시간이었다. 아버지의 간병인 노릇을 하는 것보다 두 분의 현실을 인정하는 것이 나로선 더욱 힘들었다.

친정 부모님은 별거 중이시다. 서류상으로야 아직 부부이지만 남남과 다를 바 없다. 자식들이 왕래할 때를 빼고는 어떤 식으로든 서로 엮이고 싶어 하지 않으신다. 별거가 하루아침에 일어난 일은 아니었다. 어릴 적부터 나는 두 분의 아슬아슬한 결혼 생활, 악다구니와 주먹질이 오가는 관계를 노심초사하며 지켜보았다. 그렇게 함께 사는 것은 사는 게 아니었다. 그러나 함께 잘 사는 것이 어려웠던 것만큼 부부의 연(緣)을 끊기도 쉽지 않았던 것 같다. 두 분은 결국 결혼 40

년 만에 따로 살기로 하셨다.

반복되는 아버지의 폭력과 어머니의 가출에 나는 늘 불안하고 외로웠다. 내가 공부를 잘하면 부모님이 행복해지실 것 같았고, 그러면 두 분도 넉넉한 마음으로 화해하시지 않을까 싶었다. 두 분의 불화(不和)에 나는 아무 상관이 없다는 것을, 나로 말미암은 것도 아니고 내가 풀 수 있는 문제도 아니라는 것을 나는 어른이 되어서야 알게 되었다. 부모님의 인생과 나의 인생을 분리해서 나는 나대로 즐겁게 살 수도 있다는 것을 너무 늦게 알았다.

이 책을 번역하면서 나는 나 자신의 이야기를 읽는 것 같았다. 나 역시 깨어진 가정의 아이로 성장했기 때문에, 이혼 가정의 아이로 자란 저자의 마음을 잘 이해할 수 있었다. 저자가 취재했던 이혼 가정 자녀들의 사연 역시 남의 일 같지 않았다. 저자가 이혼 가정 자녀들이 지고 가는 평생의 부담을 정확하고도 섬세하게 지적해 냈을 때는 내 속이 다 시원했다.

나 역시 나이가 들어서도 해결되지 않는 문제가 내 안에 많았다. 가끔 나는 심할 정도로 사람과 사랑에 대해 냉소적이 된다. 누군가와 갈등 상황에 부딪히면 도망쳐 버리거나 관계를 아예 끝내 버린다. 싸움이 파경으로 번진 부모님의 결혼 생활을 보고 자라서인지, 나는 싸우면 끝이라는 생각이 든다. 잘 싸우고 건강하게 풀고 계속 관계를 이어 가는 것이 나에겐 여전히 어려운 과제다.

물론 내가 저지르는 실수와 죄에 대해 부모 탓만 하고 싶지는 않다. 그렇지만 부모님의 불화와 별거가 내 인성과 영성에 중대한 영향을 끼친 것만은 사실이다. 이 책을 통해 그간 내 안의 어떤 풀리지 않는 실타래들이 저자의 안목을 통해 풀리는 것을 경험했다. 어렸을 때도 그랬지만, 나는 지금도 두 분 사이를 오가야 하는 긴장이 유쾌하지 않고, 마감이 지났는데도 끝내지 못한 숙제를 늘 지고 사는 느낌이 든다.

내가 이룬 가족은 1년 동안 미국에서 지낸 적이 있다. 큰딸은 그곳에서 제시카라는 친구를 사귀었다. 제시카의 부모님은 우리를 만나기 얼마 전에 이혼을 했다. 최악으로 치달았던 두 사람의 관계는 별거를 거쳐 마침내 이혼이라는 결론으로 끝이 났다고 한다. 제시카는 우리 큰아이에게 마음을 털어놓았고, 두 아이는 아주 절친한 사이가 되었다. 이혼 당사자인 부모는 이렇게 말할지도 모른다. "엄마와 아빠도 싸울 수 있고 싸웠다가 화해를 하지 못하면 이혼하는 거야. 너희들과는 아무 상관이 없고 너희들 책임도 아니야." 하지만 큰아이를 통해 듣는 제시카의 심정은 그렇게 단순하지 않았다. 미국처럼 이혼이 보편화되고 사회적으로도 용인되는 문화에서조차 이혼으로 인해 아이들이 겪는 아픔은 어른들이 상상하는 것 이상이었다.

나도 어느덧 세 아이의 엄마가 되었다. 어릴 때 생각하고 꿈꿨던 것처럼 '행복한 부부'로 사는 것이 쉽지만은 않다. 행복하지 않고 수고스럽기만 한 결혼 생활을 아이들 때문에 버틴다고 생각하면 심신이 괴롭기도 하다. 그것을 알기에, 우리 부모님이 그저 참기만 하고 행복한 척하기를 바란 것은 아니었다. 다만, 부모님이 서로 애정을 표현하고 갈등을 건강하게 풀어 가는 모습을 보았다면 그것이 나에게 얼마나 훌륭한 유산이 되었을까 싶다. 그것이 아쉽다. 어떤 종류의 결핍이건 그 결핍이 때로 소명(召命)이 되기도 한다. 이제 나는 내 아이들에게 어떤 유산을 물려주어야 하는지, 그 부르심 앞에 서 있다.

부디 부모들이 이 책을 읽었으면 좋겠다. 자기들 때문에 근근이 버티는 결혼 생활을 바라보는 자식들은 불행하다. 이 책을 읽고 부모의 행동과 결정이 자녀들에게 큰 영향을 끼친다는 점을 유념하고는, 행복한 부부가 되어야 할 역사적 사명을 깨닫길 바란다. 부모의 이혼으로 혹은 불화로 고통을 겪는 사람들에게도 이 책을 추천한다. 부모의 인생에 대한 불필요한 죄책감으로부터 자신을 놓아 주는 경험을 하리라. 책이 나오면 가장 먼저, 부모의 이혼으로 잔뜩 주눅 든 어린 시절을 보낸 큰조카에게 선물해야겠다.

김경아

주

서문

1) Rebecca Salois, "When Parents Divorce, Kids' Pain Can Be Lessened," *Indianapolis Star*, May 28, 2006.
2) Vicki Lansky, *Vicki Lansky's Divorce Book for Parents*, 3rd ed.(Minnetonka, Minn.: Book Peddlers, 2005), p. 56.
3) e. e. cummings, *Complete Poems, 1904-1962*, ed. George J. Firmage (New York: Liveright, 1991), p. 663.
4) George MacDonald, *Discovering the Character of God*(Minneapolis: Bethany House, 1989), p. 19.

1장 우리가 겪은 어려움

1) Pia Nordlinger, "The Anti-Divorce Revolution: The Debate on Marriage Takes a Surprising Turn," *The Weekly Standard*, March 2, 1998.
2) Judith Wallerstein and Sandra Blakeslee, *What about the Kids?*(New York: Hyperion, 2003), p. 26. 「이혼 부모들과 자녀들의 행복 만들기」(도솔).
3) Theresa Walker, "Torn Asunder: Coping with Divorce," *The Orange County Register*, April 23, 2006.

4) "Not-So-Happy Newlywed," December 23, 2005 ⟨www.uexpress.com/dearabby/?uc_full_date=20051223⟩.

5) Matthew Henry Concise Edition, Classic Bible Commentaries ⟨eworld.gospelcom.net/comments/psalm/mhc/psalm56.htm⟩.

6) Bill Hybels, *The God You're Looking For* (Nashville: Thomas Nelson, 1997), pp. 16-17. 「하나님은 이런 분이십니다」(두란노).

7) Neil Kalter, *Growing Up with Divorce*(New York: Free Press, 1990), p. 207.

8) Zora Neale Hurston, *Their Eyes Were Watching God*(New York: Harper & Row, 1990), p. 23. 「그들의 눈은 신을 보고 있었다」(문학과지성사).

9) Hybels(1997)에서 재인용, p. 4.

2장 신실하신 우리 아버지

1) Jeff Giles, "The Poet of Alienation," *Newsweek*, April 18, 1994.

2) Jen Abbas, *Generation Ex*(Colorado Springs: Waterbrook, 2004), p. 118.

3) John Trent, *Breaking the Cycle of Divorce*(Carol Stream, Ill.: Tyndale House, 2006), p. 15; 또한 Neil Kalter, *Growing Up with Divorce*(New York: Free Press, 1990)를 보라, p. 11.

4) Rob Bell, *Velvet Elvis*(Grand Rapids: Zondervan, 2005), p. 25. 「당당하게 믿어라」(두란노).

5) Spurgeon's Treasury of David, Classic Bible Commentaries ⟨eword.gospelcom.net/comments/psalm/spurgeon/psalm13.htm⟩. 「설교의 황제 스펄전의 시편강해」(생명의말씀사).

6) C. J. Mahaney, *Living the Cross-Centered Life*(Sisters, Ore.: Multnomah, 2006), pp. 32-33.

7) Brooke Lea Foster, *The Way They Were*(New York: Three Rivers Press,

2006), p. 51.
8) Matthew Henry Bible Commentary, Classic Bible Commentaries 〈eword.gospelcom.net/comments/psalm/mh/psalm9.htm〉. 「매튜헨리주석」(크리스챤다이제스트).
9) Jamieson, Fausset, and Brown, Classic Bible Commentaries 〈eword.gospelcom.net/comments/hebrews/jfb/hebrews6.htm〉.
10) Spurgeon's Treasury of David, Classic Bible Commentaries 〈eword.gospelcom.net/comments/psalm/spurgeon/psalm9.htm〉. 「설교의 황제 스펄전의 시편강해」(생명의말씀사).

3장 세상의 무게

1) Michael J. Bradley, *Yes, Your Teen is Crazy! Loving Your KId Without Losing Your Mind*(Gig Harbor, Wash.: Harbor, 2002), p. 145.
2) Judith Wallerstein and Sandra Blakeslee(2003), p. 233.
3) Elizabeth Marquardt, *Between Two Worlds*(New York: Crown, 2005), p. 111. 「당신의 아이가 울고 있다」(Y브릭로드).
4) H. Norman Wright, *A Dad-Shaped Hole in My Heart*(Grand Rapids: Bethany House,2005), p. 103. 「아버지와 딸」(죠이선교회).

4장 당신에게 필요한 건 오직 사랑뿐

1) Greg Garber, "Jailed Tanner's Losses: Game, Set, Match…Family," ESPN, June24, 2006.
2) Leonard Kass, "The End of Courtship," *Boundless Webzine*, Focus on the Family 〈www.boundless.org/2005/articles/a0001158.cfm〉.
3) "Let Us Love One Another," 요일 4:7-12, IVP New Testament Commentary, BibleGateway.com 〈http://www.biblegateway.com/resources/commentaries/index.php?action=getCommentaryText&cid=14&source=1&seq=i,69,4,3〉.

4) Bill Hybels(1997), p. 26.
5) Matthew Henry Bible Commentary, Classic Bible Commentaries 〈eword.gospelcom.net/comments/psalm/mh/psalm139.htm〉.
6) Dawn Eden, *The Thrill of the Chaste*(Nashville: W Publishing Group, 2006), p. 39.
7) John Gill's Exposition of the Bible, Classic Bible Commentaries 〈eword. gospelcom.net/comments/isaiah/gill/isaiah54.htm〉.
8) Archibald MacLeish, *J.B.*(Boston: Houghton Mifflin, 1958), p. 14.
9) John Piper, "A Service of Sorrow, Self-Humbling, and Steady Hope in Our Savior and King, Jesus Christ," Sound of Grace 〈www.soundofgrace.com/piper2/piper2001/9-16-01.htm〉.

5장 말로는 설명할 수 없는 사건

1) Judith Wallerstien and Sandra Blakeslee(2003), p. 226
2) Neil Kalter(1990), pp. 46, 180.
3) Elizabeth Marquardt(2005), p. 34.
4) 위의 책, p. 59.
5) 위의 책, p. 20.
6) Meg Meeker, *Strong Fathers, Strong Daughters*(Washington, D.C.: Regnery, 2006), p. 144.
7) Elizabeth Marquardt(2005), pp. 60-61.

6장 모든 것을 새롭게 하시고

1) Kevin Leman, *Making Sense of the Men in Your Life*(Nashville: Thomas Nelson, 2000), p. 78. 「남자를 말한다」(동방미디어).
2) Donald Miller, *To Own a Dragon*(Colorado Springs: NavPress, 2006), p. 43. 「하나님의 빈자리」(행복하우스).
3) "The Plague of the Locusts," Minnesota Historical Society Virtual

Resources Database 〈www.stolaf.edu/depts/environmental-studies/courses/es-399%20home/es-399-02/McLeod/Grasshoppers/Grasshoppermain.html〉.
4) Laura Ingalls Wilder, *On the Banks of Plum Creek*(New York: HarperCollins, 1965), pp. 194-195. 「초원의 집 3: 플럼 시냇가」(비룡소).
5) Hampton Keathley IV, "Joel," The Minor Prophets, Bible.org에서 재인용, 〈www.bible.org/page.php?page_id=968〉.
6) 위의 책.
7) Bertha Spafford Vester, excerpt from a book called *Our Jerusalem*, It is Well with My Soul 〈spaffordhymn.com/html/history.html〉.
8) John Gill's Exposition of the Bible, Classic Bible Commentaries 〈eword.gospelcom.net/comments/ezekiel/gill/ezekiel37.htm〉.
9) Spurgeon's Treasury of David, Classic Bible Commentaries 〈eword.gospelcom.net/comments/psalm/spurgeon/psalm71.htm〉. 「설교의 황제 스펄전의 시편강해」(생명의말씀사).

7장 통계 수치를 넘어서다

1) Jeffrey Zaslow, "Emailing the Ex: How Technology Can Help Ease Divorce Dealings," *The Wall Street Journal*, November 4, 2005.
2) Judith Wallerstein, Julia Lewis and Sandra Blakelee, *The Unexpected Legacy of Divorce : A 25 Year Landmark Study*(New York : Hyperion, 2000), p. 290. 「우리가 꿈꾸는 행복한 이혼은 없다」(명진출판).
3) 위의 책.
4) Karen S. Paterson, "Man Behind the Marriage Amendment," *USA Today*, April 12, 2004.
5) Brooke Lea Foster(2006), p. 251.
6) Jennifer Roback Morse, "Holidays Without Homes," Townhall〈www.townhall.com/columnists/JenniferRobackMorse/2005/12/26/holidays_

without_homes〉.
7) MatthewHenryConciseEdition, ClassicBibleCommentaries〈eworld. gospelcom.net/comments/jeremiah/mhc/jeremiah29.htm〉.

8장 마침내 자유를 얻다

1) John Gill's Exposition of the Bible, Classic Bible Commentaries 〈eword.gospelcom.net/comments/matthew/gill/matthew18.htm〉.

9장 '우리 아버지'에게서 벗어나기

1) C. S. Lewis, *A Grief Observed*(New York: Bantam, 1961), p. 5. 「헤아려 본 슬픔」(홍성사).
2) Elizabeth Marquardt(2005), p. 156.
3) The Barna Group, "Born Again Christians Just As Likely to Divorce As Are Non-Christians," *The Barna Update*, September 8, 2004 〈www.barna.org/FlexPage.aspx?Page=BarnaUpdate&BarnaUpdateID=170〉.
4) Tom Wehner, "He Was an Evangelical Until He Read Aquinas," *National Catholic Register*, December 24-January 6, 2006 〈ncregister.com/site/artical/1653/〉.

부록1 부모를 위한 제안

1) Alan Booth and Paul R. Amato, "Parental Predivorce Relations and Offspring Postdivorce Well-Being," *Journal of Marriage and the Family* 63, No. 1(2001), pp. 197-212.
2) Linda J. Waite et al., *Does Divorce Make People Happy?*(New York: Institute for American Values, 2002).
3) Jeffrey Kluger, "How Americans Are Living Dangerously," *Time*, November 26, 2006.
4) Brooke Lea Foster(2006), p. 5.

옮긴이 **김경아**는 연세대학교 행정학과를 졸업하고, 세 딸을 키우는 전업주부로 살다가 "에세이21"로 등단하였다. 현재 한국기독학생회(IVF) 학사회 소식지 편집인으로 일하고 있으며, (사)한국입양홍보회 서울강서지역 대표로도 활동하고 있다. 역서로 「교회다움」(IVP)이 있다.

이젠 아프지 않아

초판 발행_ 2013년 12월 23일

지은이_ 크리스틴 스테클리
옮긴이_ 김경아
펴낸이_ 신현기

발행처_ 한국기독학생회출판부
등록번호_ 제313-2001-198호(1978.6.1)
주소_ 121-838 서울시 마포구 동교로 156-10
대표 전화_ (02)337-2257 팩스_ (02)337-2258
영업 전화_ (02)338-2282 팩스_ 080-915-1515
직영서점 산책_ (02)3141-5321
홈페이지_ http://www.ivp.co.kr 이메일_ ivp@ivp.co.kr
ISBN 978-89-328-1308-0

ⓒ 한국기독학생회출판부 2013

책값은 뒤표지에 있습니다.
무단 전재와 복제를 금합니다.